U0092741

思法苑
THINK LAW

Sojourn in
Harvard Law School

取法哈佛

2.0

時空交錯的
哈佛法學院學思之旅

李劍非、黃海寧　著

三民書局

很高興有機會搶先閱讀兩位年輕且非常優秀的律師劍非與海寧的新書。我在台大法律學院服務時，早有機會認識劍非與海寧，對他們的專業、專注、團隊與奉獻精神，給予極高度肯定。

　　我雖然早他們 30 幾年赴哈佛法學院留學，但這本書裡敘述的事情，也勾起我好多回憶，包括：出國前留學與否的抉擇、語文夠不夠好、申請學校入學許可過程的戰戰兢兢、收到錄取通知時的激動、到國外感受文化震撼、享受課程內容的多樣與先進、震攝於有些課堂裡蘇格拉底式教學、與若干課堂中同學間競相發言的場景、完成學業後是否回國貢獻或在當地謀職、回國後繼續當律師還是投入學術的猶豫。雖然當年經濟條件不好，急需工作存錢，不過直到現在仍然確信，出國留學是這輩子最正確的決定之一。

　　我很同意劍非與海寧所說「出國念書是拓展視野非常好的機會」。台灣有很多比他國好的地方，但也有太多需要向別人學習之處。沒有好好觀察那些先進國家的校園、國家體制與運作、社會制度運行，容易以管窺天，自以為是，自以為先進。

　　這本書提供許多有關法學教育發人深省的元素，也討論許多課堂的學習，帶領讀者進入最高學術殿堂。讀者可以朝聖的心情，在腦中形成一些影像，隨書中介紹課堂情形、校園內外一些建築、場所、事務，想像自己浸淫及享受其中。有去過哈佛的，

一定很有感受；沒去過的，我不相信你不嚮往。對於已經決定要出國留學的年輕學子而言，許多訊息更應是超級實用。

縱使如劍非與海寧俏皮的說法「進入觀光客模式」，讀者也會感覺收穫良多：在富有歷史故事的哈佛大學及其所在的劍橋與波士頓，不經意會碰到與歷史事件有關的建築、圖書館、雕像、地點、遺跡；也可到處看到一些增加使命感、知識或智慧的俊語。不知不覺，提升了自我感覺層次。

很謝謝劍非與海寧花許多時間整理資料，分享見聞與經驗。希望讀者與我同感：真好，有這本書。

羅昌發

2021 年 7 月 15 日在日內瓦

黃海寧

　　劍非的《取法哈佛》一書，在我們剛成為同事的時候，我即有幸獲得作者本人贈書，且認真拜讀完畢。沒想到過了幾年，我自己也去了哈佛。

　　2020 年年初，劍非向我提議他想改版《取法哈佛》，並問我有沒有興趣在改版中加入我的哈佛留學記事。想到 2012 年入學的劍非與 2018 年入學的我，經常聊起在波城及劍橋的生活；其中，我們最常聊的就是我們修過的課，以及這六年之間哈佛的變化與不變。若以此為出發點，加入本書的改版應該會是一件很有趣的事情，我便爽快答應了。

　　那時我才剛回國不久，很多事情都還像是昨天才發生一般；而且 2019 年下半年，我才剛和一群同時期在美國留學的好友在換日線網站上開設專欄《Project Commencement 啟程計畫》，分享法學院留學心得。所以我想，整理自己的留學記事應該不會是什麼艱難的任務吧？結果，等真的開始動筆之後，才發現事情沒那麼簡單。

　　在美國的時候，我算是有勤勞地記錄自己的生活點滴和讀書心得。然而，直到重新爬梳這些紀錄，我才發現許多觀點、感受以及衝擊，當時只是隨手收錄而已；這些獨白都是片段的、個人的，未有進一步的彙整。因此，為了本次《取法哈佛》的改版，我花了許多時間重新整理散落在各處的上課筆記、讀書心得、日

常隨筆和日誌，再回溯這些紀錄，並以更有組織的方式，重新檢視這一年的細節。

不過，對我來說最困難的，還是得在工作忙碌之餘闢出時間，靜下心並規律地寫作。此外，儘管我本來就是抱著要回鄉的心情出國，但等真的再回到這裡，重新感受非一人之力能撼動的現實，我對於自己對理想與現實之間的斷裂仍舊感到沮喪一事，也有過一段低潮、自我調適的時間。以上對於念舊又感性的我來說，在書寫本書改版期間，心情上是格外不容易。

無論如何，以這本書為契機，我在留學歸國後沒有多久，便透過文字重訪了我在哈佛的歲月。承襲原版《取法哈佛》的主軸，在本書改版中，我彙整了自己在 2018 年至 2019 年於哈佛法學院讀書的經歷、學習與生活、以及我個人的觀察與思辯札記。

或許會有人好奇，美國法學碩士只需要念一年，僅僅一年而已，真的有那麼多難忘的事嗎？坦白說，就連我自己，在出國前也有過相同的疑惑，畢竟一年碩士比起讀博士的漫長歲月來說，真的不算久，而且，在此之前，我也已經在台灣的法學院念過許多年的書了。不過，在自己也經歷了一遭「取法哈佛」之後，在認真地度過每一天，毫無保留地體驗每一天，也勇於做了不同的嘗試之後，我確認了這些讀書、課堂、同儕、校園，以及校園外所交織的經驗與啟發，是終生難忘的。

是如何終生難忘呢？如同讀者們接下來會讀到的，「做對的、自己喜歡的事情」這個信念的落實，是貫穿我此趟取法哈佛之旅的主題。現在的我已經邁上了將熱忱轉化為責任感的路程，

對於自己能在哈佛盡情「做對的、自己喜歡的事情」，我格外懷念和感激。是這段經歷，給予了現在的我用之不盡的能量，繼續做對的、自己喜歡的事情，我相信未來也會繼續如此。

依著劍非的改版邀請，我希望能夠藉由這本小書的文字紀錄，與讀者們分享這段嚮往成真，在世界最高學術殿堂裡獨一無二的學思旅程。我亦盼望能夠將我獲得的能量分享給大家，尤其是和曾經的我一樣，面臨抉擇、對人生方向感到苦惱的年輕學子。若你正在徬徨，請不用害怕。下定決心後，就往前走吧，我們在前方等著你。

海寧

2021 年 7 月 25 日於台北

李劍非

　　2012 年到 2013 年間我赴美求學，求學期間每週於臉書上寫下一篇札記，紀錄求學期間於哈佛所體驗的一切，回台後即彙集成書，並於三民的大力協助下出版「取法哈佛：美國法學院的思辨札記」一書。

　　多年後，優秀的學妹黃海寧律師也於 2018 年負笈美國讀書，海寧於美國求學期間我即不時看到她於網路平台上分享隨寫的札記，她回國後我即主動詢問邀請加入本書作者，相信我倆於不同時空下的札記結合與對話，能帶給讀者最完整的感受紀錄。

　　海寧的加入賦予了「取法哈佛」完全不同的生命。當年我完成本書時即覺得以個人之力實在難以還原於哈佛法學院之體驗。事實證明，海寧觀察的學校面向從許多角度上來說都與我不同。例如：哈佛校園的介紹、論文教授的尋覓與指導過程，以及期末考的氛圍感受等，這些面向海寧都提供了完整的觀察角度。

　　我與海寧的修課興趣與選擇也存在許多不同（我偏向憲法居多，海寧則是偏向環境法相關），這部分的差異也讓本書於課程的介紹更能讓讀者一窺哈佛法學院的教學特色；此外，海寧亦完整紀錄了畢業後於華府實習的經驗。

　　距離我赴美讀書，一轉眼 9 年就過去了。從歐巴馬當年尋求連任，到川普意外當選，以及拜登中斷川普的連任計畫；在美國上課的方式，也從人手一台筆電、到學校禁帶筆電進入教室，

以及現在的大量視訊課程。時間過得很快,不過於取法哈佛 2.0
中,讀者應不易察覺出我與海寧札記時空的差異性。時間會改變
很多事情,但我想當下對於法學的感受與寶貴的經驗,其價值則
不因時間受到影響。

　　感謝羅昌發老師特別撥冗予本書再版贈序,是我們的榮幸,
也當然感謝三民給予我們再版的機會與支持。而我仍再次感謝父
母當年給予我求學的完全支持,以及娟娟、田田與融融一直以來
的陪伴與照顧。

劍非
2021 年 7 月 25 日記於防疫家中

一部第一人稱的紀錄片　　　　　　　陳長文先生

　　當我知道劍非有記錄哈佛見聞的念頭時，本以為會是一本談個人心路歷程、法學思辨的書籍，沒想到，《取法哈佛》這本書的一大部分，是法律人留學的工具書。

　　這樣的資訊，在過去，可能只在學長姐的口耳相傳，或者是網路論壇之間，極少有像劍非這樣系統性的整理出來。我不禁去想，劍非作這本書的動機是什麼？我猜，是他所入的寶山太豐富，不忍心一人獨享吧。

　　跟著作者一頁一頁的讀下去，彷彿看著一部第一人稱的紀錄片，有留學的準備、課堂的討論、生活的休閒、制度的探討等等，喚起了我四十年前的回憶，我也想起了以前聽過的一個老掉牙笑話：

　　聯合國出了一道題目，請全世界的小朋友作答：「對於其他國家糧食短缺的問題，請你談談自己的看法？」

　　非洲的小朋友問說：什麼是糧食？

　　歐洲的小朋友問說：什麼是短缺？

　　亞洲的小朋友問說：什麼是自己的看法？

　　美國的小朋友問說：什麼是其他國家？

　　這則笑話裡，描繪美國的小朋友不知道其他國家，是對「單邊主義」的諷刺。當然，這只是笑話，事實上，由於美國橫跨全

球的軟硬實力，美國的高等教育非常注重超國界觀的培養。說注重也不對，應該說自然而然，所關注的領域就必然注重超國界脈動。

現在是全球化的時代，有沒有國際觀，決定了自己是選擇或被選擇。有跨出國境的能力，就可以在世界的舞台競爭；反之，若被國境侷限，展度與寬度也就自然會受到限縮。

而留學，對許多人來說，可說是眺望國際的第一個窗口，在我求學的年代，更是如此。由於科技的進步，物理上的距離已經不再是重點，心態上是否有所重視，才是關鍵。對於有機會出國的學生，我會鼓勵他們，畢竟，與不同種族、文化背景同學的互動，是一生難得的經驗；而對於選擇在國內升學的，我也會建議：就算留在台灣讀書，給自己一個功課，保留一種「留學」的心情，努力地去拓增自己的超國界視野。

目前台灣大部分的高等學校，並不乏優秀的師資以及求學的資源，但不管老師多麼的優秀、學校的資源多麼的豐厚，關鍵還是學生怎麼去思考自己的學習之路。

而在這本書中，劍非一點一滴的記錄他在哈佛的學習之路，例如，他開門見山的指出哈佛法學院最特殊之處，在於它提供學生法律唯實主義 (Legal Realism) 的薰陶與豐富的學術資源。在這項觀察下，劍非的每一篇札記對有志留學哈佛的同學，都提供了極具參考價值的指南。其實，對於不打算出國留學的同學來說，也不妨從這本書去問自己一個問題：是否也可以給自己一個和劍非一樣的功課，提起筆來，去試著記錄，自己在大學或研究所生

活裡的學習點滴、以及自己對全球化的感想思悟呢？

最後，很多人都會感嘆，覺得台灣在內耗、在空轉，這中間有很大的原因，是缺少面向國際的思考維度，當別人已經開始奔跑了，我們還在看地圖，憂心忡忡之餘，不免期待像劍非這樣的年輕人越來越多。

劍非的書，就像一部以文字拍成的留學紀錄片，希望讀者可以從這部文字紀錄片中，得到學習上的啟發。

陳長文

2013 年 11 月於台北市

Preface *Mark Wu*

I first met Jeffrey when he came to my office to introduce himself on a fall day and asked if I would be willing to serve as his supervisor. Over the course of a year, through our regular supervision meetings, I discovered Jeffrey to be keenly aware of the importance of understanding the context of the society in which one inhabits. As we discussed whether and when it might be appropriate to transfer elements of one society's laws on internet and freedom of speech to another society, Jeffrey consistently emphasized the importance of ensuring that the law fit the social context.

What I did not know was that Jeffrey's interest in understanding social context extended beyond the intellectual realm to everyday life. I was pleasantly surprised to learn that Jeffrey had kept a meticulous record of his year at Harvard Law School. As you will discover, Jeffrey has a sharp eye for observing those around him. His awareness extends to not only others, but also to himself. During his year in Cambridge, Jeffrey underwent several experiences through which he discovered several new facets of his own selfthe most important of these being fatherhood.

But this book is more than simply Jeffrey's story. Over the years, several of Harvard Law School's graduates have played an important role in contributing to the development of democracy and ruleoflaw within Taiwan. Through Jeffrey, one gains a glimpse of what happens to students during their time here at Harvard Law. In that sense, one comes to better understand how Harvard Law School plays a formative role in their development.

It is also more than a story about Harvard. The vibrancy of Taiwan today has been built on the shoulders of past generations of people like Jeffrey. As contemporary Taiwan engages in a vibrant debate over where to take its economy and society, it is important to remember that Taiwan's past success is because of its people's willingness to learn, be entrepreneurial, and take risks. Taiwan must look outward, because only so can its society thrive.

Growing up, I heard stories from my maternal grandmother of how my uncle, after graduating from National Taiwan University, sought to study overseas in the United States because it was a chance to learn from the outside world. Once he arrived in America, he encountered a series of challenges. But by venturing overseas, he also expanded his horizons beyond what he could have imagined.

This determination to push oneself to learn from the outside world and to excel within it is what has made Taiwan one of the most dynamic societies in the world. Jeffrey's book serves as a reminder that we should all strive to question, learn, and embark on new adventures. In the course of doing so, we should also remember to have fun, build meaningful relationships, and take care of one's family.

The story that you have before you are the reflections of an optimistic and adventurous young man intent on making the most of every day of his life. I hope that it may serve as an inspiration for you to push yourself to do the same.

Mark Wu

Assistant Professor of Law, Harvard Law School

Cambridge, MA

November 2013

伍人英先生

第一次與劍非見面是在秋天，他走進我的辦公室，簡單的自我介紹後，詢問我擔任其指導教授的意願。經過幾次例行的指導論文會議，一年下來，我觀察到劍非十分了解社會脈絡觀察的重要性。當我們討論到，如何以及何時能將一個社會的網路與言論自由法律要素，適當地換軌到另一個社會時，劍非總是強調，我們必須確保該法律能與目標社會所處的環境相契合。

我當時所不知道的是，劍非企圖了解社會脈絡的興趣，會從學術的領域延伸到日常的生活之中。我更驚喜地發現，劍非竟然對於他在哈佛法學院這一年的日子，書寫了縝密的紀錄。隨著閱讀本書，讀者將能發現，劍非對於周遭的事物有著敏銳的觀察力。他的認識觸角不只及於他人，也包括他自己。在他待在劍橋的這一年裡，劍非從所經歷的不同試煉中，發掘出他自己更多不同的新面向；其中最重要的，是他初為人父。

而這本書不只是劍非描述自己的故事而已。在過去的歲月裡，好幾位哈佛法學院的畢業生，曾在促成台灣發展民主與建立法治的過程中，扮演了重要的角色。從劍非的身上，讀者可以略窺，學生在哈佛法學院生活，會產生什麼影響。循此方向，讀者將更能理解，哈佛法學院是如何對學生將來的發展，擔任型塑者的角色。

這本書也還不只是哈佛的故事。台灣今日的活力，乃是建築

在類似劍非這種人才，過去幾代的努力之上。而當代的台灣，也正在經歷經濟與社會該往何處去的激烈論辯，我們應提醒自己，台灣能有過去的成功，是因為人民願意學習、開創以及承擔風險的緣故。台灣的未來著眼必須向外，唯有如此，台灣社會才能繼續興旺。

從小到大，我從外婆那兒聽過許多故事，講到我的舅舅自國立台灣大學畢業之後，如何為了實現出國取經的理想，而嘗試赴美深造。從踏入美國的那一刻起，他經歷了一連串的挑戰，也因為不畏艱險遠渡重洋，他才能成功地將其視角延伸到其所難以想像的境界。

正是具有決心督促自己向外頭的世界學習，並且從中展現卓越，才使得台灣成為世界上最具活力的社會之一。劍非的書也提醒我們，應該不斷地質疑、學習，以及邁向新的挑戰。而在過程中，吾人還要記得保持心情愉快、培養有意義的關係，以及妥善照顧自己的家庭。

讀者所看到的文字，是位樂觀進取的年輕人，希望每一天都能活得精彩的思維紀錄。我希望這些文字，能夠啟迪讀者，油然產生某種有為者亦若是的心情。

Mark Wu（伍人英）
哈佛法學院助理教授
麻州劍橋
2013 年 11 月

李劍非

　　如果要我回憶作為法律系學生這幾年來難忘的上課經驗，我會說大部分發生在就讀東吳法律系時期的英美法課程。多數教授英美法的老師採取預習案例內容及抽點同學詢問的上課方式，透過各種問題刺激學生的想法。

　　此種透過抽問給予學生學習壓力的上課方式，其立意已與美國法學院鼎鼎大名的蘇格拉底教學法 (Socratic method) 相去不遠。所謂蘇格拉底教學法，是指透過老師提出問題之方式，給予學生批判與思辨之機會，讓學生從中自行尋找答案。初次聽到此一教學方法，是剛進東吳法律系時，從父親送給我一本《哈佛新鮮人：我在法學院的故事》（Scott Turow 著）所得知。

　　對於美國法學院的印象，多從書上和師長口中勾勒而出：可怕的蘇格拉底教學法，以及學生用功的鑽研美國法案例等。但這些原本所知美國法學院的特色，在東吳法學院和台大法律研究所的念書期間，早已為許多師長的教學方法所具體實現。

　　那麼真正的美國法學院，尤其是身為美國歷史最悠久的哈佛法學院，其法學教育究竟有何特殊之處？於取法哈佛的體驗中，我會認為是法律唯實主義的薰陶與其豐富的學術資源。

　　於法學院適應週時，學校安排了一堂「何謂美國法律唯實主義」(American Legal Realism) 的課程，為學生介紹接下來這一年法學院的教育風格。傳統法學注重系統性及理論邏輯性，法律唯實主義則強調法律與真實世界的連結，應注意個案中法律適用所

帶來的結果。這在法學方法上容易形成兩種對立的門派，就許多問題或個案上，採取傳統法學或是法律唯實主義，會得出不同的結論。

本書中的許多篇札記介紹作者於哈佛法學院所修習的課程，其中不乏體現出法律唯實主義的教學風格。作者於上下學期所修的兩堂憲法，剛好遇到兩位採取上述兩種截然不同之法學方法的老師，讓我開始重新思考，「法律」到底應該是什麼的問題。法律是否能直接給我們正義的答案，還是法律僅係作為追求正義的手段？或許真正的問題在於，吾人該如何定義「正義」？

而除了課程以外，哈佛法學院資源豐富，除了如圖書館、教室等華麗的硬體資源，其亦給予學生各種不同形式的演講與座談會、社團，並設有讓學生處理不同類型案件的實務中心，以及工作輔導中心等。在這樣充足的軟硬體資源下，法學院孕育出一股濃厚的學術討論氣氛，同時兼顧與實務接軌，重視輔助學生未來職業的規劃，這些亦皆體現於本書的各篇札記中。

目前市面上不乏介紹哈佛法學院的譯作，但由具有華人法律教育背景的角度所觀察者，則不多見。猶記自己每於讀完各種美國法學院深造心得的書籍後，所產生的感動與嚮往之情。所以立下心願，如果將來有機會出國深造，一定要將所有感受記下，讓更多的華人法律學子，可以有機會一窺美國法學院的殿堂。

《取法哈佛》是作者於 2012 年至 2013 年留學哈佛法學院期間，每星期固定寫下一篇札記集結而成。我盡可能地參加各種活動、利用與體驗法學院的資源，並且要求自己盡最大程度的將各種感受還原躍然於紙上，分享給讀者，同時記錄自己的腦內對

話，希望讀者能透過本書和作者一起經歷這趟取法哈佛之旅。

這本書能有機會付梓，除了要感謝三民書局與編輯團隊給予的幫助，也要感謝當初申請學校時費心撰寫推薦信的陳長文老師、林子儀老師、羅昌發老師與姚頌柏先生，使我有機會能到哈佛法學院接受洗禮。本書中的許多觀察角度，更係得利於赴美前在理律法律事務所的執業經驗，感謝事務所諸多前輩的栽培與指導。

特別感謝贈送推薦序予本書的兩位老師：陳老師身為哈佛的資深校友，多年來一直為所有法律人樹立良好的典範，個人自從進入理律法律事務所後，更有多次機會獲得陳老師的親身指導，受益良多。伍老師 (Professor Wu) 是我於哈佛攻讀碩士時的指導老師，於討論論文時特別要求我要說明網路管制模型比較對於台灣的啟示，於生活上更時常關心我們家人，使我們在異地也能感受到家鄉的溫暖。

本書所引述各演講或課程之內容，皆為個人親身參與及經歷，經過理解消化原講者之講述內容後，搭配個人思辨與學習心得整理而成，在此一併感謝所有講者。

謝謝娟娟與田田於美國一年的陪伴，沒有她們的體諒與包容，絕無可能順利完成學業。娟娟對於本書的諸多意見與校稿，更是本書得以作成的重要助力。

最後，謝謝最愛的父親李念祖先生與母親翁蘭茜女士自我出生以來無條件的支持與栽培，謹以本書獻給您們。

劍非

2014 年春季記於台北

目　次

推薦序——羅昌發先生　*1*

作者序——黃海寧　*3*

再版序——李劍非　*6*

初版推薦序——陳長文先生　*8*

初版推薦序——Mark Wu 伍人英先生　*11*

初版序——李劍非　*16*

作者的話

*赴*美念書二三問（作者對談）

不出國念書就沒有競爭力嗎？　*7*

赴美念書對回台工作上的幫助，如果有，可能是什麼？　*11*

所以出國的好處是什麼？　*12*

赴美念書是不是要花很多錢？　*15*

英文不好能出國嗎？　*17*

如果決定要赴美念書的話，應該要什麼時候去呢？　*18*

出國念書後應該要設法留在國外嗎？　*20*

新冠疫情會對赴美念書造成改變嗎？　*21*

留學這一年有沒有什麼覺得遺憾的事情？　*22*

總結一句話　*24*

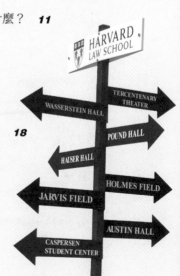

秋季學期 (2012 年 × 2018 年)

2018.08　嗨，哈佛！　**28**

2018.08　初來乍到的哈佛新鮮人　**35**

2012.08　進入法學院的第一堂課：如何避免剽竊 (Plagiarism)　**41**

2012.08　選課：我全部都想要！　**46**

2018.09　哈佛取法計畫　**51**

2012.09　學習，從海量課前預習開始！　**58**

2012.09　隨處可見的名人演講：兩位女性法學院院長的對談與「正義時刻」　**62**

2018.09　立法與管制（上）：公法必修入門　**66**

2018.09　立法與管制（下）：法學院第一天就開始學習當律師　**72**

2012.09　法律解釋真的能解決問題嗎？唯實轉變的法學院教授　**78**

2018.09　掏心掏肺的論文指導　**85**

2018.09　環境法：留給公益一點時間　**93**

2012.10　翁山蘇姬來啦！哈佛教你如何找工作　**101**

2012.10　網路法實務中心 (Cyberlaw Clinic)：讓學生練習當律師　**108**

2018.10　熱血環境人　**113**

2012.10　言論自由（上）：唯實主義的憲法觀與反蘇格拉底教學　**119**

2012.11　被颶風打擾的通訊網路法　**126**

2018.11　不只哈佛法學院：甘迺迪學院與麻省理工學院　*132*

2012.11　英美法律分析與檢索實作　*139*

2012.11　第 129 次的哈佛與耶魯美式足球對決　*144*

2012.12　期末考也可投票決定？　*149*

2012.12　言論自由（下）：充滿恐懼的憲法觀　*152*

2018.12　大麻、恐怖茶與期末考　*161*

2012.12　原始吶喊後的秋季學期末總評　*168*

冬季學期 (2013 年 × 2019 年)

2019.01　療癒的冬季學期（上）　*176*

2019.01　療癒的冬季學期（下）　*184*

2013.01　每天閱讀 100 頁的國際商務仲裁　*188*

2013.01　仲裁是什麼？　*192*

2019.01　夢語拉麵　*197*

2013.01　紐約工作博覽會 (NY Job Fair)　*201*

春季學期 (2013 年 × 2019 年)

2013.02　RBG 不恐龍大法官座談會　*208*

2013.02　與總統擦肩而過的高爾與踢館經濟學的桑德爾　*214*

2019.02　環境法與政策實務中心（上）：實作公益律師　**222**

2019.02　環境法與政策實務中心（下）：在哈佛執業的衝擊　**226**

2013.02　數位時代下的反墮落與反腐敗　**231**

2013.02　哈佛學生評選最值得上的憲法課！　**236**

2019.03　對抗氣候變遷，不能只是靜默　**242**

2013.03　《哈佛國際法學期刊》編輯　**249**

2019.03　明星憲法教授的忠告：建立個人的憲法體系，不能只為自己
偏好的結果而戰　**255**

2013.03　LL.M. 是法學院弱勢族群？　**267**

2019.03　天上不會掉下工作：如何找到實習機會？　**273**

2013.04　教你如何釣魚的國際商務交易
(International Business Transaction)　**280**

2013.04　傳奇大師的政治經濟學　**284**

2019.04　環境憲法訴訟律師開課！（上）：你的戰歌是哪首？　**288**

2019.04　環境憲法訴訟律師開課！（下）：老將的言詞辯論稿　**296**

2013.04　一人對一城：恐怖主義在波城　**303**

2013.04　Fallon 教授的憲法教室：黑人公民、黑白隔離與墮胎　**309**

2019.05　關於 MeToo 運動的爭議觀察　**314**

2013.05　法學院最後的考試　**318**

2013.05　擁槍、貧窮歧視，與外國人人權　**323**

2013.05　關於在美求職這條路　**328**

2019.05　取法哈佛：「如果不是你，還有誰呢？」　**334**

2013.06　畢業：矢志為改變世界盡一份心力　**339**

2019.06　最後校園巡禮　**344**

2019.07　尋找自我的華府實習　**349**

關於申請學校這件事

學位概覽　**363**

學位的選擇　**364**

申請時程　**365**

預算評估　**366**

規劃申請資料的重點與細節　**366**

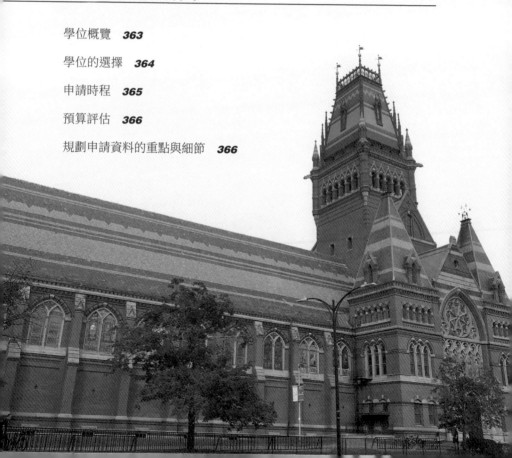

作者的話

一、 本書為兩位作者分別根據其赴美求學期間所完成之紀錄，為個人感受與心得紀錄，不代表作者服務或任職的任何機構。

二、 本書作者李劍非赴美求學期間為 2012 年至 2013 年，黃海寧則為 2018 年至 2019 年，書中每篇札記標題均有年份時間，2012 年及 2013 年均為李劍非所撰寫，2018 年及 2019 年則均為黃海寧所撰寫。

三、 哈佛法學院的教學及制度可能隨時間而有所變化，本書所記錄的僅為作者留學當下的狀況。

四、 哈佛法學院分為三個學期：秋季學期、冬季學期及春季學期。本書之札記排序為根據三個學期敘事紀錄而成，故以三個學期為分類，而於各學期分類中，再依照每篇札記之內容與時間序，將李劍非及黃海寧之相關札記交錯置放。

五、 書中第一篇「赴美留學二三問」的作者對談，男生頭像代表李劍非發言，女生頭像代表黃海寧發言。

六、 書中每篇札記標題下方會有一小段引言，每段引言均係摘自於同篇札記之相關段落或文字。

七、 本書所收錄之札記約略可分為五類，本書於此並將各篇札記歸類提供如下，供讀者快速查找參考：

課程相關

2012.08　進入法學院的第一堂課：如何避免剽竊 (Plagiarism)‥41

2012.08　選課：我全部都想要！...46

2018.09　哈佛取法計畫...51

2012.09　學習，從海量課前預習開始！.................................58

環境法：

2018.09　環境法：留給公益一點時間.....................................93

2019.02　環境法與政策實務中心（上）：實作公益律師.........222

2019.02　環境法與政策實務中心（下）：在哈佛執業的衝擊‥226

2019.04　環境憲法訴訟律師開課！（上）：你的戰歌是哪首？·288

2019.04　環境憲法訴訟律師開課！（下）：老將的言詞辯論稿……
　　　　　...296

憲法：

2012.10　言論自由（上）：唯實主義的憲法觀與反蘇格拉底教
　　　　　學...119

2012.12　言論自由（下）：充滿恐懼的憲法觀.......................152

2013.02　哈佛學生評選最值得上的憲法課！.........................236

2019.03　明星憲法教授的忠告：建立個人的憲法體系，不能只
　　　　　為自己偏好的結果而戰...255

2013.03　LL.M. 是法學院弱勢族群？ 267

2013.04　Fallon 教授的憲法教室：黑人公民、黑白隔離與墮胎 309

其他：

2018.09 立法與管制（上）：公法必修入門.....................66

2018.09 立法與管制（下）：法學院第一天就開始學習當律師 72

2012.10 網路法實務中心 (Cyberlaw Clinic)：讓學生練習當律師.
.....................108

2012.11 被颱風打擾的通訊網路法.....................126

2012.11 英美法律分析與檢索實作.....................139

2019.01 療癒的冬季學期（上）.....................176

2019.01 療癒的冬季學期（下）.....................184

2013.01 每天閱讀 100 頁的國際商務仲裁.....................188

2013.01 仲裁是什麼？.....................192

2013.04 教你如何釣魚的國際商務交易 (International Business Transaction).....................280

2013.04 傳奇大師的政治經濟學.....................284

演講或活動相關

2012.09 隨處可見的名人演講：兩位女性法學院院長的對談與「正義時刻」.....................62

2013.02 RBG 不恐龍大法官座談會.....................208

2013.02 與總統擦肩而過的高爾與踢館經濟學的桑德爾.......214

2013.02 數位時代下的反墮落與反腐敗.....................231

2019.03 對抗氣候變遷，不能只是靜默.....................242

哈佛體驗相關

2018.08　嗨，哈佛！...28

2018.08　初來乍到哈佛新鮮人...35

2018.11　不只哈佛法學院：甘迺迪學院與麻省理工學院.........132

2012.11　第 129 次的哈佛與耶魯美式足球對決.........................144

2012.12　期末考也可投票決定？...149

2018.12　大麻、恐怖茶與期末考...161

2012.12　原始吶喊後的秋天學期末總評.........................168

2019.01　夢語拉麵...197

2013.03　《哈佛國際法學期刊》編輯.........................249

2013.04　一人對一城：恐怖主義在波城.........................303

2013.05　法學院最後的考試...318

2019.05　取法哈佛：「如果不是你，還有誰呢？」.........334

2013.06　畢業：矢志為改變世界盡一份心力.........................339

2019.07　最後校園巡禮...344

法律進修相關

2012.09　法律解釋真的能解決問題嗎？唯實轉變的法學院教授 78

2018.09　掏心掏肺的論文指導...85

2018.10　熱血環境人...113

2019.05　關於 MeToo 運動的爭議觀察.........................314

2013.05　擁槍、貧窮歧視，與外國人人權.........................323

求職相關

2012.10　翁山蘇姬來啦！哈佛教你如何找工作.........................101

2013.01　紐約工作博覽會 (NY Job Fair) 201

2019.03　天上不會掉下工作：如何找到實習機會？.................273

2013.05　關於在美求職這條路...328

2019.07　尋找自我的華府實習...349

赴美念書二三問（作者對談）

　　本書的兩位作者赴美留學時空前後差了 6 年，在國外的經驗感受多少存在差異，對於出國念書這件事的想法可能也不盡相同，許多台灣學子在選擇是否要到美國念書前，心中都有許多疑問，苦無適合管道諮詢。以下兩位作者以過來人身分，筆談赴美留學可能會想到的相關問題，希望能有助於對赴美念書有興趣的學子形成正確的決定。

　　我們首先從一個通常大家都會問到的問題談起：「有必要出國念書嗎？」

　　這絕對不是一個能夠簡答的問題，甚至是一個見仁見智的問題，以下我們從幾個面向對談，提供一些思考方向：

• *不出國念書就沒有競爭力嗎？*

：如果是法律教職的話，出國念書可能是必要的，但台灣現在已經發展成很成熟的民主法治國家了，一個發展成熟的法治國家，其實應該逐漸發展出自己國家的法治內容與重點關心議題，所以我想台灣缺乏的是對於自己法治的自信，關於法治自信這一點，相信會越來越好。

：這點我的看法不太一樣。我覺得對於規劃未來要從事學

術研究（無論是否為教職）的人來說，出國念書在現在以及未來還是必備的。這麼說並不是否定台灣的法治發展，而是我認為學術人的養成，還是需要大量的學術養分、切磋、思想和意見交流、還有來自不同方面的衝擊。以上這些，是我認為選擇到另一個國家攻讀學位，會比起長年都待在同一個地方鑽研知識，能獲得更多。

：所謂的競爭力其實要看在哪裡發展。比要不要出國念書更重要的問題，**我通常都會建議先思考：究竟想在哪裡發展職涯？**不管要不要出國念書，這都應該是任何進入職場前的新鮮人（甚至是出社會後任何階段的人）要思考的問題。我假設大部分的人都想以台灣為發展中心開展職涯，那麼在台灣從事法律相關工作，有沒有出國念書這件事，我認為總的來說當代並沒有與競爭力有直接的關係。出國念書拿文憑可能只能幫求職者在找第一份工作時在履歷上稍微吃香，但並不是能成功找到理想工作的絕對關鍵因子。

不知道這個問題海寧怎麼看？

：不知道幾年前是什麼情況，但在我出國讀書的這一年，多數人赴美念 LL.M. 的主要原因還是求職上的考量。儘管不同地區的執業市場情況不同，LL.M. 還是一個跨越地域限制、晉升國際市場的最佳門票。因此，我有非常多同學，都是因為希望能夠到華爾街的事務所，或是轉去國際事務所（例如位於香港、倫

敦、巴黎等城市的國際大所），而選擇念 LL.M.。

由此可知，LL.M. 本身就是一個很策略導向的學位。這個現象也不只發生在法學院，在美國很多碩士學位也都具有這樣的特質。我自己出國念書雖然不是抱著求職上的理由，但出國念書是否能夠為自己加分，絕對是每位決定出國的人都曾深思過的問題。能夠在履歷上增加經歷和學位，我想無論如何都會是加分的。但我同意劍非的看法，生在這個世代，出國念書和有沒有競爭力沒有必然的關係；尤其法律相關的工作很在地化，又有高度的地域性，出國念書對未來規劃在台灣執業的人而言，對執行業務的幫助確實有限。

事實上，台灣的高等教育已經發展的很成熟，無論是大學還是研究所，學生可以接觸到的非常寬廣，不需要抱著去西方取經的心情，認為得出國念書才能增加競爭力。另外，也有很多人認為出國念書有助於語言的精進，我認為這也不是必然的。雖然留學期間生活在外語環境裡確實會讓自己在該段時間內熟悉異鄉的語言，但回國後若沒有持續保持，這份對語言的熟悉感是會退化的，法律英文更是如此。

不過，**出國念書是拓展視野非常好的機會**，拓展視野也包含認識新的朋友、朋友的朋友，甚至是不同圈子、不同領域的人。當交際網絡擴大的時候，職場上或其他的機會也會隨之增加，各種合作的可能性也會變多，某程度也是增加了競爭力。我在美國讀書的時候，有不少同學將他們在美國讀書一年的重心放在社交

(networking) 上，希望可以透過走進新的社群 (community) 以及認識更多的人來增加自己的能見度，無論是求職或是倡議其他事務，都可以說是一種策略性選擇。若從這個角度觀察，出國念書和競爭力也不是完全沒有關聯。

👤：特別在人際網絡與社交人脈這一點，我是完全同意海寧的觀察的。**出國念書這一年所認識的同學或老師以及各種專業人士，短期看會成為想要在海外求職的重要管道或資源；長期來看，可能就會在某一天發生作用。**

我自己就不時會收到當年讀書時的同學來信詢問台灣法的問題，而當我碰到一些其他國家的法律問題需要推薦專業人選時，也一樣會找當年的同學求助。有些人甚至當年根本沒講過話，但是所謂的人脈其實不一定需要很熟，甚至不需要認識（笑），校友和同學這個身分就會自然幫助你帶來許多潛在人脈，而這些軟性資源會在很多想不到的地方發揮關鍵作用。

海寧提到許多人出國是為了能在國外找到一份理想的工作，挑戰與放眼國際。的確，如果想要在國外發展，出國念書是一個起點。但台灣出身的同學可能也得注意，基於台灣在國際上之現實狀況，即使出國念書拿到 LL.M. 學位，要能在國外找到理想的工作難度還是非常的高。能否順利找到工作，跟唸哪所美國學校、成績是否出眾，更可能完全無關，更多的可能還是人脈與機運。

：我在春季學期有過一段求職經驗，我完全同意台灣學生取得 LL.M. 學位後，想要在美國或台灣以外的地方找到律師或以法律業務為主的工作難度不小，**緣分和機運比起學歷和履歷，或許是更重要的成功因素。**

　　我認為主要的原因在於我們的競爭者大部分是經過三年法學院洗禮的 J.D. 學生。這並不是在說台灣學生就比較沒有競爭力，而是現實上，求職路上存在相當多不可控因素，包含美國近年的就業市場和整體經濟環境益發嚴峻，讓這個選擇的實現可能性變低。

• 赴美念書對回台工作上的幫助，如果有，可能是什麼？

：律師從事的法律工作，都可能接觸到涉外因素的案件，而出國念書基本上都會幫助我們了解普通法系與大陸法系之文化與法治背景差異，**了解差異對於碰到涉外因素案件來說，很多時候會發生關鍵作用，不僅能間接幫助我們作出正確的判斷與分析，也更容易與外國法律人交涉。**

　　從律師的角度來說，雖然訴訟上大部分所適用的都是台灣法，但是因為台灣法系是繼受法，且比較法在台灣法學界還是占有重要的地位，許多法律在討論立法理由或解釋方法時難免會要參考國外法，而美國法通常也是各領域重要參考國外法之一，所以在實務上，美國法還是時不時在某些類型訴訟中成為重要的比較法之一（例如：行政法、憲法、公平交易法、專利法、與公司

法等）。雖然不一定要出國念書才能理解美國法，但是出國念書能夠學到美國法的基本體系和研究思維方法，這個在精確掌握美國法方面還是很有幫助的。

（圖）：既然劍非已經討論了訴訟律師的角度，我來從非訟律師的角度談談這個問題，**我認為出國念書對於非訟律師的工作有一個重要的間接幫助：換位思考。**

非訟律師的日常工作裡經常要接觸來自世界各地的外商客戶，並協助他們處理各式各樣的法律事務。要讓來自不同社會、文化背景的一票人完成一個交易，實在不是容易的事情。因為在國外讀書的時候會認識、接觸到各式各樣的同學，相處過程中特別需要在不同的語境下溝通、了解彼此，我認為這個經歷讓我更能夠用客戶或交易對造的語境釐清他們的立場和想法，也比較能據此回應。簡而言之，在多元環境中讀書的經驗讓我們更能夠將自己置身於多元的工作環境裡，協助對台灣法治環境不了解的人，在台灣從事商業或其他活動，可以說是一種國際化吧。

我認為不只律師，各行各業的人才都有國際化的需要，我們也應該期待台灣可以因此而越來越國際化。

・*所以出國的好處是什麼？*

（圖）：**科技及網路可能某程度取代了實際出國能獲得的許多東西，但還是有網路無法完全取代的部分，比如文化衝擊、對於當**

地一些風土民情的觀察機會、校園授課與氛圍的體驗，以及與同學面對面的交流感受等。這些看起來沒什麼，但我想對於任何一個曾經出國的學子而言，這些感受造成的影響與衝擊是難以量化的。我想海寧這方面的體會應該也非常深刻。

:在我出國前，劍非曾經跟我說，去了美國之後，念書上課考試都不是最重要的，那些回國不久後可能也會慢慢淡忘。但是你在那裡認識的朋友、感受到的衝擊、體會過的人生、以及自己在經歷這一切之後的體悟和改變，將會是你最大的收穫與長久的回憶。經過了一年，我想我也會告訴大家同樣的話。我在畢業前夕與我的同學們聊天，大家共同的心得便是，即便留學這一年不會真的改變我們的人生軌道，我們仍舊成為一個更好的自己。這大概跟劍非的心情有些相似——無論結果是什麼，那都是一段非常深刻的人生經歷。

　　我們也多次討論越來越高昂的成本、附加價值不高的選擇，究竟出國讀書對台灣學生而言還存在什麼樣的誘因？討論到最後，無非是對自己蛻變、感悟、成長的期待。有些人期待自己可以晉升一個更廣大的世界、有些人期待在異鄉深入的學習、有些人期待在長久埋首工作後獲得休息的時間、有些人期待獲得更多倡議特定議題的能量後再回到台灣，各式各樣。**如果對自己有一點這樣的期待，我覺得就不要完全摒棄出國念書這個選擇。**

：對我來說，去美國留下最深刻的體驗是了解到台灣的美好以及以台灣為傲。出國前對於美國的想像與理解都是美好的，但出國後就知道，台灣真的有很多值得自豪的地方。

　　就拿公務員來說吧，台灣的公務員在幫助民眾和態度上來說就已經沒話說了，效率更是不得了。因為台灣人的日常都是很有效率的，所以不一定能體會我強調效率這件事情。在美國，很容易碰到結帳慢吞吞的人員，或是動不動就歧視外國人的服務生。特別在公務員這一點，我們常常去辦理或申請文件，動輒就是開車往返一整天，然後在公務機關待三四個小時排隊，實際上很多事情應該五分鐘就可以完成了，只因為美國公務員的沒效率，讓我們耗費大量的時間。還有，台灣五步就有一個萬事都能處理和解決所有需求的便利商店，這個在美國居住環境最近的超市可能要走二十分鐘（而且晚上六點關）看來，是完全難以想像便利性差距的。

：對我來說，很多印象深刻的事情都發生在課堂上。
相較於台灣的大學法律系與研究所以授課為主的教學方式，美國的法學院則以所謂的蘇格拉底教學法著稱。蘇格拉底教學法，簡而言之，就是透過對答與詰問的互動，讓學生在課堂上與老師或同學以辯論的方式學習。 每位老師都有自己的蘇格拉底教學風格，有人一堂課只點一個人問，有人則是快問快答一堂課點 30 個人都不為過。有的老師喜歡突襲學生，也有老師喜歡排

好名單，讓大家知道什麼時候自己會被點到（所以可以預作準備）。

因為蘇格拉底教學風格，所以學生們都需要扎實地預習和做好課前準備，包含讀書筆記和案例摘要等。在台灣讀書的時候，我總是在課堂上才翻書、聽講做筆記，考試前再複習。到美國念書的時候一開始很不習慣，因為得花上大量的時間在上課前讀完指定閱讀範圍，做課前筆記。

不過，縱使我做好充分準備覺得自己一定可以回答所有的問題，到了課堂上被點到，還是常常腦袋一片空白。原因在於老師們絕大多數都不會問翻翻教材就知道答案的問題，課堂上老師拋出來的問題，常常是沒有答案的辯證性問題，他們希望能夠引導學生建構自己的觀點，並有充分的理由可以支持這樣的觀點，且有一貫的邏輯與思考脈絡支持這些理由。我常覺得，不知不覺一堂課就過了，好像老師也沒有說很多話，但我卻對每個案子都有了自己的立場和看法。

直到現在，我已經不記得老師問過什麼問題，但我會記得我對特定議題下的特定案件持過什麼樣的立場和做過什麼分析。這是非常有趣的學習過程。

• *赴美念書是不是要花很多錢？*

：答案是絕對的。

過去大概可以抓一個一年需要花費的數字，含學費、住宿

費、生活費和保險費等可能要約 300 萬台幣，隨著時間推移，美國的學費和生活費每年也都在上漲，總數往上繼續增加也是可以預期的，或許這部分海寧觀察的會比我還要深刻。

：學費年年漲，是美國法學院的慣例，大概也是所有留學生最苦惱的事了。以哈佛法學院為例，我在 2018 年的學費約 6 萬 8 千美元，這還不包含生活費以及房租等其他日常開銷。2020 年初開始由於新冠肺炎疫情嚴重，哈佛法學院遂決定 2020–2021 學年度秋季學期將沒有實體課程，全數改為線上上課；儘管如此，學校也只有宣布將不會按照往年的調漲費率調漲 LL.M. 2020–2021 學年度的學費，由此可見學費每年調漲，是完全可以預期的。

除此之外，我畢業後在華府實習期間，只有微薄的基本薪資。在消費水平算高的華府，我還需要自己倒貼房租和若干生活支出。我的經驗是，就算是把握難得機會嘗試不同的事情，也還是得承擔一定的經濟付出。規劃在美國考律師的人，甚至需要再加上購買函授課程、報名考試、備考期間住宿等花費，這也是一筆不小的金額。

：由於出國的成本越來越高，而其實際的附加價值又不像過去那樣好，所以必要性勢必在許多人心中是會降低的，或許可以這樣說，如果是為了實際馬上能看到的效益，那我想出國是非

常不划算，甚至是不實際的。所以如果是用數字成本回收這個角度，可能會直接得出不能出國的答案。但是赴美念書獲得更多的是數字成本以外的收穫，那些是不能量化的，關鍵在於選擇人對於那些不能量化的收穫，給予多少價值與重視。

• 英文不好能出國嗎？

：我知道許多人都會問自己這一題。英文好不好是很主觀的，都是比較級，既然是比較級，到底什麼是夠好或不夠好很難說。

其實這一題真正要問的是：你想出國嗎？你需要懷疑自己嗎？我覺得如果決定要出國念書了，問這一題是多餘的，因為既然決定要出國，就是去考托福、提出申請資料，然後看學校有沒有要收。

如果美國法學院都要你了，根本不需要問自己英文夠不夠好的問題。我也聽過非常多英文不見得有達到高標的申請者，最後還是能申請到理想的美國法學院，去讀書時也沒有什麼問題。其實我們去美國學習時，也不是全部的課程都聽得懂或跟得上的，這很正常，有時候可能是因為語言不夠道地或文化與生活環境差異影響理解，但也有可能是因為課程難度和講者本身的問題，反過來想，在台灣做學生時，也不見得所有課程都一定聽得懂或跟得上對吧！所以理解力不全然跟語言有關。

台灣也有許多國際交換學生，你覺得台灣學校對於交換學生

的語言程度會要求到哪裡呢？自己的英文跟那些外國交換學生中文能力比起來，應該也不會輸吧？其實這樣想想，就會發現問自己英文程度夠不夠，**更多的時候可能是對挑戰感到畏懼，這很自然，只是不要讓畏懼感阻礙自己去挑戰的機會，這才是最重要的。**

：英文好不好很難一言以蔽之，也很難以此作為衡量是否出國念書的標準。有人托福考很高分，卻不見得能夠在社交活動裡侃侃而談，有人托福分數普通，但念書過程裡也沒有遇到什麼語言障礙，一切順利。

相較於以英語為母語的國家的學生，我們使用英文未必和他們一樣流利，但我認為這是可以克服的，況且在多元環境裡，英文也不一定就是主流。**不過，還是要很現實的說，留學美國，語言程度會影響申請學校，也會影響學習效率與適應生活的能力。**因此我認為，決定出國念書的人，對英文額外多做一些準備，是基本功夫。如果你正在因為擔心自己的英文程度不夠好而對出國念書感到退卻的話，誠心建議趕快訂下一個精進英文的目標，語言的進步絕對沒有你想像的困難。

• 如果決定要赴美念書的話，應該要什麼時候去呢？

：這大概是最難但大家最想知道的問題了吧？

我想我的結論會是：要趁早阿！

　　根據我的觀察，以哈佛 LL.M. 為例，亞洲國家的同學多半都有約三至五年或更久的工作經驗才出國讀書，換言之，這些學生已經具備一定的執業經歷才重新回到校園；相反地，歐洲國家和拉丁美洲國家的同學則有不少大學剛畢業或僅有一年短暫工作經驗即申請到哈佛 LL.M.。這兩個群體最大的差別在於，有工作經驗的人往往有比較固定的興趣和擅長的領域，在規劃未來一年的校園生活的時候，往往也會有特定的目標。而大學剛畢業或是僅有短暫工作經驗的同學，這一年的校園生活就更像是探索新方向，或是更了解自己的過程，未來無限可能。

　　平均而言，哈佛 LL.M. 群體中大部分學生都有一到三年的工作經驗，才在這個基礎上到美國念書。當然，隨著每間學校的取向不同，上述的比例也會隨之改變。我個人認為如果想出國念書並有志於學術一途的人，應該盡早準備出國，主要的原因在於博士生涯漫長，能夠早點開始總不是壞事。如果不是有志於學術的人，我也認為應該要趁早（例如工作二至三年）。或許有點主觀，但我覺得年紀或多或少會影響心境和接受新事物的心態；此外，越晚出國機會成本就越高。

　　：我的建議跟海寧完全一樣，應該要趁早。當然我同時也了解，在評估出國時間點時，許多人不外乎會考慮到幾個因素：包含錢存得夠不夠、自己的履歷是否已經充分了，甚至是英文準備好了沒。每個人放的標準不一樣，有些人可能會希望所有的條件都已經到一百分了，才要去申請學校，目的就是希望自己在最

好的狀態下申請到最理想的學校。

　　這種想法並不是不好，只不過我個人認為，如果決定要出國念書的話，應該是以時間與年紀為最優先考慮因素，而不必然需要有非某學校不念的心態。因為如果是以相關條件或狀態一百分為目標的話，可能也同時必須思考，其一是即使是自認為最佳狀態去申請，結果也未必就一定能申請到自己最理想的學校，其二則為，當達成所謂的理想條件時，時間和年紀同時也會帶來更多的成本，例如家庭、工作職場因素等。

　　人生在不同階段需要思考規劃的事情會不一樣，20 歲、30 歲和 40 歲需要顧慮的層面也會不同，我看過很多例子，因為前述條件的躊躇，最後被迫放棄出國，其實出國拿 LL.M. 學位就是一年，但這一年是 28 歲發生，還是 35 歲發生，後者通常需要考慮的層面，可能比前者更多、更複雜。最後，年齡當然也會影響人吸收知識與感受衝擊的能力，越年輕去感受，帶來的衝擊可能也會與年長後去體驗有所不同。

• 出國念書後應該要設法留在國外嗎？

：除了我們前面所討論到的，能否留在國外並非留學生真的可以掌控外，這裡我覺得也可討論一下關於為什麼可以考慮回台灣為優先選項的理由。我的理由很簡單，**台灣就是我們的家，無論如何都應該為家鄉奮鬥與打拚**。這是我們所生所長的地方，最能直接貢獻的就是我們的家。

（👤）：前面討論到出國念書和競爭力的關係，讓我想到其他關於畢業後的事情。出國念書容易引人深思自己的人生選擇究竟應該是什麼，我在美國的體會是，留學之後，比起留在美國或到其他國家工作，不如回到台灣。**競爭力一事說到最後，無非是自己能否展現自己的價值，在一個場域裡發光發熱。**

我想在這裡呼應劍非前面提到的台灣已然是一個更成熟的國家這件事情，其實不只是民主法治，台灣已是一個更加活潑、活躍、充滿活力和能量的地方。這樣的地方，值得年輕學子們付出他們的青壯年時期。現實就是如此，只有我們出身的地方有競爭力，我們自身也才會更有競爭力，我認為這是互相的。出國念書或許和更有競爭力沒有必然的關係，但我們每個人的人生選擇，都將決定我們這個世代的對外競爭條件。

因此，縱使未出國念書，抱著在台灣打拚的信念，都值得敬佩。若是本來就決定要出國念書，又或者看完這本書後決定挑戰美國法學院，希望你們也能夠保留回到台灣這個選項，學成後回到家鄉耕耘。

• 新冠疫情會對赴美念書造成改變嗎？

（👤）：我認為會。新冠肺炎不僅對人類健康帶來威脅，從政治到經濟，疫情還廣泛地影響了人們生活的方方面面，使得很多事情都充滿不確定性。例如在美國居留、留學簽證等相關規定即很有可能因此存在不確定性；畢業後的暑期實習機會有可能因為遠

距上班頻率增加而銳減；學校錄取名額不確定是否會受到這一兩年錄取者選擇延後入學而受影響；實體校園生活改為線上，過往許多必嘗試的事情都有可能沒有機會體驗等等。

當投入的成本高昂的時候，我們願意承受的不確定性就會降低，我想以上因素都有可能影響是否要出國的決定。

：COVID-19 的確已經對於美國甚至是世界的法學教育方式帶來變革性的影響，大部分學校都已經透過線上進行課程，其實許多學校本來就都有線上學程，只是花多少資源和收多少學生的問題。這場疫情很有可能讓線上學程成為將來外國學生學習方式的主流，以降低疾病傳染的風險。

線上課程的問題在於，難免會降低我們剛剛談到的文化衝擊與交流的感受，因為學生可以完全待在家裡完成課程，而線上課程也多少會影響蘇格拉底教學法，因為老師將無法隨心所欲的點人應答，總是會有許多技術障礙。

疫情終究會過去，但是疫情加速了虛擬空間取代校園實地教育的速度，或是至少讓虛擬校園空間成為選項之一；另外美國經濟受到嚴重影響，也可能大幅改變教育體制資源，這一些變革，都可能影響出國值不值得的判斷與評估。

• 留學這一年有沒有什麼覺得遺憾的事情？

：嚴格說起來，LL.M. 學程從開學伊始到畢業典禮，大概

只有九個月，過起來飛快，也是非常短暫的；每一天都會覺得有好多事想做，但礙於時間與精力有限，往往只能選擇其中幾個最想做、不想錯過的事情。鄰近畢業的時候，我一直有真想再待上一年的落寞心情。

對我來說，我覺得最遺憾的事情可能是沒有申請博士班（笑）。不過，這個決定涉及的因素很複雜，也與我當初在申請學校之時沒有下定決心，並做好充足準備有很大的關係。**事實上，這也是很寶貴的一課；若是你和我一樣，對於學術和實務工作都抱有一定的熱忱和興趣，是否要申請博士班這件事情，就非常需要在申請學校的階段就想清楚**。根據我的個人經驗，這個決定很難在人到了美國的當下才做成，因為在學校的時候，萬花筒般的精彩法學院生活會讓你既想在實務界繼續耕耘，也想就此投入學術的浩瀚大海。雖然我的同學中也有念了一學期才決定申請博士班的人，但這畢竟不是通例。

人生必然得經過抉擇，我也做了一個重要的抉擇，這個抉擇我雖無後悔，但還是有些遺憾的。

除此之外，如同大家接下來會讀到的，我在哈佛這一年花了許多時間在讀書和鑽研知識（大笑），LL.M. 的下半段更是非常忙碌。雖然也有休閒生活，該過的節日和假期也都沒有錯過，也把足跡留在了中美洲，但我依舊有些小小的遺憾，若能再更放膽地玩耍，多一些州際旅遊，拜訪更多城市，爬更多的山，就太完美了。

鑽研知識確實也讓我更了解美國制度，但親身體驗，肯定還

是更難忘。讀完書回來，我也都跟別人說出國念書不要太較真，選擇你最嚮往的城市讀書，然後盡量去玩。但對於我自己在美國讀書這一年多的時間安排，我又覺得怎麼想，都沒有後悔。

　　：大部分的經驗都是美好的，也因為實在美好，我的遺憾之一是許多課程真的很想參與，但礙於學分與時間限制，到現在都還是很想「再來一次」。跟海寧一樣，我當時也曾經有再待個半年或一年的想法。再去一次美國的話，現在的我想選的課可能跟當初又完全不同了。

　　此外，學校的活動實在五花八門，如果願意，幾乎每天都能出門體驗與使用學校活動與資源，現在回想自己當時還是太多疏懶的時候，錯失了聆聽許多演講與參加活動的機會，很扼腕。

　　最後，我聽過最多留學生的遺憾，都是花太多時間在念書，沒有好好體驗當地文化與生活。這個很重要呀，我每年都跟留學生講，去美國雖然是念書，但在念書以外能夠體驗到的，才是真正重要的養分，所以雖然要念書，但比例上一定要留時間去體驗美國文化與環境。

•總結一句話

　　：出國念書不外乎就是一段經歷與體驗，因為赴美念書不見得是人人都可以且願意做的決定，這也是為什麼本書會有付梓的想法，就是想把這難得的經歷記錄下來，讓後人也可以評估一

下究竟出國需要思考與評估哪些因素，以及出國念書的見聞，將此段經歷價值最大化。

：我也是踏在前人的路上，才開始走自己的路。所以我一直希望能夠也將我自己的經驗分享給大家，讓大家未來也能在我們之上，走出更燦爛的路。

秋季學期 (2012 年 × 2018 年)

2018.08

嗨，哈佛！

　　興奮驅使之下，我還是進入觀光客模式，拿起手機拍下了夏日時分、尚未開學而顯得有些靜謐的 Langdell Hall。往後的一年，我幾乎每天都出入這裡，用手機記錄了圖書館一年四季的模樣。但沒有哪一刻，可以與我第一次踏足這裡時的心情相比，既帶著初來乍到的豪情，也有對這棟圖書館悠久歷史的尊敬與虔誠。

　　留學的城市與校園風格，是留學生生活很重要的一部分。以哈佛為例，哈佛是一所愛國 (patriotism) 情感豐沛的學校，從校園入口之一 Dexter Gate，在進校園的這一面上刻著 "Enter To Grow in Wisdom"（進入哈佛是為了增長知識），出校門的另一面則刻著 "Depart To Serve Better Thy Country and Thy Kind"（離開哈佛是為了更好地服務於國家和人民），就可以感受到哈佛人對於投入學術及服務公眾的使命感。這個愛國情感豐沛、充滿使命感的氛圍，影響我甚深。

　　我在哈佛的故事，始於 2018 年 8 月 1 日，第一天抵達劍橋。刷下人生第一張單程機票後，我先飛到華府見好友，才從華

府飛國內線到波士頓。那是一個炎熱的 8 月初午後，我提前抵達
位於麻州大道 (Massachusetts Avenue) 上的租屋處。

　　對了，因為籤運很差，我沒有抽到滿意的宿舍，所以和兩位
素未蒙面的 LL.M. 同學，一起租了法學院隔壁的公寓，距離法
學院走路只需要 2 分鐘。會租下這間公寓，一方面是貪圖冬季時
下雪，不想離學校太遠，另
一方面是公寓格局和租金都
很合適，我和其中一位香港
室友相中公寓後便快速簽了
約，很快又找到一個同學加
入，第三位室友來自黎巴嫩。
在外租房最棒的是可以經常
邀請朋友來家裡吃飯小酌，
甚至是一起讀書聊天。可惜
的是，三個異國室友生活習
性不同，加上彼此沒有事先
訂好室友規約，導致接下來
一年我們發生了許多室友間
的糟心事。畢業後因早於租
期結束前便要離開劍橋，我
們得房東同意轉租各自的房
間，也因其中一個室友極度
不負責任的轉租而引發一連

Dexter Gate——哈佛人的精神與使命

串麻煩，這些暫先略過不提。

　　我是第一個抵達劍橋的房客，為了打發等待房東來交接鑰匙的時間，我便把行李丟在公寓門口，貼了一張便條紙說明這是三樓新租客的行李，然後出門打算去校園逛逛。

　　Harvard，我們終於見面了！

　　接近校園，第一個映入眼簾的是 "Harvard Law School" 的兩個石碑，所有曾拜訪過哈佛法學院的人，應該都跟這兩個石碑照過相，屬於必拍景點。接著，我沿途經過了 Wasserstein Hall (WCC) ——哈佛法學院的主要教學大樓，以及與 WCC 相連的 Caspersen Student Center，哈佛法學院的學生中心與餐廳，漫步走到了法學院圖書館 Langdell Hall。

　　「在這打卡拍照會不會很像遊客？」我有點不好意思。但興奮驅使之下，我還是進入觀光客模式，拿起手機拍下了夏日時分、尚未開學而顯得有些靜謐的 Langdell Hall。往後的一年，我幾乎每天都出入這裡，用手機記錄了圖書館一年四季的模樣。但沒有哪一刻，可以與我第一次踏足這裡時的心情相比，既帶著初來乍到的豪情，也有對這棟圖書館悠久歷史的尊敬與虔誠。

　　圖書館的四周還圍繞許多棟法學院教室及教授研究室，包含 Griswold、Hauser、Pound、Lewis、Areeda 幾棟大樓，這幾棟樓與 Langdell、WCC 及 Caspersen 皆有地下通道相連，讓學生及教職員們在寒冷的冬天不必走出大樓也能在各棟樓之間通行。我之後在這幾棟樓裡都有不少故事，不過第一天初來乍到，我在接著前往主校區之前，選擇先繞去 Austin Hall 瞧一瞧。

正值暑假期間悠閒的 Harvard Yard 向晚

Langdell Hall 初訪

學生中心 Caspersen Student Center
——歡迎來到法學院！

　　Austin Hall 是哈佛法學院最古老的一棟樓，建於 1884 年，於 1964 年改建，有著強烈的紅磚牆風格。直到現在，這棟樓都還在使用中，即將開始的適應週 (Orientation) 即是在這裡的大教室進行。Austin 也是哈佛法學院招牌模擬法庭辯論賽 Ames Moot Court 的實習法庭所在地，左右兩翼則各擁有一間法學院教室，除了經典的半圓形階梯座位及高聳的雙層黑板之外，Austin 教室的窗戶設計讓陽光可以輕易參與課堂的進行，形成有趣的光影變化。我在春季學期選修的憲法課，便是在這裡的階梯教室上的。

　　離開 Austin 後，順著人流，我走到了哈佛大學最知名的景點 Harvard Yard。夏日的 Harvard Yard 青蔥鬱鬱，小徑上有好幾團正在參加校園參訪的高中生，草地上則有許多色彩鮮豔的椅子，供大家坐在戶外閱讀或工作，享受夏日時光（其實很熱）。哈佛校園白天對外開放，Harvard Yard 可以連結到校園的各個出入口，無形之中把校園和社區緊密的連結起來。Harvard Yard 走出去便是波士頓地鐵紅線的哈佛廣場站 (Harvard Square)。「哈廣」周邊書店、餐廳、食肆、酒吧比鄰，是平日哈佛人生活聚集的所在。

　　哈佛廣場的變化是每屆留學生必聊的話題之一，每個人在哈佛讀書時的哈佛廣場的面貌都不同，商家也幾經更迭。比起哈佛廣場的變化，波士頓地鐵倒是數十年維持一個模樣，老舊不堪。

　　秋季時分，羅昌發老師曾在赴紐約大學法學院短期講課期間飛了一趟波士頓造訪母校，我有幸和老師見上一面，天氣晴朗，在校園裡暢聊了好一段時間。我還記得老師見到我的第一句話便

Austin Hall 一隅

紅線地鐵是學生往返劍橋和波士頓
市中心的主要交通工具

我與查理士河的第一次相遇

是：紅線地鐵居然 30 年都沒變！

逛過 Harvard Yard 後我在哈佛廣場上轉了轉，還有一些時間，便沿著甘迺迪街 (Kennedy St.) 往下走到查理士 (Charles River) 河畔。鄰近傍晚的河面閃閃發亮，岸邊的青草隨風擺動，零星的人或散步、或慢跑而過，一切很安靜，沒有什麼聲響，連車子駛過的雜音都顯微小，如夢似幻。雖然我沒見到著名的划船隊在練習，不過夏日的查理士河有供大家划船遊玩，可以沿著河一路划到波士頓。看見查理士河，我對來到哈佛終於有了實感，那些因匆忙卸下工作準備出國、來到新環境而有些徬徨的心情，也才暫時安定下來。

第一次踏進校園，我其實也有些不安。

我真的可以應付留學生活嗎？
我能適應這裡並拿到學位嗎？
未來一年會是什麼模樣呢？

我有很多的不確定，肩膀覺得略沉重。但是，回到 Langdell Hall 前的草地 Holmes Field，看著眼前莊嚴又宏偉的圖書館，提早回到校園的學生們在門口彼此打招呼，然後抱著書魚貫走進圖書館，我內心又為即將成為這裡的一分子感到激動，迫切地想要融入其中，同時也非常期待接下來的校園生活。就這樣，我抱著既忐忑又激動的心情，一邊收拾新居、與室友相見，一邊準備展開開學前的「適應週」。

初來乍到的哈佛新鮮人

2018.08

　　比起坐在教室上課，認識朋友、相約小酌或其他社交行程，還是大家在適應週期間最想做的事情。學校當然也知道大家想要認識同學的渴望，也鼓勵大家認識彼此，所以這三週中也有不少由學校安排的社交活動（包含密室逃脫這類純粹玩樂的選擇），提供大家認識和交流的機會。

　　在領取上課資料、行事曆以及最重要的──學生證，及簡單的新生交流後（LL.M. 的大家擠在小房間吃點心聊天），LL.M. 適應週便算是開跑了。我和室友一起去 Wasserstein Hall 領學生證的時候，赫然見到學校把今年度全部共 188 位 LL.M. 學生的照片及基本資料貼在國際學生事務處的布告欄上。雖然我們每個人都有收到一本學生名冊，供大家查閱同學的基本背景和履歷，但一下子看見所有學生的簡介一字排開地列在布告欄上，還是一件頗驚喜的事情。

　　學生證到手後，進出學校便通行無阻了。

適應週拉開校園生活序幕

　　按多年傳統，哈佛法學院的 LL.M. 適應週為期三週。適應週就像是國內大學的新生訓練，關於這三週的安排，學校直接幫大家系統性地排好課表，在一張紙板上列好每日必上課程以及各式各樣的活動。雖然日程滿檔，適應週的課程其實相當輕鬆，有點像夏令營；主要的目的就是幫助大家熟悉法學院資源（例如圖書館巡禮），了解美國基礎法學概念（例如普通法系的判決先例原則、法律唯實主義等），確認大家知悉基本學術規則（例如如何避免學術剽竊），重要事務的通知與傳達（例如令人頭痛的簽證問題、考紐約州律師的相關日程），以及，最重要的——安排接下來一年的課表。

　　所有適應週課程中，我印象最深刻的是一堂關於隱性歧視的課。這是一堂分組上課的小組討論課，課程主要的目的是讓大家認識隱性的不平等和潛在霸凌的問題。上這堂課是有原因的，LL.M. 學生來自世界各地，出身不同的背景，有著不同的文化習性，雖然我們皆使用英文溝通，仍難保交流的過程中會因為不夠了解而不經意地冒犯到對方，這堂課便是讓大家了解如何避免隱性歧視，也讓大家在這堂課裡向小組同學分享自己過去遭遇過的隱性歧視，以及來到美國之後有沒有遇過讓自己覺得不舒服的情境。

　　這堂課只有短短兩小時，但藉由這堂課，大家算是小小的抒發了一下來到美國後遭遇的困窘，也學習更加真誠、友善的對待

彼此，我們甚至分享了在自己國家裡律師執業會發生的隱性差別待遇和歧視的情境，其中有很大一部分都和性別有關係。

　　透過這堂課，可以明顯感受到身處在文化大熔爐裡的交誼往來，與過往在台灣與人相處的不同。在美國，除非是熟識的好友，否則多數人在初認識時，言詞上都是謹慎而客氣的，深怕一不小心就會因言語表達不當而造成誤會。例如我曾經僅憑衣著、沒有審慎思考地問了一位新認識的朋友他來自於印度的哪一省，這位朋友則是非常尷尬地回我他並不是印度人，他來自斯里蘭卡。這也不禁令我反思，當進入更加廣大而複雜的世界時，我們的言行是否也需要更加小心翼翼？

　　適應週之後，便不會再有 2018–2019 學年度 180 多位 LL.M. 全部一起上課的機會，因此適應週也是這一年之中，唯一一段可以密切地和所有的 LL.M. 同學熟識的時間；適應週結束後，大家便各自展開自己的生活了。確實，有不少人在適應週之後就再也沒碰過面，直到一年後的畢業典禮上才又見。由此可見，在這麼大的群體中交到的朋友，是非常珍貴的緣分。

　　因為如此，比起坐在教室上課，認識朋友、相約小酌或其他社交行程，還是大家在適應週期間最想做的事情。學校當然也知道大家想要認識同學的渴望，也鼓勵大家認識彼此，所以這三週中也有不少由學校安排的社交活動（包含密室逃脫這類純粹玩樂的選擇），提供大家認識和交流的機會。

適應週鳴槍開跑，也象徵新學年即將展開

適應週期間晚上偶爾和朋友跑到波士頓小酌

師傅引進門──諮詢小組成立！

　　適應週其中一項特別有趣的安排即是「諮詢小組」(Advisory Group)。學校依照入學前大家所填的興趣及專業資料，將全體 LL.M. 分成若干組別，並由博士班學生擔任小隊長。適應週期間如有任何分組活動，原則上都以諮詢小組為主，包含週末的玩樂行程，也常以諮詢小組成員為單位相約。

　　諮詢小組除了幫助大家盡快融入校園生活，提供最初的歸屬感外，最主要的便是選課諮詢。由於諮詢小組是以興趣及專業為基礎分組，小組成員們有興趣及專精的領域大致會落在同個範圍內。例如我的諮詢小組成員，幾乎都是和憲法、行政法及管制性法律領域相關的同學，我也在這裡找到我的專業領域同好，來自韓國，是一位有點反骨、幽默風趣、對環境保護和氣候治理非常熱血的青年，後來也成為我在哈佛最要好的朋友之一，一起修課，一起寫論文。

　　因諮詢小組是以專業分組，小隊長原則上也盡可能契合該組成員的專業領域，我的諮詢小組小隊長便是專精於憲法的博一升博二生。在適應週緊湊的課程和忙碌的社交生活中，小隊長負責提供課程諮詢，協助我們擬定接下來一年的課表。

　　三週適應週過得非常充實，平時讀點書熱身，白天上課，晚上參加各式各樣的小酌聚會，建立自己的社交圈。隨著一切逐漸上軌道，適應週在 LL.M. 大合照以及法學院大家長──院長 John F. Manning──於 Sanders Theatre 的演講中畫下句點。在

適應週即將結束時，由法學院院長在歷史悠久的 Sanders Theatre 與大家談話作為新學期展開的起點，是由來已久的傳統。在此之後，我們就正式成為法學院的一員了。

每年都在 Sanders Theatre 舉行的適應週閉幕兼新學年開學典禮

Sanders Theatre 一隅

2012.08

進入法學院的第一堂課：

如何避免剽竊 (Plagiarism)

　　將「如何避免剽竊」放在適應週基本課程的第一堂課，並且發給每位學生寫作規範與防免剽竊須知，更在之後強制要求每位學生必須完成線上考試，以確保理解相關規則，並能判斷何謂剽竊，可看出學術倫理規則的認知在這裡是最基本不過的事情。

　　8 月 22 日進入為期三星期的適應週，內容大抵是介紹將來法學院的生活，幫助大家認識彼此。從早上到下午滿滿的課程中，一堂令人印象深刻之課程，是法學寫作、研究及分析 (Legal Research, Writing, and Analysis)。每一堂課都有課前作業，上課資料大多是在大學及研究所時期就接觸過的美國法基本概念，例如如何閱讀美國法案例，判決先例尊重原則等等。

　　本系列的第一堂課值得一提：「如何避免剽竊」(How to Avoid Plagiarism)。剽竊一般較常為人使用的同義字，應是「抄襲」。內容基本上與學術倫理相關，教材除了定義剽竊，也介紹剽竊和著作權的不同。

　　執業時處理過一些學術倫理案件，很多不小心觸犯學術倫理

的案例，就是未能區分侵犯著作權與剽竊之不同。剽竊與侵犯著作權的問題或許有重疊之處，但剽竊涵蓋的範圍遠比侵犯著作權大許多。剽竊更關心學術道德與倫理問題，認為人不應該透過不當的方式竊占他人的思想或表達成果而獲得名聲或榮譽(credit)。剽竊涉及的範圍包括「思想」，就已與只保護「表達」之著作權不同。

　　將「如何避免剽竊」放在適應週基本課程的第一堂課，並且發給每位學生寫作規範與防免剽竊須知，更在之後強制要求每位學生必須完成線上考試，以確保理解相關規則，並能判斷何謂剽竊，可看出學術倫理規則的認知在這裡是最基本不過的事情。雖然仍然可能有模糊地帶，但是至少已經有明確的規則可循。觸犯學術倫理雖然不必然會被原作者提告，但是會受到不名譽之指責，及相關學術倫理委員會可能之懲處，其在社會意義上產生的後果絕不下於任何法律責任。

　　台灣研究所如果能開設相關課程幫助研究生了解與掌握學術規則，並將學術倫理當成所有研究所的基礎知識，讓研究生及作者們了解及遵循，即能避免因混淆著作權與學術倫理而發生剽竊的悲劇。

歡迎光臨法學院

酷似哈利波特城堡的 *Annenberg* 餐廳

　　哈佛每個學院有各自的餐廳系統，法學院只有一個學生餐廳 Harkness Cafe，種類多屬美式食物。

　　從進入學校開始，就一直聽說 Memorial Hall 裡面有一個叫做 Annenberg 的餐廳，其室內裝潢古典闊氣，有貌似哈利波特城堡餐廳之美名。Memorial Hall 本身係用來紀念於南北戰爭中犧牲的哈佛人，外觀雄偉壯麗，裡面有一個很棒的講堂，是麥可‧桑德爾正義課程與開學時法學院院長對全體新生致詞的場地。

Annenberg 餐廳只開放給大學一年級學生，外人不得進入參觀，法學院學生因為都是學士後法律學位，不具有進入該餐廳用餐的資格，但在多位 LL.M. 同學的反映與爭取下，學校終於決定賦予每一個 LL.M. 團體的指導員權限，以團體名義進入餐廳，並給予每位學生 10 美元的補助。

Memorial Hall **外觀**

　　在開學前的適應週時，所有 LL.M. 被隨機分組給約 10 位博士候選學生，由各博士生充當各小組選課與日常生活的建議者，並有至少一次的小組用餐。第一次的小組用餐是在哈佛庭園中席地野餐，後來組員又再度於學期末聚首。進入 Annenberg 餐廳用餐，其風格主要是美式早午餐，搭配室內特殊的裝潢果然名不虛傳，不虛此行。

取法哈佛時刻

避免剽竊的主要原則有三：

1. 如果某段表達或想法係受啟發自某作者或文章，必須記得引註或交代出處。
2. 如果引述他人言論，應有引號，若引述超過五行，則應獨立區隔並左右縮排。
3. 若係轉述他人言論之大意，應注意不能僅是替換部分文字，應實質性的換句話說，而能與原文架構明顯區隔。

　　最後，注意不能剽竊自己的言論，一魚多吃的情形剛好就是實務上經常發生學術倫理爭議之情形；一稿多投的情形或許不違反著作權，但是否違反著作權不當然等於是否構成剽竊。

Annenberg 內部

選課：

我全部都想要！

> 法學院開設的課程種類繁多，每一堂課都讓人有選擇的衝動，但學分的限制就像是人對美食的食量一樣，必須忍痛放棄許多好課。

　　哈佛法學院採三學期制，分秋季、冬季與春季。法學院的選課系統概念上可以分成兩個階段，第一階段是排定優先順序，每個人有 20 個順位，可以選 20 堂課，必須囊括一整年的課程，並且排定順位，順位越前面的課程，有越高的機會被選進。當將某一堂課放在越高的順位，意味著其他課程必須退後一個順位，如何巧妙安排順位來達到最好的選課結果，就像是玩撲克一樣，只不過賭注是未來一年的課程安排。

　　法學院開設的課程種類繁多，每一堂課都讓人有選擇的衝動，但學分的限制就像是人對美食的食量一樣，必須忍痛放棄許多好課。排選課順位的考量因素很多，包括課程時間是否衝突、秋季和冬季課程數量的平衡、每一課程受歡迎的程度（越受歡迎的課越難選到，也就必須放在高順位），以及備選（仍應選擇感興趣的課程，以防高順位卻落空的情形）。

　　第二階段是加退選時期，先顯示出第一階段選課結果，再進行加退選，此時大部分課程都已額滿，必須等待其他人退出，順位排前面的課程，雖然於第一階段可能選不上，但候補時的順位也會比較前面一點，選進課程的機率也就越高。在經過兩階段的複雜程序後，將選課重點集中於對於憲法、資訊法及仲裁之基礎上，輔以日後律師執業相關之課程，我初步的選課結果如下：

秋季學期

通訊網路法 (Communication and Internet Law)

　　Yochai Benkler 教授本來就是網路資訊法大師，還記得在台灣念碩士時，與林子儀老師討論論文題目，老師發給我的閱讀材料，就是 Benkler 的著作，而在寫作過程中，也常常用到他的文獻，大師的課，非朝聖不可。

網路法實務中心 (Cyberlaw Clinic)

　　實務中心的參加者通常是 J.D. 學生，課程內容藉由公益協助當事人處理案件來學習實務經驗，有點類似台灣的法律扶助，分成不同主題的法律領域，並且每一個實務中心由多個教授領導。J.D. 修實務中心課程的目的，除了有興趣外，也可用來折算紐約律師協會對於律師義務扶助時數的要求 (NY Bar Pro Bono Hours)。因為這一堂實務中心的課程和我的興趣相符，可以接觸真實網路法案例，又可讓我確定修到通訊網路法，因此提出申請並且成功加選。

憲法：言論自由 (Constitutional Law: First Amendment)

　　身為主要領域為公法與資訊法的法律人，憲法是我來美國之前就優先設定好要修習的課程。法學院的憲法在幾年前一直都只需要一學期就可以修畢，但是太多學生及老師反映，憲法的內容已經多到無法在一學期上完，過度濃縮課程，反而會影響了教學品質，所以大概 2、3 年前將憲法拆成兩部分，讓學生自由選擇。憲法被拆成「言論自由」與「權力分立、平等權和聯邦主義」兩門課，各 4 學分，所以意味著我這一年將有 8 學分都是憲法。

法律寫作與分析 (Legal Writing and Analysis)

　　這是律師執業，或是說所有法律人必須具備的基礎訓練，所以選擇這堂課不疑有他。

冬季學期

商務仲裁 (International Commercial Arbitration)

　　我將這門課程放在選課名單上第一順位，仲裁可說是來法學院學習的三大重點之一。星期一到五都有課，聽說課程很繁重，但是能夠熟稔仲裁法基本的概念與理論，進一步了解仲裁，這一切都是值得的。

春季學期

憲法：權力分立、聯邦主義及第 14 條增修條文 (Constitutional Law: Separation of Powers, Federalism, and Fourteenth Amendment)

憲法老師很多，我的兩堂憲法都選同一位教授 Richard Parker，其實應該要選不同老師的課，才可以體驗到不同的上課風格，所以另外加選了 Richard Fallon 和 Noah Feldman，雖然候補名單都排在 20 名以外，不過像憲法這種可以容納學生量較大的課程，由於選課人數眾多，或許變動也大，只要耐心排隊，終可以有機會候補成功。

法律事務所的領導學 (Leadership in Law Firm)

據說很有趣的一堂課，可以接觸到很多律師和執業經驗，非常值得期待。

法律倫理 (Legal Profession)

這是為了符合紐約律師考試要求而選擇的 3 學分，卻排擠掉我原本想選的國際商務交易 (International Business Transaction) 和公法大師 Cass Sunstein 回校所開的行政法，實在令人無奈以及惋惜。

我很掙扎春季是否要再多選一堂 2 學分的課，但是礙於學分

上限，可能必須取捨一下。選課結果還算令人滿意，符合原本設定的三大目標：憲法、資訊法課程，以及仲裁。其實還有很多想修的課，包括運動法、談判與協商、科技法與競爭法等，但因為學分限制與時間衝突而作罷。哈佛提供的選擇及資源實在太多，即使再怎麼努力與費盡心思設計課程，都一定有入寶山無法帶走所有寶藏的遺憾。

由學校代為承製的名片，哈佛法學院學生隨時都有大量的實習與工作探索需求，哈佛的信箱與名片都是學生於職場上擴大人脈的必備工具

哈佛取法計畫

　　每個人對於在 LL.M. 期間的學習目標，原則上都反映在自己的課表上。有人的修課方向與自己本身的專業相符，屬於繼續精進類型；有人選的盡是新奇有趣的創意型課程，屬於探索類型；有人選擇過去不曾研究過的課程，屬於冒險類型。

選課也要策略！

　　哈佛法學院對於 LL.M. 學生的修課，有著非常完善的規劃，課程內容與上課方式也都經過老師們的縝密設計，處處可見哈佛法學院師生對於教學與學習的重視與謹慎。

　　LL.M. 修課需要精密的安排，箇中原因無非是學分數有限，然而想修的課實在太多，看著網頁上眼花撩亂的課程大綱，每個人都是既苦惱又開心。學校為了幫助大家安排選課，甚至提供了熱門課程名單，讓大家知道往年有哪幾門課特別多人選、特別難搶（也就是說，選課順位必須放前才有機會搶到）。

　　學校怕學生修太多課不堪負荷，也擔心大家對自己的認真上

進太有信心，對每個人呈遞的修課申請都會嚴格把關，以每一位同學修課加上寫論文不超過 24 學分為原則，超修者還需要另寫讀書計畫呈交給學校審查，學校同意後才能上修，惟無論如何都不能修超過 28 學分。

24 學分看起來好像沒有很多，但在台灣，三年法研所的畢業學分數最低也是 24 學分。兩相比較，就會發現 LL.M. 的課程其實相當繁重。

我的課表隨著開學後研究方向越來越明確而更替過幾次；其中，我曾經因為有非常想上，但需要開課老師同意始能修課的課，在獲得老師同意後忍痛退掉其他本來已經排好的課程，也曾因為一度達 26 學分，而被要求寫了一份詳細的讀書計畫供學校評估。

學校不僅仔細閱讀我呈交的讀書計畫，還約我當面詳談，確保我充分理解修這麼多學分可能面臨的課業壓力。被約談壓力其實不小，畢竟這是學校檢視學生是否能為自己的選擇負責的過程。然而換個角度想，在學校的嚴格檢視下承諾自己有信心可以執行自己擬定的讀書計畫，也是對自律和意志力的考驗。

每個人對於在 LL.M. 期間的學習目標，原則上都反映在自己的課表上。有人的修課方向與自己本身的專業相符，屬於繼續精進類型；有人選的盡是新奇有趣的創意型課程，屬於探索類型；有人選擇過去不曾研究過的課程，屬於冒險類型。立志申請博士班者，會選擇多修需要與老師互動的小班課程，但閱讀寫作

的時間相對吃重；注重實務歷練的人，會選擇修有實作練習的課程，希望增加自己實務面的知識；準備在畢業後考美國律師的人，則須修考試必修的基礎課程，修課彈性便會受到限制。

　　學校對於大家的修課，採取自由放任態度。不同於其他美國法學院，哈佛 LL.M. 學位沒有必修課程，除了法律寫作之外，也沒有任何一門「只開給 LL.M.」的課程，所有的課 LL.M. 都與 J.D. 同學一同上課，除非開課老師因課程難易度有所考量而建議 LL.M. 不要選修者外，學校對於 LL.M. 選課沒有任何限制。

　　因為如此，諮詢小組小隊長的修課諮詢便非常重要，除了提供修課經驗分享外，小隊長也扮演了把關的角色，避免大家選擇不適合自己的課程。在我安排課表的過程中，我的諮詢小組小隊長協助我釐清修課方向，可以說是幫了大忙。後來在寫論文及修憲法課的時候，我也常向他請益，反而成了相談甚歡的朋友。

我的修課選擇

　　我在出國前，便下定決心畢業後不考紐約州律師，也決定接下來在美國一年要修有興趣但過去沒有研究的領域，並至少修一門實務型課程，屬於冒險加上實務類型的選課者。

秋季學期

　　在上述初衷的驅使下，我很快便選定了秋季的課程，包含兩門傳統法學課程（俗稱 black letter law）：「立法與管制」(Legislation and Regulation) 以及「環境法」(Environmental

Law)；一門讀書討論課：「美國電力市場與電網制度」(Powering the US Electric Grid)；以及一門基礎課程：「法學寫作、研究及分析 II」(Legal Research, Writing, and Analysis II, LRWA II)。附帶一提，LRWA II 其實是要考美國律師的學生才需要修的必修課，我純粹想再多了解法律寫作，故而在沒有必修的需求下選擇了這門課程。

　　「立法與管制」則是 J.D. 一年級的必修課，屬於公法的一部分。不同於台灣，我在哈佛讀書的時候，憲法及行政法皆不是必修課，而是「高年級選修課程」(upper-level curriculum)，公法的必修僅有立法與管制一門而已。以修習美國環境法此一廣義行政法學門來說，立法與管制是必備的基礎知識，這是我將立法與管制及環境法搭配修課的原因。

　　每個人聽到我選了 J.D. 一年級的必修課，總是表情有點奇怪、語帶憐憫的說「你加油！」，聽起來讓人惴惴不安。事後我才知道，J.D. 一年級必修課的課業成績將影響他們未來求職，因此 J.D. 學生及老師們往往最為重視一年級的課程，修課壓力隨之繁重，競爭也相當激烈，一同修課的 LL.M. 學生很難置身其外。

　　其實我原先想直接修「行政法」(Administrative Law)，哈佛有非常多有名的行政法學者，如果能上他們的課，我願意加倍用功。不過和諮詢小組小隊長認真討論數回後，發現自己確實欠缺基礎知識，只好忍痛放棄行政法，以及我非常想上的一門討論課「川普時代下的行政法」(Administrative Law in the Trump Era)。根據諮詢小組小隊長，這門討論課屬於進階行政法課程，且需要

對美國聯邦政府運作有一定程度的理解。

　　礙於上課準備及寫作業的時間有限，我也在旁聽兩次之後放棄了「人權與社群律師」(Human Rights and Community Lawyering) 這門討論課。其他諸如需要超大量閱讀的「華倫法院」(The Warren Court)，可能過於艱深的「行政國與司法介入之要求」(Administrative State and the Demand for Judicial Intervention)，時間衝堂的「聯邦最高法院經典案例」(Great Cases of the Supreme Court) 及「全球法與全球治理」(Global Law and Governance)，都是遺憾沒能入選的秋季課程。

冬季學期

　　冬季學期僅有短短的 1 個月，按照規定僅能選擇一門課。當時因為選課排位的緣故，我便捨棄了最有名的「談判工作坊」(Negotiation Workshop)，選擇以調解為主題的「多元性與爭端解決」(Diversity and Dispute Resolution)。

春季學期

　　春季學期的課表是變化最大的一個學期。我原先排定的課程包含經典課程「憲法：權力分立、聯邦主義及第 14 增修條文」(Constitutional Law: Separation of Powers, Federalism, and Fourteenth Amendment)，Michael Klarman 教授著名的憲法史課程「憲法史 II：從重建時期到民權運動」(Constitutional History II: From Reconstruction to the Civil Rights Movement)，我有興趣

的「州能源法」(State Energy Law)，從拍攝電影論人權的「從紀錄片論人權法及人道主義」(Human Rights and Humanitarianism through the Lens of Documentary Film)，以及「LGBTQ 的多重戰場：訴訟、政策及說服」(LGBTQ Flashpoints: Litigation, Policy, and Persuasion)。

　　沒想到隨著環境法修出興趣，以及後來決定畢業後去非營利機構實習或工作，上述的原定課程，最後竟只留下憲法一門，其餘的學分都挪去修了「聯邦最高法院中的環境法」(Environmental Law in the Supreme Court) 及需要 5 學分精神與時間投入的「環境法與政策實務」(Environmental Law & Policy Clinic)。

　　等到整個學年的課業都結束時再回頭看，會發現最後修的課程與原先排定的相差甚大，這些變化反映了我在專業方向上的調整，以及因應各種決定而隨之作成的改變（例如為了找到暑期實習，需要在履歷上呈現美國在地實務經驗）。心儀但沒修到的課難免有遺憾，但修過的課還是終生難忘，每堂課我都非常喜歡，投入甚多，也收穫甚多。這些課程也啟發了我對相關領域的興趣，自此對美國公法及政治投入極高的關注，也算是有達成當時選擇冒險者修課類型的期待。

　　其實，除了收入囊中的知識之外，我在哈佛這一年的冒險者課表給予我最大的啟發，是擁抱「未知」，並在未知中堅定地前行──如果有喜歡、想做的事情，就放膽去做，不要擔心自己做不到，反而是要在決定去做之後，努力讓自己的計畫成真。冒險

者類型的修課最常遇到的擔憂，即是得在菁英環伺的環境裡從零開始，我也曾為此感到苦惱。這時候要做的並不是懷疑自己是否做得到，或是懷疑自己是否應該來這裡，而是努力也讓自己成為課堂裡的一分子，並在這個過程中有所收穫。作為一個在哈佛學術殿堂的冒險者，是充滿挑戰，但也非常珍貴的經驗。

傍晚時分的 Langdell Hall，哈佛校園中感情最深的地方

2012.09

學習，從海量課前預習開始！

> 龐大的課前指定資料並非等於上課的內容，而僅僅是上課理解的必要
> 資訊與背景知識，不先念完課前資料，上課是不可能聽得懂的。

學期從 9 月 10 日正式開始，所有非一年級的課程，也都從
本週開始上課。大部分的課程都在上星期告知本學期課程綱要，
同時也交代了課前閱讀作業。

大量的課前作業

這禮拜真正體驗到了法學院的「適應週」，「通訊網路法」
每星期幾乎都有 150-200 頁的指定閱讀，外加其他零星的補充
閱讀，還有小組討論與報告要求；「憲法」第一星期也有 100 頁
的案例閱讀，第一週扣除上課以外的時間，除了讀書還是讀書。
我的情況絕對不屬於特例，身邊的同學還有前人的經驗，這應該
只是正常的指定閱讀總量，同學間甚至一星期閱讀總量 400-500
頁的也所在多有。哈佛法學院對於學生的用功要求程度，果然名
不虛傳。

　　原本很想多修一堂「運動法契約撰擬」的課程，考量目前的閱讀量，以及預估實務中心可能占用許多時間工作與蒐集資料，只好忍痛放棄。

不同以往的上課經驗

　　「通訊網路法」的閱讀量不但吃重，上課的內容也堪稱艱澀。Yochai Benkler 教授在前面幾堂課打算將傳播法制做一完整的介紹與回顧，從廣播、電話、有線與無線資源，到網路管制、著作權與網路民主等，每一堂課都有獨立的主題。龐大的課前指定資料並非等於上課的內容，而僅僅是上課理解的必要資訊與背景知識，不先念完課前資料，上課是不可能聽得懂的。

　　第一堂課一上課，老師採用較為活潑的上課方式，要大家任意分成各組，在沒有任何前提與指示下，將大家心中想像的對於通訊與網路現行體制、環境或法制，用一張圖畫下來，然後將各組的圖貼在教室的各個角落。各組輪流派 1 位代表向大家解釋該圖的真意，隨後老師提問以及同學自由發問或討論。從第二堂課開始，以廣播頻道管制為主題，除了介紹廣播管制的兩股辯論立場，也介紹經濟學對於廣播管制的辯論，鳥瞰幾個重要的廣播管制案例。

　　本課程只有兩位 LL.M. 學生，要不是這堂課和「網路法實務中心」的課綁在一起，心中難免萌生退意。本課程學生都是二年級或三年級的 J.D. 學生，不得不說高年級 J.D. 學生真的很有

一套，不管他們有沒有事先準備，其臨場表現總能讓人佩服。對於這堂課，只能勤奮再勤奮。

除了課程內容，還有小組分組報告，能夠跟 J.D. 學生一起做報告是很難得的學習經驗，目前和小組其他 3 個人開過一次會，也體會到與美國許多背景知識和生活經驗的差距，在科技與通訊議題上會被更加突顯出來。由於通訊與網路管制是很生活化的議題，每個地域有其獨特的管制與資訊環境，比如哪家業者獨占市場，哪個機關或業者握有管制資源，這些都是基礎的背景知識，沒從小生長在這裡，很難短期內完全了解，也不是看資料就能彌補的。像我現在才開始熟悉如聯邦通訊傳播委員會 (FCC)，及 At&t 和 Comcast 等手機電信公司之背景，其他還有好多不同網路傳播資源相關的私人企業或公司或政府機構，各有各的故事與案例。LL.M. 的優勢在此大概只剩下實務經驗與法學年資，扣掉語言能力的差距，還需更加努力，才能跟上組員的腳步。

「言論自由」這堂課相對來說比較容易進入狀況，剛開始的進度是宗教自由，雖然這是在台灣的美國憲法課程比較少接觸的議題，但大致上沒學習困難。至於「法律寫作」從適應週的經驗看來，較為中規中矩；「網路法實務中心」的工作內容與模式還要花些時間摸索。

我想對於大多數的台灣學子而言，來到美國法學院上課所需適應的第一件事，應該都是如何能掌握時間將每堂課大量的課前閱讀有效的消化完畢。

真正的適應期，現在才開始呀！

哈佛廣場往查理士河方向道路上的紅楓葉

2012.09

隨處可見的名人演講：
兩位女性法學院院長的對談與「正義時刻」

　　Kagan 說自己一直都是「上帝為你關上某扇門時，會為你打開另一扇窗」的教條信仰者。Kagan 的故事令我銘記在心，人生就是得要學會面對失敗。

　　法學院有聽不完的說明會以及演講，隨著學期開始，各式各樣的活動如火如荼展開。大部分的活動說明或演講都是在中午或傍晚舉行，讓學生有時間參加，有些會提供餐點，增加參加人數，有些甚至會標榜「餐點非披薩」("non-pizza") 來提高誘因。只要經常留意公告，一個法學院學生可以每天中午都吃到免費餐點，前提是對於 pizza 極度的熱愛。

　　多數的活動會在前幾天以名為「法學院活動通知」的電子郵件告知學生，學生可以挑選有興趣的活動參加，也有一些是透過同學口耳相傳得知。不過如果喜歡驚喜，可以中午或傍晚時間直接在校園中隨處走動，很容易碰到要去參加某說明會的同學，而一同前往。比如本星期一上完課後，計畫到圖書館印資料，在圖書館參加了贈送免費電影票的蓋章小遊戲，遇到兩位同學，得知

晚上有學生社團的說明會。也因此自從來到劍橋 (Cambridge) 以後,我一直盡量避免吃 pizza,因為免費的 pizza 活動在校園中處處可見。

現任院長 v. 現任大法官(前任院長)

到目前為止,有兩場演講值得記錄。

一場演講是在開學前一週,學校邀請現任聯邦最高法院大法官 Elena Kagan 和法學院院長 Martha Minow 對談。Kagan 原本為芝加哥大學法學院教授,被提名為 D.C. 上訴巡迴法院法官未通過後,到哈佛法學院任教,並成為院史上第一位女性院長,於 2010 年時被歐巴馬 (Obama) 總統任命通過成為聯邦最高法院大法官。Kagan 今年才 52 歲,光是能見到本人就已值得,從各方面而言,更是不容錯過的機會。

不同於一般演講,本場是由 Minow 訪問 Kagan,或許是因為 Kagan 不能洩漏或討論任何案件內容及見解,Minow 只能問一些不著邊際的問題。兩人間存在著微妙的關係,Minow 比 Kagan 年長,她是 Kagan 之後法學院院長的繼任者,兩位老師主科都是教憲法,且都是女性,在 2010 年 Obama 提名大法官時,也有聲音認為 Minow 在人選名單內,但最後是由 Kagan 中選。兩位有太多背景重疊,又曾經傳為大法官競爭對手,難免為人猜測是否有瑜亮情節,而 Minow 不論在開學的演講中,或是訪問 Kagan 的過程中,都不經意卻重點的提及 Kagan 是她的學生,觀察兩人在訪問過程中的互動,還是挺有趣的。

這場訪問最讓我印象深刻的，是 Minow 問及 Kagan 人生有無失意的時刻，以及對待失敗的態度。Kagan 說她未能當選上訴法院法官時其實很難過，但是如果她當初出任上訴法院法官，就不會有機會在哈佛法學院教書，也無法擔任法學院院長，也就不會有機會能擔任聯邦最高法院大法官。Kagan 說自己一直都是「上帝為你關上某扇門時，會為你打開另一扇窗」的教條信仰者。Kagan 的故事令我銘記在心，人生就是得要學會面對失敗。

麥可・桑德爾的演講

另一場演講的主講者是鼎鼎大名的麥可・桑德爾 (Michael Sandel)，他的《正義：一場思辨之旅》一書及上課影音紅遍全球，成功的將法理哲學以深入淺出的方式介紹給世人，他的書以及上課教材至今在哈佛書店中還是放在暢銷書的書架上。去年在準備托福英聽之際，把他的上課錄影看完了，對他佩服得五體投地。我並非從此愛上法理學，而是折服於他的演說風采。桑德爾總是能夠將複雜的理論和思想用很簡單的例子貫通，並且讓人們產生興趣。我也一直在思考他成功演說的關鍵，除了要對所學駕輕就熟外，還必須要找到相對應的生活案例，才能打動人心以及讓人理解。這一場演講是為了介紹他的新書：《錢買不到的東西》(*What Money Can't Buy*)，主要在探討市場價值的極限。

一如往常，桑德爾的演講一開始就激起全場人的興趣，他舉了友情、伴郎致詞、腎臟與嬰兒的例子，討論是否可以買賣這些東西，區分出有些東西是本質上無法買賣，以及本質上可以買

賣，但是基於道德或公平的理由而不應買賣。接著他舉出更多的實例討論其中市場與道德界線的問題。全場如沐春風，我坐在第一排，親眼目睹了偶像的風采。法學院兩大偶像之一，沒想到那麼快就見到本人了。桑德爾今年在法學院只開了一堂課：倫理、經濟與法律，該堂課只收 14 名學生，LL.M. 只有 1 個名額，強調最好有「基本」政治與哲學理論知識。很明顯的，我只能選擇繼續透過網路與電腦當他的學生。

　　大部分的活動其實都正在同時進行，常常必須兩者擇一，隨著學期進行，這種情形只會越來越頻繁。目前看到值得期待的活動之一，是翁山蘇姬 (Aung San Suu Kyi) 要來波士頓演講，不過要經過抽籤報名參加，看來得靠運氣了。來到哈佛求學，最值得的就是這些課程以外的各式演講與座談會，除了可以親眼一睹名人的廬山真面目外，更能從中學到許多人生哲理。

麥可・桑德爾本人。
接下來，就是見證「正義」的時刻！

2018.09

立法與管制（上）：
公法必修入門

　　這堂課是每週三到五的早上 8 點 20 分到 9 點 40 分，在台灣，這叫「早八」。上一次修早八大概是大學的事了，沒想到時隔多年，我居然在美國又修起早八的課。

　　我在秋季學期選了 J.D. 一年級必修課之一「立法與管制」(Legislation and Regulation, Leg-Reg)。每一屆 J.D. 都有七個班，學校會對每一班直接指派教授 Leg-Reg 的老師，因此 J.D. 學生沒有選擇老師的自由。不過，LL.M. 學生仍舊可以在七個班中選擇自己想修的老師，因此在學長的推薦下，我選了七班 (Section 7) 的 Leg-Reg，老師是 Matthew Stephenson。

一堂禁止攜帶電子用品的課程！

　　Stephenson 的 Leg-Reg 上課文獻是他本人與哈佛法學院院長 John F. Manning 合著的教科書《立法與管制》(*Legislation and Regulation*)，約 1,200 頁。教科書早在課前即已指定好，學生可以依照需求購買新書或二手書，或是在法學院書店或亞馬遜網站上租借課本（學期結束後可選擇歸還或以較低價格購買），或在

圖書館掃描相關閱讀進度。以法學院精裝教科書來說，1,200 頁實在不算厚重。儘管如此，老師可是從第一堂課第一頁開始上起，上到倒數第二堂課最後一頁結束，扎實的上完每一頁，中間沒有跳過任何內容。

這堂課是每週三到五的早上 8 點 20 分到 9 點 40 分，在台灣，這叫「早八」。上一次修早八大概是大學的事了，沒想到時隔多年，我居然在美國又修起早八的課。早八最痛苦的無非是得早起，尤其是後半學期的劍橋已經進入冬季，灰濛濛又飄雪的窗外，再加上室內的暖氣，每到要早起的上課日，都得依靠意志力對抗溫暖的被窩。不止如此，因為我習慣在上課前把指定進度及讀書筆記再看過一遍，以免被老師隨機抽點 (cold calls)，也就是說，秋季學期一週有三天，我都在清晨六點半的時候起床讀書！

Stephenson 的上課規矩很簡單，不要遲到，請假或人不舒服事先說，最重要的，「不准攜帶電子用品進教室」。不准帶電子用品乍聽之下有些荒唐，畢竟都 2018 年了誰還在手寫筆記？事實上，這在法學院並不少見，至少我修過的三門大堂課，老師都不允許學生上課攜帶電子用品。這個要求仔細一想似乎有些道理，例如，有這樣上課要求的老師們，原則上還是希望他們的蘇格拉底教學可以原汁原味的呈現，其中的對談與問答，還是能夠建立在學生自己的事前準備，不要被點到了才上網查資料。此外，電子用品容易使人分心，也是一大考量因素。因此，這門課所有人都得手抄筆記，課後再花時間將課堂筆記彙整到自己的電子版讀書筆記 (outlines) 裡。

Leg-Reg 作為法學院基礎必修課程的淵源

Leg-Reg 被列為 J.D. 一年級的必修課，濫觴於 2006 年的哈佛法學院必修課程改革計畫，此計畫的主持人為時任法學院院長（現任聯邦最高法院大法官）Elena Kagan，執行人則是後來接任 Kagan 擔任院長的 Martha Minow。Kagan 和 Minow 兩人皆是在美國學界享負盛名的公法學者。在這個計畫下，課程創新委員會 (Committee on Educational Innovations) 歷經了 3 年多的研究與規劃，最後決定針對 J.D. 一年級必修課進行了三項重要的改革，包含：

1. 加入一門必選修的國際法或比較法課程。
2. 在冬季學期加入縮短學術與實務差距、以處理客戶問題為導向的必修課程「問題解決工作坊」(Problem Solving Workshop)。
3. 加入必修課程 Leg-Reg。

關於為什麼要將 Leg-Reg 納入 J.D. 一年級課程，現任法學院院長 John F. Manning 及我的 Leg-Reg 老師 Matthew Stephenson 於 2015 年在《法學教育期刊》(*Journal of Legal Education*) 合寫了一篇文章，闡明了此安排的初衷與意義。

Manning 及 Stephenson 在文章中指出，哈佛法學院以及絕大多數美國法學院的 J.D. 一年級課程，至少在過去六個世代，沒有過任何變化。Kagan 於 2003 年擔任法學院院長後，也發現時

下 J.D. 一年級的課程，與她自己 1983 年在法學院讀書時的課程相比，竟是沒有任何不同，仍是五大傳統普通法 (common law) 課程：民事訴訟法、契約法、刑法及刑事訴訟法、財產法、及侵權法。

　　然而，新興法律議題層出不窮、管制框架日趨複雜、法律與其他領域的結合越加緊密等因素，都讓世界早已與 2、30 年前大有不同。面對這樣變化劇烈的世界，法學院課程是否也需要與時俱進地改變？課程創新委員會在經過無數次會議、徵詢學院老師、畢業校友、實務界人士、以及學生們後，認為確實有必要改變。

　　其中一項改變，便是肯認美國以案例為基石的普通法體系，已經融入了越來越多由立法機關制定的實定法以及行政機關制定的管制性規定，繼而令法律的解釋方法以及機關制定規則的制定程序，變得愈發重要；這個發展也讓大家對於律師專業的期待，不再侷限於判例法。

沿用案例教學法

　　上述肯認便是哈佛法學院決定在 J.D. 一年級課程中納入一門教授權力分立、立法程序及技術、法條解釋、立法授權與行政機關及其實務、以及管制工具及策略的基礎法律課程——也就是 Leg-Reg。

　　大部分老師都同意「法律解釋方法」與「管制」對初入法學領域的新生而言，屬於艱深且容易感到無聊的知識領域，為此，

　　哈佛法學院另外組成一個課程制定工作小組，負責研擬 Leg-Reg 的教學大綱，以及在不影響每位老師教學風格的前提下，制定共同的教學原則。我的 Leg-Reg 老師 Stephenson，以及我的環境法兼論文指導老師 Freeman，兩人皆是行政法的翹楚，也是此工作小組的成員。

　　工作小組一致同意，Leg-Reg 仍應以案例教學為主，並搭配每個老師各自的蘇格拉底教學方法。在案例的採擇上，工作小組也一致同意應廣泛挑選不同部門法律的案例，例如環境法、通訊法、勞工法、食藥法等，讓學生們可以最大幅度地了解美國聯邦政府的運作。

　　熟悉 Leg-Reg 不但有助於學生了解美國法律體系中的公法與管制法，亦對於銜接公法進階課程以及部門法律的研究非常有幫助。例如我在環境法課上就遇到好幾位 Leg-Reg 念得非常出色，進而選擇進入公法領域的同學。對於像我這樣出身大陸法系的學生來說，Leg-Reg 也讓我對法律解釋又多了更深的認識，權力分立加上法律解釋的論述訓練，在我後來回到台灣重新執業，遇到高難度的法律爭議時也有不少助益。

Leg-Reg 下課後我經常從
地下通道走到圖書館準備
預習明天的進度

圖書館的懶骨頭區，供大
家用功之餘可以小憩休息

2018.09

立法與管制（下）：
法學院第一天就開始學習當律師

　　Stephenson 課堂上絕大部分的問題，都不曾出現在我們讀過的案例中，也沒有出現在課本的註解裡。每一次問答，靠的是每個人隨著每一堂課而精進的，以及在課前閱讀中所累積的實力，這和法律的真實世界，並沒有相去太遠。老師可以說是從 J.D. 一年級的第一堂課，就在教導這群法學院新生如何當個律師。

Stephenson 的蘇格拉底教學

　　蘇格拉底教學方法可謂美國法學院最獨特的教學傳統，但也常令學生們聞風喪膽。每位老師都有各自的蘇格拉底教學方法，例如，有些老師偏好一堂課暴風般隨機抽點 2、30 位以上的同學回答問題，有些老師喜歡一堂課只點 1 到 2 位同學回答該堂課的所有問題，有些老師會準備名牌卡片每堂課抽籤，有些老師則會按照座位點名，讓大家提早做好準備。應付不同老師的蘇格拉底教學，也會影響每堂課的課前準備方式。

　　過去我在台灣參加英文模擬法庭辯論賽許多年，雖然早有耳

聞蘇格拉底很可怕，但我並沒有很擔心在課堂上被抽點。沒想到上完 Stephenson 的第一堂課，我才體會到蘇格拉底教學的威力，我永生難忘當時坐在教室裡，如坐針氈，焦慮到胃隱隱作痛，深怕老師點到我結果自己出糗的心情。

　　Stephenson 上課只有蘇格拉底抽點問答，沒有講授或板書，亦無簡報資料。不同於許多老師會從點學生整理案例事實作為一堂課的開始，Stephenson 會先幫大家簡單口頭摘要每個案件的背景事實，才開始他的蘇格拉底。Stephenson 喜歡請大家扮演案例中原被告的律師，在課堂上運用讀過的案例提出法律主張。老師有時候會在導讀案例時先問大家覺得原告還是被告比較有道理，如果你舉手認同原告比較合理的話，等被點到的時候，他反而會請你擔任被告律師提出法律主張，請你在 5 秒內為你不認同的一方提出防禦對策。

　　除此之外，Stephenson 還會請後面被點到的同學，擔任前一位被點到的同學的同僚辯護人 (co-counsel)，後面被點到的同學得提出還沒被提出過的法律主張。被點到的學生提出論述後，老師有可能親自擔任對造反駁你，或是再點下一位同學來反駁你，一堂課就這樣在兩造針鋒相對、腦力激盪中度過。

　　Stephenson 課堂上絕大部分的問題，都不曾出現在我們讀過的案例中，也沒有出現在課本的註解裡。每一次問答，靠的是每個人隨著每一堂課而精進的，以及在課前閱讀中所累積的實力，這和法律的真實世界，並沒有相去太遠。老師可以說是從 J.D. 一年級的第一堂課，就在教導這群法學院新生如何當個律師。

因為緊張又興奮，我汗流浹背地上完了第一堂課。下課後看著手上自己在課前做得中規中矩的案例摘要，我暗自慶幸老師這堂課沒有點到我——這種程度的準備，大概沒有辦法應付這麼瘋狂的上課方式。隨後我便調整了準備這門課的方法，特別是在閱讀過指定案例後，再花上一些時間從「兩造」的角度思考每個案子，最後再以「法官」的角度評價每個案例的結論。以上準備方式，讓我花在這門課的時間不知不覺變得非常多，累積的筆記也相當驚人。

反覆經歷被問倒後再站起來

蘇格拉底教學方法非常講求師生互動，其精華在於如何透過若干學生與老師的論辯，讓全班學生都有所收穫。其實，有些老師會選擇不抽點課堂中的 LL.M. 學生，主要是擔心 LL.M. 學生沒有辦法順利進行師生對答，若是沒有辦法按照老師預期的節奏對答，其他學生也就失去了從中學習的機會。Stephenson 並不是採取這個方法的老師，他對所有學生，包含 LL.M.，都一視同仁，往後一學期裡，我也被點到好幾次。

還記得有一次我被點到，老師卡在我這問了好幾個問題，被追問到第三個問題時我已經有點答不上來了，便下意識開始翻課本深怕漏看了什麼，翻了大概有一世紀那麼長的十秒，老師開口了，他說：「Ms. Huang，你不用一直看課本，答案不在課本裡。」見我一臉窘迫，他又說：「這個問題很重要，所以我需要你把這個問題想清楚，你自己覺得，究竟是為什麼？」

認清老師不會看我一臉答不上來而跳過我之後，我只好努力地完成這輪問答，最後順利「下莊」。這次隨堂抽點的經驗給了我兩個啟示。

第一，Stephenson 並未因為我是個 LL.M. 而給予我任何特殊待遇，換言之，他認為一個一年級 J.D. 該做到的，我也同樣應該做到。

第二，儘管緊迫盯人，Stephenson 還是相信我最後能夠答出符合他標準的答案，所以他要求我完成這輪問答。想通之後，我便不再對沒有對答如流而感到沮喪了。對 Stephenson 來說，唯有把問題想通想透，而非只是記得每個案例的結論，學生才算是真正的習得了相關知識，將每個案例的法律論述及精華收入囊中，我也終於知道成功的蘇格拉底教學方法如何激發學生思考，並讓學生從相互辯論中獲得啟發。

畢生難忘的課

秋季學期的週五，在上完早八的 Leg-Reg 後就沒有排其他課了，辛勞的一週算是結束。我總是在週五的 Leg-Reg 下課後，先回家把課本一丟，再散步到麻州大道上的咖啡店 Hi-Rise 吃一頓不用擔心被指定閱讀追著跑的早餐，有時是美式咖啡搭一片法式鹹派，有時是拿鐵配烤得香甜的燕麥餅乾。隨著 Hi-Rise 的窗外從夏末的金黃色到隆冬的銀白色，我也摸索著把 Leg-Reg 修完了，中間也卯起來預約了兩次老師的辦公室討論時間 (office hour)，抱著筆記找老師討論自己還不理解的地方。

　　這門課啟發了我對美國公法的興趣，甚至成為我長論文的主題之一，所以我經常在下課後找老師問問題。Stephenson 是一個非常有教學熱忱，卻頗有教學威嚴的老師，他的威嚴使得我問問題時總是捏緊衣角緊張不已，每次都暗自希望老師不要嫌我的問題太笨。我未曾有過這樣的師生互動，因此對於每次下課問問題的那 2、3 分鐘，留下了深刻的印象。從第一次用不到 30 秒便得到老師「這問題不是剛才上課討論過了嗎？」的冷淡回應，到後來老師用 5 分鐘和我閒聊起「你這個問題很有趣，我們接下來上課剛好要討論相關的案例，之後我們可以再來討論。」我想，自己應該也有些進步吧。

　　Leg-Reg 最後一堂課下課前，Stephenson 微笑著對大家說「祝大家未來一切順利」時，我一度有點想哭。因為受惠良多，所以發自內心的感謝老師，也感謝這間學校帶給我的一切，包括遭遇挫折，還有克服挫折後，那深深沉澱在心裡、難以言喻的鼓舞。

Hi-Rise 窗外的街景伴我走過苦戰不已的秋季 Leg-Reg

2012.09

法律解釋真的能解決問題嗎？唯實轉變的法學院教授

Lessig 認為在法律理論層面一直討論是不會有結果的，像智慧財產權這種一直無限擴權問題的直接原因，是因為利益團體一直在國會遊說成功所致，所以他看到了問題的上源：國會的貪腐。或許這就是法律唯實主義 (legal realism) 發揮到極致的案例吧。

哈佛對於律師也培養基本學術熱情

哈佛法學院對於 LL.M. 學生有基本學術能力的期待與要求，並非每所學校 LL.M. 學位的畢業條件皆會要求撰寫畢業論文，而哈佛法學院卻屬有此一要求者。關於本校法學院的論文要求，論文字數最少是 25 頁雙行間距，姑且稱為「短論文」。其他選擇有 50 頁與 75 頁，以往 75 頁論文稱之為「長論文」，要申請 S.J.D. 必須完成長論文。而從 2012 年開始，校方認為以往 75 頁長論文要求存在許多問題，所以將標準下修，只要寫出 50 頁即為長論文。

我期許自己身為律師能夠、也應該具備學術能力，才不會被

長期的職業習慣僵化法學素養，而失去當初念法律的興趣。學校的要求與訓練，正好能符合自己的期許。律師也是可以有學術熱情的！在來到法學院前，我就決定要寫一篇 50 頁以上的論文，雖然沒有要申請博士，但是想要延續之前的研究，保持持續著作的習慣，長論文特別是對英文寫作很好的訓練。

　　法學院有一個很貼心的長論文工作坊 (Workshop)，協助有意願撰寫長論文的學生。工作坊會先大略詢問學生的研究領域，然後將相近研究領域的學生們分成小組，每 1 個小組指派 1 個博士生與圖書館的老師擔任指導，協助學生產出長論文。我的博士指導員是 1 位印度學生，今年已經是他第 2 年擔任指導員，相當有經驗，第一次開會前就給出 4 個問題要我們回答：

1. 論文題目為何？想要解決什麼問題？
2. 論文的聽眾或對象是誰？
3. 哪些主要的學者或機關在該問題上表達過意見？你不同意的部分為何？
4. 論文想要主張與表達的重點為何？

　　事實上，這 4 個問題對於論文的開始與形成很有幫助，他除了要求我們用一頁來回答這些問題，並要我們列出已經閱讀或即將要閱讀的相關文獻。多虧他的砥礪，現在論文已經有雛型了。而第一次開會，除了詢問各人的預訂論文題目，也關心大家是否找到各自的指導教授。

　　寫一篇論文必須要有指導教授，要找誰當指導教授相信是每

位法學院 LL.M. 學生頭痛的問題之一。首先必須要確定寫作領域及題目，然後從眾多人選中篩選，最後還要得到老師的許可。選老師有很多標準，領域相近程度、名氣、年紀、願意付出指導的時間與相處磁場等，這些標準中有些是相牴觸的，所以標準間還是必須有優先順序。

我有興趣的研究領域是憲法資訊法與仲裁法，兩者的差異性頗高，勢必得做出一個抉擇。仲裁法由於將來職業的關係，會有很多時間接觸，相對之下，憲法資訊法是一個完全必須靠自己另外花時間關注的領域，為了讓自己能持續留在這個領域中，在台灣碩士論文的基礎上，我選擇了網路箝制 (internet censorship) 的憲法界線作為研究主題。

Lawrence Lessig 教授其人

資訊法在美國，特別是在本校，相對而言算是發達的領域，設有柏克曼網路與社會中心 (Berkman Center for Internet & Society)，我就是在該中心修網路法實務課程。資訊科技法學者中主要從憲法角度切入者，要屬 Lawrence Lessig 教

法學院前草坪上的露天餐椅

授為泰斗。Lessig 最早在芝加哥大學任教，後來到哈佛法學院加入柏克曼中心，又轉到史丹佛大學設立網路與社會中心，於 2008 年回到哈佛又成立了倫理研究中心。Lessig 一直主張智慧財產權或傳播法的相關管制在新興科技平台上應該受到限縮，不應該繼續擴張傳統的保護範圍。或許因為研究領域與主題的關係，Lessig 在台灣可能並非人盡皆知，但他的兩本經典著作《誰綁架了文化創意》(*Free Culture*) 與《網路自由與法律》(*Code and Other Laws of Cyberspace*) 均已經劉靜怡教授翻譯成中文出版。由他的經歷可知，其在資訊法或網路法界，絕對是重量級人物，他在美國頗具知名度，曾被選進前 50 名具有遠見性人物。

但誰也沒想到，一個叫做 Eldred 的工程師，竟對於 Lessig 的研究領域及興趣轉變產生深遠的影響。於 1995 年時，Eldred 架設一個網站分享罹於著作權保護期間的各種著作。於 1998 年他打算分享一個即將於 1999 年著作權到期的詩集，此時因為迪士尼的長期遊說，國會通過一部法律延長著作權保護期間，將原本的 50 年增加為 70 年，並且溯及適用。簡單來說，Eldred 必須再等 20 年，才能公開分享該文學作品。Eldred 認為國會此一法律太不合理，因為 20 年後迪士尼還是會繼續遊說國會延長著作權保護期間並且得逞。所以他決定冒著刑事罪責的風險，進入訴訟程序對抗這一部法律。本案一路訴訟到聯邦最高法院，討論該法的合憲性，此即 2003 年的 Eldred v. Ashcroft 乙案。

Lessig 當時已經是該領域極富聲譽的學者，他擔任 Eldred 的辯護人，在一群律師團隊的協助下，於最高法院對政府律師展

開了攻防。最後，聯邦最高法院判決該法合憲，基本上尊重國會對於擴張著作權保護期間的裁量自由，Eldred 在本案中敗訴了 ❶。

Lessig 於本案敗訴後極度失望與自責，他不知道要如何面對 Eldred。他寫了一篇短文 "How I Lost the Big One"，認為本案會敗訴是因為他盲目的只想表達自己的法律意見所致。律師團隊一開始的策略，建議他應將方向放在訴求著作權期間擴張對於整體社會帶來的危害為何；但 Lessig 認為，大法官不會連嚴重性有多大都不知道，所以他在言詞辯論時，將重點放在憲法條文文義解釋上，他形容自己「像個數學老師般」嘗試教導大法官憲法可以被解釋並宣告該法律違憲。他事後反思，發現大法官根本不在乎他的論點，故於 2004 年寫下：「當 Eldred 在最高法院奮戰時，他需要的是律師，不是學者。」因而對自己的天真感到失望，認為如果是別人來辯護，結果或許會不同。

拜師不得其門而入

Lessig 教授是讓我下定決心投入資訊法研究的主因，他讓我確信憲法在此一領域中具有強調與研究的價值，也正是我在本校法學院除了桑德爾之外的另一位偶像，要找論文指導教授，Lessig 絕對是不二人選。雖然長論文小組指導員告誡我 Lessig 不會有太多時間，因而建議找其他人指導，但指導時間對我來說不是最重要的標準，Lessig 是法學院從憲法跨入資訊法的先驅，這

---

❶ 關於本案和著作權保護期間的討論，可參閱拙著《著作權與資訊流通自由》，頁 34-36 與頁 162-164，元照，2011 年 11 月。

才是最重要的。

　　於是我寫了一封長信給 Lessig，表達對他的仰慕之情，還有他對我的影響，希望能有幸找他當指導教授。但 Lessig 回了我一封信，大意是他已經不在這個領域研究很久了，他現在專心在研究國會貪腐 (corruption) 的議題上。

　　這封信解開了近來關於 Lessig 的一切謎團，為什麼以前教憲法的他今年開設契約法課程？為什麼近 5 年內沒有看到 Lessig 任何關於此領域的著作了？為什麼 Lessig 最近的新書是在講國會貪腐而不是網路資訊法？原來他的研究領域已發生實質的轉換。老師，您知不知道，對於一個拜讀您許多著作而進入此領域的人，這是一個不小的打擊。

　　後來在網路搜尋了一下，發現他其實並非無來由轉換到研究國會貪腐的問題，個人推想是 Lessig 認為在法律理論層面一直討論是不會有結果的，像智慧財產權這種一直無限擴權問題的直接原因，是因為利益團體一直在國會遊說成功所致，所以他看到了問題的上源：國會的貪腐。或許這就是法律唯實主義 (legal realism) 發揮到極致的案例吧。就是因為沒有足夠的人關心，所以才有繼續研究的價值；就是因為利益團體持續想要藉由法律擴權獲利，所以才要捍衛憲法的界線。巨人或許會被擊倒，但他身後還有更多的小卒會提著他的槍繼續奮戰。

查理士河傍晚湖景一瞥

掏心掏肺的論文指導

　　這是我在這一年裡為了長論文與老師的唯一一次實體見面。由於老師春季學期赴史丹佛法學院客座教學一學期，我們後來只能靠著郵件往返進行論文的審閱與修改。一來一往的郵件往返也讓我感受到 Freeman 對於擔任長論文指導教授的承諾，是真心的。

　　隨著選課週結束，秋季學期的課程紛紛抵定，選擇寫長論文的人便得開始準備找指導老師和撰寫論文大綱了。我也在奔走於上課教室和圖書館、到處聽演講、參加各式聚會的間隙中，定下了我的論文大方向，並找好指導老師。

　　除了修課之外，哈佛法學院的另一重要畢業門檻即是寫論文。要在忙碌的一年中生出一篇指導教授核可、並予以評分的學術論文不算容易，寫論文也關乎每個學生一學年的時間與學分安排。因此開學伊始，LL.M. 學生間的熱門話題之一便是「你打算寫哪種論文？」在短論文（25 頁）及長論文（50 頁）之間，我很早便決定寫長論文。

　　會選擇寫長論文的 LL.M. 學生原則上有兩類，第一類是計

畫申請博士班的人，因為長論文是申請哈佛博士班的必要條件；第二類是本身就在從事學術工作的人，他們多半會藉由寫長論文的機會來發表學術文章。絕大部分的 LL.M. 學生會選擇寫短論文，畢竟短論文的篇幅與研究規模較小，負擔較輕。

　　我既非上述第一類也非第二類，但還是選擇了長論文，主要是因為我對學術研究及寫作抱有熱忱，同時，我也希望藉由長論文寫作來完成我有興趣的研究計畫，順便磨練英文寫作能力。除了寫論文的日夜煎熬外，關於長論文，有兩件令我難以忘懷的回憶：第一是哈佛無與倫比的學術資源，第二是我的論文指導教授——Jody Freeman。

哈佛驚人的學術資源及圖書館員

　　學校對於打算寫長論文的同學審慎以待，也提供相當多資源協助計畫寫長論文的同學，例如長論文工作坊 (Workshop)、安排圖書館資源與資料庫的教學、同學間分享寫作心得的聚會、週六「寫作戰鬥營」(Writing Boot Camp) 等。計畫寫長論文的同學甚至可以預約圖書館員個別見面，與圖書館員討論並量身制定資料檢索方案。

　　值得一提的是寫作戰鬥營。這是一個在週六舉行的活動，學校會去借一間大階梯教室，免費提供早餐與咖啡，然後大家「一起寫論文」。我雖然因為週末需要早起太過挑戰而沒有成功參加過，但想到就算身邊盡是優秀的法律人，大家還是需要透過集體力量及免費食物來克服冬季、懶散與拖延，也覺得相當有趣。

　　所有關於長論文的資源中，最令我印象深刻的是圖書館資源與無所不能的圖書館員。哈佛圖書館是一個龐大的學術資源體系，不只有法學院圖書館，我們也可以直通整個哈佛大學及各學院的圖書館資源，以及所有的線上、線下資料庫。因為如此，如何善用這些資源便非常重要，而最了解這些的便是圖書館員了。

　　還記得那是一個空堂下午，前幾天深感搜索資料沒有什麼頭緒，擔心自己迷失在文獻海裡，便預約了哈佛法學院圖書館的圖書館員討論我論文資料的檢索方向。當我寫信給圖書館員的時候，他欣然答應，隨後請我寄給他我的論文題目與初步大綱，方便他事前準備。

　　見了面後，圖書館員將他預先做好的清單展示予我，包含建議的關鍵字，適合我的資料庫，適切的篩選方式，值得我作為研究開展第一步的文獻，以及最重要的——應該怎麼在哈佛圖書館資源中進行比較法的資料蒐集。儘管對自己做法學文獻搜索的能力頗有自信，我還是驚艷於圖書館員提供給我的搜索深度與廣度，也從圖書館員身上學到不少文獻搜尋技巧。

　　這次會面中，我與圖書館員認真地討論了我的研究方向，選擇研究領域的緣由、甚至是自己對於目前研究所遭遇之困境等。儘管知道法學院的圖書館員能力超群，有些甚至擁有 J.D. 學位，我仍未想過有一天會坐在圖書館辦公室，和圖書館員而非指導老師，侃侃而談自己研究題目。

　　研究其實是孤獨的，有人願意與自己聊論文，我很雀躍，也

很珍惜。對當下有些茫然的我來說，這個下午的圖書館之約，就像是盞溫暖的燭台，和秋天手裡握著的南瓜肉桂拿鐵一起，緩解了我開學後旋即投入長論文準備的焦慮。

指導教授 Jody Freeman 其人

請求大師指導，是許多寫長論文的同學面對的第一個挑戰。我對氣候變遷、能源轉型政策、管制及制度設計很有興趣，想以此作為長論文的主題。與這個研究方向領域相符的老師不多，而我的環境法老師 Jody Freeman 恰是此領域的佼佼者，亦寫過多篇相關文章，所以我不做他想，很快就寫好信，詢問她是否有意願擔任論文指導老師。

但，第一封信很快就石沉大海了，老師並沒有回覆我。

這是個消極的拒絕嗎？我不禁洩氣。

然而轉念一想，許多人都說老師們平日郵件量龐大，寫一封信沒有回是很正常的事情。我只好又再寫了一封信詢問老師是否有興趣擔任論文指導教授，並大膽地附上論文大綱草稿。這次，老師終於回信了。抱著小粉絲收到回覆的心情，一邊想著「寫一封信沒有回很正常」的理論確實有道理，一邊訂下了見面時間。

9 月底的一天下雨天，那天是約好到 Freeman 辦公室和她聊論文的日子。這天見面之前，環境法其實才剛下課。對 Freeman 來說，我應該不是一位陌生的 LL.M. 路人學生；對我來說，Freeman 也不是冒昧第一次拜見的老師。然而，我們兩人在她辦公室的首次單獨見面，卻是非常尷尬，完全不像授過課、修過課的師生。

Freeman 同意擔任論文指導老師的那天下午

深夜的圖書館一隅

時常在法學院的校園周遭一邊漫無
目的散步一邊苦思論文

Freeman 是一位非常有魅力的女性，留著一頭帥氣的短髮，穿著也走霸氣、颯爽的風格，談吐既帶著法律人的嚴謹，卻又不失幽默。學術上，Freeman 在行政法及環境法兩大領域耕耘多年，屬於兩棲型的學者，專精於管制與制度設計，在環境法、氣候政策、公私協力及契約治理等公共治理領域中皆有卓越的學術貢獻。在哈佛法學院，Freeman 教授環境法、氣候變遷法與政策、行政法、立法與管制。Freeman 可以說是學者活躍於公共領域的絕佳典範，其不僅有過私部門及公部門任職的經歷，亦曾經擔任歐巴馬的白宮能源與氣候變遷顧問，並於 2019 年獲選成為美國學術名人堂——美國文理科學院 (American Academy of Arts and Sciences) 的成員。

掏心掏肺的論文指導

還記得我走進老師位於 Hauser 的辦公室時，我整個人緊張的大冒汗，一坐下後便脫口而出「老師好，不好意思我現在很緊張」。老師看起來有點在忍笑，還好她沒真的笑出來，算是溫和地說了不用緊張，不過，卻是以一個兩手擺在高背扶手椅上，翹著二郎腿這種相當霸氣的坐姿。這叫我如何不緊張呢？這也導致這次見面的前十分鐘，場面頗生冷。所幸正式進入論文主題後，一問一答之間氣氛便好很多。

一來一往約莫 30 分鐘的對談裡，老師很快地便從論文大綱草稿中抓到了我的問題意識。在這個問題意識的驅使下，她同意指導我的長論文，亦饒富興趣地問了我關於台灣能源轉型政策的

背景。要離開前，我問了老師有沒有什麼建議。她並沒有給予實質的研究或寫作建言，僅說了兩件讓我至今依舊受惠許多的事情：

第一，不要等到最後一刻才開始動筆，寫作是隨時隨地的事情。

第二，永遠要想「你的理論是什麼」(what is your theory)，不要只停留在整理事實或提出問題。

這是我在這一年裡為了長論文與老師的唯一一次實體見面。由於老師春季學期赴史丹佛法學院客座教學一學期，我們後來只能靠著郵件往返進行論文的審閱與修改。一來一往的郵件往返也讓我感受到 Freeman 對於擔任長論文指導教授的承諾，是真心的。

3 月底適逢春分 (First Day of Spring)，學校還在靜悄悄地放春假，工作人員們在這一天開始整理校園周遭因融雪而泥濘不堪、看起來了無生息的草地。小小的綠，點綴校園。我也在春分完成了論文初稿，寄給老師，然後遭逢第一次大改。

這是我第一次獨立進行長篇英文學術寫作，沒有意外，並不是很順利，中間也大幅改寫了數次。修改論文過程中，老師不僅逐字逐句修改我的草稿，甚至寫了寫作範例 (writing samples) 給我，示範在她的標準中，何謂合格的學術寫作。數次的郵件往返中，每一次老師都回覆長達 3 至 4 頁的意見，不僅摘要了我的問題意識，幫助聚焦，亦提供論文的整體建議，教導如何讓一篇文章「看起來很有趣」，以及如何收束爭點，「讓文章停在該停的地方」。

　　Freeman 的建議其實理解並不困難，但實作起來卻相當耗費心力，等於是從基本功磨練起。每次收到老師的論文來信，我便知道論文又要大改了，也常懷有在最高學術殿堂身心煎熬，究竟是快樂抑或痛苦的困惑。雖然因為很想獲得老師的認可而持續逼迫自己要堅持下去，但仍不免在這個「苦澀↔奮起」的無限迴圈中感到疲累。

　　畢業後經過一段冷靜期，我其實非常感謝 Freeman 教授，她沒有因為任何理由對我降低她的標準，甚至給予不少終身受用的研究和寫作建議。我也在與老師的互動過程中，得以一窺美國學術研究和寫作規格的最高境界。

**春季學期寫論文時常有的心情，
攝於麻州大道**

2018.09

環境法：
留給公益一點時間

　　面對充滿細節、程序性及技術性法條的學科，學習上最容易見樹不見林。而 Freeman 在開學伊始，即開宗明義說了這門課沒有要上每個法條的細節；她要教給我們的是理解與學習環境法這門知識的「框架」，我們在習得這個框架後，便能將這個框架中的基本原則與邏輯，適用於環境法中的各個細節與面向。

坐在桌子上上課的老師

　　環境法和立法與管制是同時啟動的秋季學期課程，不過因為環境法是每週一及週二下午 1 點 10 分到 3 點 10 分，因此，我在哈佛法學院的第一堂課，其實是環境法。

　　環境法雖然是一門傳統大堂課，約莫 30 個學生，但由於這是高年級選修課，加上老師 Jody Freeman 較為自由、暢所欲言的上課風氣，例如，老師喜歡坐在桌子上上課，讓這門課反而有點討論課味道。

　　自由的上課風氣並不表示指定閱讀可以不用看，在課前不好

好準備指定閱讀，坐在教室裡肯定是鴨子聽雷，像個路人一樣無法參與討論，非常無聊。不過，上課節奏不需要完全依賴老師的隨堂抽點，還是讓人大鬆一口氣；也因為如此，比起 Leg-Reg 的苦戰，環境法這門課我多了一些餘裕，還能自己蒐集文獻做些延伸研究。

或許是因為美國環境法是一門高度法條化的學門，Freeman 的這門課才未以蘇格拉底教學來測驗學生的理解程度。儘管如此，在學生自由發言討論的帶動下，加上老師適時切入的蘇格拉底，每堂課依舊能夠熱烈地進行，毫無冷場。只是如此一來，在課堂上舉手發言參與討論，又成為一件令人苦惱的事情了。

政策如何變成法律？

如前篇所說，環境法在美國法律體系中屬於廣義的行政法，案例與法條並重。因此，Freeman 的上課教材除了案例式教科書外，另外指定了一本《2018–2019 環境法條選集》(*Selected Environmental Law Statutes 2018–2019*)。這本法條跟台灣大六法一樣厚，每次上課或去圖書館，都得扛著它。

大陸法系出身的我，大學期末考都還得背法條了，何曾怕過翻法條？不過，翻了才知道，美國的法條並沒有我想像的那麼簡單。所謂「環境法」，其實是一系列由普通法案例及聯邦法規體系所組成的學科。由於涉及科學及高度技術性的管制，這些聯邦法規又大量授權給行政機關制定相關規則，也因為地域性管制的需要，聯邦政府亦常在法規中明文將部分管制權限交予州政府，

造就了複雜的「聯邦─州」及「立法─行政」法規管制體系。而閱讀案例，除了普通法（例如侵權）案例之外，大部分案例都是在了解環境法條文的解釋，以及這些法規體系中的行政法相關問題。

環境法的法條，諸如潔淨空氣法及淨水法，其條文結構都相當複雜，單一個條文常常就占去好幾頁的篇幅。因此，「翻法條」，除了理解條文的實質內容之外，其實包含了很多工作，諸如精讀定義性條款（定義性條文常常也是一個定義就長達半頁）、釐清條文的架構與脈絡、相關立法背景、以及確認條文增修之後的上下文等。**不同於台灣的修法技術是直接在原本的條文之上進行增修，美國聯邦法律的增修或廢除，通常會以新法案的形式呈現，而非直接修改該條條文；所以條文增修的歷史以及增修後的上下文需要特別確認。以上都是環境法上課的一部分──Freeman 會帶著大家一起研究法條。**

事實上，每一個環境法條文背後都有一套立法者所構想的政策或規劃，當國會廣泛授權給行政機關，由行政機關制定實現這些政策的細節規定時，又能看到行政機關如何具體落實這些政策目標；而當這些政策、法條、行政機關的作為產生法律爭議時，法院則會介入予以解決（或者認為不應由法院來解決）。上述即架構了美國環境及氣候治理的基本框架。

對我來說最有趣的，無非是從上述框架中理解法律和政策如何彼此融合，以及法律人在政策制定及形塑過程中扮演的角色。換言之，在環境法的世界裡，將政策轉換為法條文字，設計條文

中的細節與眉角，精熟條文中賦予的政策空間與限制，是法律人在環境法律與政策議題中最重要的工作。

以上，Freeman 自己就是最好的例子。

歐巴馬政府的政策執行者

還記得秋季學期某次環境法社團傍晚聚會，社團幹部邀請 Freeman 一起參加，這是個相當輕鬆的課後聚會，現場還有提供薯片和啤酒。我才剛打開我的啤酒，Freeman 就帥氣地走進來，然後拉開我隔壁的椅子，加入大家的談話。當時我們正在聊川普政府的環保署不斷地鬆綁聯邦環境法規可能產生的影響。

不同於同學們對於現況的憂慮和悲觀，Freeman 反而鼓勵大家應該在這時候積極思考我們還能做些什麼。Freeman 提醒，我們不應該因為外界局勢的變化就侷限了關於「還能做些什麼」的思考。接著，她分享了過去任職白宮擔任能源與氣候變遷顧問的時期，作為歐巴馬全國汽車「平均燃料效能標準」(Corporate Average Fuel Economy, CAFE) 此一重大政策掌舵者的故事。

交通運輸部門是潔淨空氣及溫室氣體減量政策中的重點管制部門。汽車的燃料效能越高，石油的需求量便會越低，汽車的尾氣排放量 (tailpipe emissions) 亦將大幅減少，整體而言有助於溫室氣體減量。**Freeman 即是在歐巴馬第一任總統時期加入白宮，協助歐巴馬政府將此政策具體落實。**

CAFE 政策的設計與落實涉及複雜的潔淨空氣法運用、不同行政機關的協力（因為相關法規的制定與執行分屬不同機關的職

權）、內部與外部專家的合作、政府管制與產業之間的角力（因為政策的成功需要靠汽車工業與運輸公會的配合）、以及聯邦與州的管制權限。因此，這個工作需要對聯邦與州法規相當熟稔，深諳公私協力的運作，同時又需要有擘劃不同行政機關分工的能力。Freeman 實是不二人選了。

Freeman 分享了當中政策、管制、法律、政治彼此交錯的關係，及她當時如何應對公私部門的反對聲浪，與汽車工業展開艱難的說服工作與談判，以及後來歐巴馬政府試圖運用 CAFE 的成功與其背後的關於潔淨空氣法的運用邏輯，想要進一步針對電力部門採取減碳管制時遭受的反彈和法律爭訟。光是聽老師分享她的經歷，就可以感受出她對於這個領域的專業、熱愛與其自身源源不絕的能量。

大抵是深受法律唯實主義的影響，哈佛法學院大多數的課程都具有一定程度（有些則是相當高度）的實務面向，鮮少紙上談兵。Freeman 自身活躍於法律與政策交錯的領域，她授課與帶領大家的方式，讓環境法這門課變得非常生動，每一個法條、每一個案例，都反映著現實世界中環境運動、氣候政策的變動與演化，我們也經常從學習到的案例中一起推演接下來可能的法律與政策發展。對於投入環境領域有興趣的同學來說，這真是非常棒的入門體驗，學生們無須想像畢業後出社會的樣子，因為那個充滿熱忱、你所願意投入的世界，早已經在你眼前了。

意料之外地，來到美國這個普通法系國家後依舊得狂翻法條

Jody Freeman 現在就坐在我旁邊！

見樹又見林的框架式學習法

環境法的課綱是以採單元式課綱，除了環境法的普通法基礎、環境管制的憲法基礎、及環境公民訴訟之外，老師規劃在一學期中走過幾個最重要的聯邦環境法規：國家環境保護法（即美國的環境影響評估法）、瀕危動物法、潔淨空氣法、淨水法、資源保育與復原法、以及綜合環境處理、賠償和責任法，後兩者主要和環境責任機制有關。

面對充滿細節、程序性及技術性法條的學科，學習上最容易見樹不見林。而 Freeman 在開學伊始，即開宗明義說了這門課沒有要上每個法條的細節；**她要教給我們的是理解與學習環境法這門知識的「框架」，我們在習得這個框架後，便能將這個框架中的基本原則與邏輯，適用於環境法中的各個細節與面向。**

確實，美國環境法範圍廣泛且複雜，許多環境法律師終其一生的法律事業，可能只有專精於某個環境法規中的某幾個條文而已。換言之，精熟環境法規的細節其實是執業後才需要磨練的技能，熟悉環境法的框架才是對初學者，或是有志投入環境政策的人來說更重要的事情。

環境法的框架式學習對我來說受用無窮，無論是下學期參與環境法與政策實務中心，抑或是暑假在環境非營利機構實習，有了這個框架，我便能自行針對不同的環境法規進行研究和運用，也能在以「策略」為導向的非營利機構實務工作中跟上同事的腳

步。長遠而言，我認為框架式學習對學生們來說最重要的，是培養宏觀的視野，使學生們不自陷於僵硬且無聊的法條操作，而是能活躍又有創意地思考「環境法應該是什麼樣子」。

這樣的教學方式，不僅能夠訓練出嚴謹而專業的律師（因為仍需要精讀條文與案例，發現爭點以及提出法律論述），更能培養在環境法領域中不斷找尋突破方式的有創意的法律人。成功的 CAFE，一系列經典又顛覆的環境法案例，都是出自於這樣的法律人之手。

「留一些時間給公益服務」

Freeman 在課堂中常鼓勵大家「留一些時間投入公益事務及公共／公職服務」。她常說，她當然理解每個人都有現實的需求，所以並非要學生們將整個事業都拿來從事公益事務或投入公共／公職服務，但一定至少要騰出一些時間做這事情；畢竟，「不是你來做，還有誰可以呢？」這些勉勵的話，在我心中迴盪了許久。我回國後執業迄今，也一直要求自己持續參與公益事務，希望沒有辜負老師的期許。

翁山蘇姬來啦！哈佛教你如何找工作

面對同學提問問到當年她被監禁時，有無喪失信心或沮喪的時刻，又是如何克服的？蘇姬的經典回答為全場聽眾上了最好的一課：當你將注意力放在自己身上，而非關心周遭人事時，你才會感覺沮喪和失落，如果你關切的不是自己而是他人，你永遠都會知道自己該做什麼。

翁山蘇姬造訪本校

美國總統大選在即，昨夜兩黨候選人的電視辯論激烈展開，這場辯論令我印象深刻的，不是辯論內容，而是民眾的注目程度。華盛頓有戶外電視牆轉播給一般民眾，法學院內則到處可見學生自發性組織一起觀賞辯論。觀看總統辯論，在這裡似乎是全民運動。民主參與不就是應該如此嗎？有什麼其他的電視節目會比總統選舉辯論還要重要呢？

談到民主參與，不得不提到上星期翁山蘇姬來本校的演講。之前在台灣的幾次選舉，若對所有候選人都沒有興趣或不支持時，不投票是我的一個選項，認為那是表達對候選人不滿意的方

式。翁山蘇姬的演講讓我重新思考投票的意義。她談到選舉在緬甸的發展狀況，強調投票的重要性，認為投票不僅是公民的權利，也是義務，如果所有人都認為別人會去投票，不差自己這一票時，投票率會非常低，讓當選人不具備足夠的代表性，也就有顛覆民主的危險；她特別提到，只有去投票，選民才有資格批評當選人，因為你參與了選擇過程。為了宣揚民主參與，翁山蘇姬談到教育的重要性，她要持續教育人民，讓他們知道自己足夠成熟與具備選擇的能力，可以為自己負責。

翁山蘇姬除了講述民主的真諦與落實，面對同學提問問到當年她被監禁時，有無喪失信心或沮喪的時刻，又是如何克服的？蘇姬的經典回答為全場聽眾上了最好的一課：當你將注意力放在自己身上，而非關心周遭人事時，你才會感覺沮喪和失落，如果你關切的不是自己而是他人，你永遠都會知道自己該做什麼。能拿到諾貝爾和平獎的人物，果然都不簡單。

法學院對於學生的求職輔導

在這裡，我見習了民主教育，也經歷了求職教育。

法學院開學 1 個月，學校在與實務接軌的努力上，令人吃驚。出於英美法本質，上課內容多以案例法為主，並且還有如實務中心課程等；課程以外，從一年級開始，學校就教育學生如何尋找暑期實習的機會。對於學生工作機會的培養，是法學院的重點項目，學校畢業學生的就業情形，是學校評鑑考核的重點項目之一，因此特別設立機構輔導及安排各種與律師見面或是說明會

等。法學院的目標，是讓一年約 600 個 J.D. 學生在暑假期間都能有實習的機會；有了 2 年的實習經歷，自然也會大幅提升第 3 年畢業後的就職機率。

由於 LL.M. 大多是外國學生，畢業後不一定待在美國求職，加上經濟因素使得現在美國市場對 LL.M. 不夠友善。即使如此，學校還是有專門的人員負責輔導 LL.M. 學生的就業問題。工作種類上初分為公共性質與私人律所性質的工作，並由不同機構負責。在公共性質部門部分，學校設計出一個系統，學生可以直接在系統中搜索哪些政府或國際機構正在招募人才，以及過往學生對於該工作的評鑑。私人律所部門中，則設有專門負責 LL.M. 就業事項的輔導員。

輔導員 Marni Goldstein Caputo 很專業，也非常有經驗。到目前為止，她已經舉辦過兩場說明會，剖析找工作的方法，不外乎兩個要素，一個是書面作業，即履歷與求職信 (Resume and Cover Letter)，一個則為身體力行的活動，即利用人脈 (network)。

履歷與求職信之內容

在履歷與求職信的部分，法學院私人律所部門的網站是很友善的操作系統，有非常詳細的說明與模板。依照 Marni 與網站的說明，除非你有 10 年以上的工作資歷，否則連歐巴馬都能將履歷寫在一頁中，履歷應盡量精簡，因為沒有雇主願意花時間去看過長履歷。所以申請工作的第一課，就是如何簡明卻重點的將自己的履歷精簡再精簡。

　　履歷的抬頭應該是個人姓名與聯絡資訊，第一部分是學歷，如列出各學位性質與在各學校中參加的活動、得到的獎項或榮譽。第二部分則是經歷，除了雇主名稱，更應詳載工作的具體內容。第二部分以後可以是個人著作，應依照 *Bluebook* 的格式撰寫；也可以是專業執照；抑或是兩者皆列。著作及執照之後是語言能力，必須說明各語言的程度，比如母語、流利或是堪用等。最後是興趣，Marni 特別強調，絕對要保留興趣的部分，因為面試者很有可能花一小時在談你的興趣，會吸引雇主目光的，說不定就是個人興趣。

　　求職信也應該控制在一頁以內，抬頭為個人資訊，接著表明寫信給特定的個人，最好指名道姓，這就必須要事先做點功課，知道求職機構的主管人員是誰以及其職稱。第一段介紹自己目前的狀況與預期求職職位；第二段講述自己的重要經歷與該律所間的關聯；第三段要求面試並感謝雇主閱信。

妥善發展與利用人脈

　　至於 Network，我理解成發展與利用人脈。所謂利用人脈是透過人脈進入被雇主選擇的名單，或藉此獲得相關工作資訊，而非直接靠關係（或關說）要求被雇主錄用，兩者不同，卻容易被混淆。

　　發展與利用人脈在美國被視為是再正當不過的事情，因為它可以有效幫雇主過濾與篩選求職者。建立人脈與社交不同，建立人脈會鎖定特定的對象，社交則僅是及於廣泛的不特定多

數人。Marni 提及，利用人脈的目的在於尋求建議、資訊與推薦 (AIR-Advise, Information, and Referral)，可以有效提升自己的履歷與求職信讓潛在老闆看到的機會。Marni 將利用人脈分成四個步驟：接觸 (reach out)、面談 (talk to people)、持續追蹤 (keep track) 與保持聯絡 (keep touch)。以下簡單摘錄 Marni 的講述重點：

接 觸

設法接觸所有以前因為學校工作或各種原因認識的朋友、老師或老闆。除了認識的人，任何對求職有幫助者都應該主動接觸，嘗試建立關係或機會。告訴對方你現在的狀況，並詢問是否有想到任何的工作機會可以引薦。很熟的人可以直接透過電話，不熟的人可透過電子郵件。通常郵件中可以註明你與對方所具有相同聯絡背景的資訊，如相同學校畢業或興趣領域等。Marni 鼓勵附上履歷，可使對方了解你正在思考和探索各種可能性。

面 談

Marni 建議讓對方主導事情的進行方向，讓對方決定要跟你見面的方式和時間。如果見面地點在辦公室，永遠預先做好正式面試可能會發生的準備。若無法面談，透過網路或電話也是可以接受的方式。

持續追蹤

將所有與人接觸的進度和內容都記錄下來，並且定期檢查與

更新各關係網的進度，才不會因此錯過重要的機會。

保持聯絡

就算接觸與面談不順利，還是可以繼續保持聯絡，預留各種可能，比如各節日寄卡片祝福或報告近況等。

以前在學校從來沒有機構或人員教過學生如何寫履歷與求職信，更別說幫助學生建立人脈，求職時發現這些真的是進入職場的基本教條。從學生時代開始教導與協助學生寫履歷、求職或暑期實習，除了幫助學生建立豐富的履歷，也提醒學生必須充實考試以外的經歷。台灣目前的法學教育下，使得大部分學生關心的都只是考試重點與補習資訊，結果是好不容易辛苦考上律師後，才開始想到履歷的撰擬。而履歷上除了學歷與執照，都是空空如也，導致求職困難。

隨著國考錄取率持續放寬，學校真的該花一些時間安排求職資訊與輔導，包括請校友與學生餐聚或是演講等，都是建立人脈的方式。台大的榮譽導師制度就是很好的制度，但是印象中都是研究生報名，相對來說大學生對於提高職場競爭力的意識不高。交大科法所的法院實習安排，也是對學生很有幫助的設計。自己在大學時代也是懵懵懂懂。如果各大學都能有像 Marni 這樣的人來輔導或甚至像本校法學院 J.D. 等級的資源待遇，相信所有大學生的工作競爭力都會增加，也等於整體提升我國法律人才就業實力，或許也是提升經濟的做法之一吧。

約翰‧哈佛 (John Harvard) 的雕像，
其左腳因經年累月為合影者觸碰，已成金色

2012.10

網路法實務中心 (Cyberlaw Clinic)：
讓學生練習當律師

　　雖然只是學校教育性質的實務中心，對於律師倫理的強調，學校可是一點都不馬虎。透過強制參加律師倫理的講習，以確保中心學生了解律師倫理規範，以及認真看待實務中心工作的專業性質。

　　10 月份，氣溫已下探攝氏 15 度，相當於台灣冬天寒流來襲的氣溫，在波士頓卻僅是開始轉涼而已。葉子由綠轉黃或紅，正是出遊賞楓並迎接萬聖節到來的季節，但隨著學期已經過三分之一，卻逐漸忙碌緊張了起來。

　　11 月初要迎接紐約律師考試的前哨戰：跨州專業責任考試 (Multistate Professional Responsibility Examination, MPRE)，約莫等於台灣律師倫理的考試。隨著考試迫近，又要交出長論文的論文提案、通訊網路法的團體報告要在 11 月前寫出內容、法律寫作這堂 1 學分的課不知道為什麼總有寫不完的作業？其實如果沒有「網路法實務中心」這堂課存在的話，上述這些應該都不構成問題。

　　法學院約有 30 個不同的實務中心 (Clinics)，包括食品法、

家庭法、運動法、人權、聯邦最高法院、死刑、兒童福利、勞工法、環境法等，種類繁多，無法一一列舉。幾乎所有二、三年級的 J.D. 學生，都會修一堂實務中心的課程。每一個實務課程的模式差不多，分秋季與冬季兩學期，學生可以選擇修習 2 到 4 學分。2 學分代表一星期至少要花 10 小時在中心所交代的工作上，一學期至少達到 120 小時，4 學分則需工作高達 240 小時。

實務中心課程的內容，通常視不同中心所接案例或客戶類型而定，但多數是替真正的客戶無償服務，而 LL.M. 學生大多數不是工作多年，就是純粹的學術傾向，所以一般很少有加入中心課程的誘因。事實上，LL.M. 學生選擇實務中心課程還必須要事先向各實務中心申請，而非如 J.D. 學生可以透過線上系統選課加入。

多數實務中心課程 LL.M. 學生的申請期限在 8 月初，當時無從得知可能的上課內容與方式，卻必須在資訊不明的情況下選擇想要研修的實務中心，並撰擬履歷與求職信，來說明是否有相關背景或興趣等。

我想申請實務中心課程的最初動機，是因為自開始撰寫論文以來對於網路法的興趣，而想要探索網路法在實務領域的各種可能性，並且藉此機會完整了解網路法議題的全貌。

網路法實務中心簡介

網路法實務中心這一堂課是由柏克曼網路與社會中心 (Berkman Center for Internet & Society) 所開，是各中心中頗有規

模者。柏克曼網路與社會中心集結了許多網路法的大師級人物，在讀書時看到的許多名字都出現在中心人員名單中。當時加選這門課，就是想接近這些大師們，並探詢以後發展網路法執業的可能性。

進入中心開始運作後，我才發現網路法與實務主要是由 Philip Malone 教授領導三個中心人員（都是執業律師），帶領學生完成課程，所以並非可以直接接觸所有中心裡的老師。負責實務中心課程的 4 名老師各負責不同的計畫及客戶，老師們會從 20 幾位學生中挑選自己認為適合的組合及人數來完成任務。由於我是中心本學期唯一的 LL.M. 學生，又沒修過美國基本智慧財產權法，可想而知分到的多屬於報告或研究型的案件，而非如其他 J.D. 學生有機會研擬訴訟中的專家意見，或協助網站撰寫法律責任聲明等。

中心要求每星期三中午必須花 1 小時開會，由兩名學生報告各自負責的案例進度，並讓大家討論，目的除了訓練學生表達，也讓所有學生了解其他人在做什麼，也是學習的一種。另外每星期必須花 3 小時實際待在中心裡面工作，所有的工作時數都必須如事務所般填寫工時單。從以前在事務所時就認知，填工時也是不容易的任務，作為一個快樂的學生，一星期 10 小時已是很難追上的進度，無法想像選 4 學分的學生壓力有多大？哈佛法學院對於實務教育的設計，其用心程度一點都不輸給其他一般課程。

進入 10 月後，中心兩件工作的老闆都開始詢問進度，所以接下來的時間，必須努力地將工作完成。兩件工作中，其一是撰

寫一份涉及各種網路法議題，必須花大量時間蒐集資料與撰擬的文件；另一個工作則是單純的搜尋資料。

法律倫理的演講

除了負責的計畫或案例，中心要求學期中與學期末必須各繳交一份心得報告，報告學習心得與收穫。此外，學期初還必須參加學校舉辦之實務課程的倫理學演講，內容不外乎是強調保密義務及律師與當事人之間的關係等。雖然只是學校教育性質的實務中心，對於律師倫理的強調，學校可是一點都不馬虎。透過強制參加律師倫理的講習，以確保中心學生了解律師倫理規範，以及認真看待實務中心工作的專業性質。

對於此一演講印象較深刻的，是學校竟然請到 Margaret Hilary Marshall 作為其中一個主講人。Marshall 出生於南非，具有哈佛與耶魯的雙碩士學位，是麻州最高法院第 24 任的首席法官，並且也是第一位擔綱該職位的女性，在職 10 年間，最有名的主筆案件，非 2003 年 Goodridge v. Department of Public Health 乙案莫屬，她在該案宣布麻州禁止同性戀婚姻的法律違憲，是州最高法院層級中，第一個做出肯認同性戀婚姻權利的判決。

這個具有歷史里程碑意義的判決在適應週的時候作為閱讀教材之一，當時就印象深刻，沒想到我竟然有幸可以見到主筆該判決的本人，並聆聽她主講律師倫理。Marshall 於 2010 年 10 月時退休，並且開始負責律師倫理案件的審議。重量級人物的演講果然不同，她開頭就問底下一位學生，如果你和家人用餐，接到一

位朋友的電話，跟你說他要與另一半離婚，想找你諮詢法律問題，掛掉電話後，家人問你是誰，是什麼事，你要怎麼回答？Marshall 揭示，你除了能回答是某某外，其他一概不能多說，因為你有保密義務。接著，她介紹律師的忠實義務以及利益衝突等倫理規範，令我們獲益良多。

以哈佛為名的紅線地鐵站，一出站就是著名的哈佛廣場 (Harvard Square)，與哈佛校園比鄰而居，這一張是哈佛地鐵站的出口正面照

入秋，哈佛廣場道路上的楓景

2018.10

熱血環境人

聽了幾場午間座談及演講後，再加上每次座談後與其他參與者交流，我逐漸勾勒出畢業後在美國環境非營利組織實習或工作的規劃。

哈佛讓所有的選項都變成可能？

我很早便決定畢業後不參加紐約州律師考試，最主要的原因是希望為自己畢業之後的路闢出多一點選擇。事實上，無論是否參加美國律師考試，不少 LL.M. 學生在學期開始前便已規劃好 LL.M. 畢業後的去處，或至少安排好畢業後的出路。然而，我並沒有。我當時刻意選擇不對畢業後進行具體的規劃，打算開學並觀察一陣子之後再決定。

這個做法有好有壞，好處是在沒有任何侷限的情況下，任何選擇都是有可能的，探索這些可能性是非常有趣的過程；但壞處就是，因為沒有具體而完善的規劃，便容易錯失機會和資源。

「任何選擇都是有可能的」這樣的情境，在哈佛法學院，甚至會有加乘效果。豐富的資源、廣闊的人脈、充滿理想的同儕等

因素，會讓你覺得自己不只有很多選擇而已，而是人生有無限的可能。不過現實是，這些資源和人脈，也是非常競爭的。若是對自己的未來沒有具體目標、清楚規畫、以及明確的執行方式，這些資源和人脈也會變得非常遙遠。

「畢業後要做什麼？」是在哈佛讀書的一年中需要面臨的重要抉擇。

打通任督二脈的午餐座談

聽了幾場午間座談及演講後，再加上每次座談後與其他參與者交流，我逐漸勾勒出畢業後在美國環境非營利組織實習或工作的規劃。

第一場座談是川普政府鬆綁美國氣候政策 (The Trump administration rollback of US climate policy)，主持人是機械工程系的一位教授，講者則是我的兩位老師 Jody Freeman 和 Richard Lazarus。Freeman 和 Lazarus 是法學院環境法的兩大台柱，他們在台上一邊互相唱和調侃，一邊分析了幾個重要聯邦最高法院案例，再藉由案例連結到美國政黨政治極化導致政策進展困難，以及環境團體和市場因應川普鬆綁氣候政策的策略等。兩位老師亦提到聯邦最高法院組成的改變（當時時值 Brett Kavanaugh 大法官被提名），可能會令最高法院對於行政機關有企圖心的重大氣候政策採取較保守的立場，再加上沒有效率的國會，最終可能會使聯邦政府沒有辦法形塑可行的氣候政策。最後兩位老師聊到，

州政府或許可能取代聯邦政府，採取較基進的減緩與調適措施。

　　雖然上課時已有所聞，但這個講座將所有我所關心的事情連結在一起，搭配老師們深入淺出的分析，令我對繼續往環境法這個方向發展有了極大的興趣，還因此決定選修 Lazarus 下學期的「聯邦最高法院中的環境法」(Environmental Law in the Supreme Court)。這堂課需要老師事前同意方能選修，座談結束後，我便趕忙回家寫信給老師，希望老師同意我可以修這門課。

　　第二場座談則是公益事務週 (pro bono week) 的系列活動之一，講者是非營利機構「氣候辯護計畫」(Climate Defense Project) 的兩位創辦人。這兩位創辦人都是哈佛法學院的 J.D. 校友，非常年輕。他們在這場座談中分享他們成立非營利機構的初衷，創辦非營利機構的歷程及面臨的困境，以及他們目前正在進行的專案。

　　在這場演講中，兩位講者首先分享了他們都是抱著非常明確的目標才來念法學院，並在學校參加了幾場環境運動。他們投入了環境運動之後，便開始思考這類非暴力的不服從運動，或是甚至更激烈一點的抗爭運動，還缺少了什麼？這個問題最後促成他們成立這個非營利組織──氣候辯護計畫。目前他們主要在做的工作是刑事辯護，他們希望持續透過個案建立「氣候必要性抗辯」(climate necessity defense)，讓法院能夠在刑事案件中採納此抗辯，為環境不服從運動增加更多動能。「氣候必要性抗辯」是一個正在發展中的法律主張，是針對基進氣候行動但違反現行法

律而為的抗辯，被告通常會主張其違反法律的行為是基於保護地球或氣候而為的必要行為，基於必要性，違法應得被正當化。

　　我非常喜歡這個座談，這兩位講者誠懇地娓娓道來從事非營利組織的心聲，包含組織初成立時艱困的籌資任務，以及他們從事刑事辯護案件過程中，在陪審團面前遭遇的種種經歷，還有與在地社群建立認同感與信賴感的過程，這些都是實務工作中非常寫實的面向。在他們的演講中，「成立一個屬於自己的 NGO」這件事情並未被美化，相反地，這是一件極其辛苦的事情。此外，空有一身法律功夫是無法成就一個 NGO 的成立的，還得懂得行銷自己（以爭取經費和財務支援）、具備草根化、在地化的溝通能力，以及最重要的，需要有一個非常具體明確的執行目標。志業的漫漫長路需要每一小步的認真經營，是我在這場演講中獲得的最大收穫。看著兩位與我年紀相仿的講者疲累的臉龐但又有些激動的侃侃而談，我也覺得備受鼓舞。

　　第三場座談是求職型座談，學校邀請美國知名環境非營利組織「美國自然資源保護協會」(National Resources Defense Council, NRDC) 舉行徵才說明會。NRDC 是全國性的非營利機構，官方網站上，他們稱自己「訴訟存在我們的基因中」(litigation is in our DNA)，是一個以環境訴訟為其倡議主軸，擅長「影響性訴訟」(impact litigation) 及社區倡議動員 (community based actions) 的團體。附帶說明，影響性訴訟是指透過訴訟作為法律倡議手段進而促進社會變革，而社區倡議動員通常是以環

境受害社群或是環境弱勢社群為倡議核心的區域性草根行動。
NRDC 在美國法律圈知名度相當高，也曾經參與過不少轟動一
時的矚目案件，例如經典案例 Chevron v. NRDC，也因此對徵才
相當嚴格。部分哈佛法學院畢業生到法院實習 1 至 2 年後，會選
擇到 NRDC 工作，那是個可以一戰成名的逐夢之地。NRDC 也
是美國少數在亞洲設立辦公室的美國環境非營利機構。

　　我後來參加了另一場座談，是 NRDC 亞洲資深策略長
Barbara Finamore 所著《中國會拯救地球嗎？》(*Will China Save
the Planet?*) 的書談，這場書談除了聊中國的綠色經濟之外，
Finamore 也分享了 NRDC 是最早一批在中國扎根的環境非營利
組織，多年來在中國協助政府及企業推動環境與氣候政策以及政
策落實，亦倡議創新的環境與氣候方案，在潔淨能源、智慧電
網、減少使用煤電計畫、減少使用汞計畫等方面皆取得優異的
成果。

　　這兩場座談讓我對 NRDC 這個組織留下深刻的印象，也開
始著手了解美國環境非營利組織的概況，以及各組織活躍與專長
的項目。再後來，我決定要申請環境非營利機構的實習後，也丟
了好幾個 NRDC 加州、科羅拉多州、與華府的職缺。我很幸運
地有收到 NRDC 加州辦公室的潔淨水專案的面試邀請，當時興
奮好久，也一路面試到第三輪。不過，最終卻因為實習地點及連
續遷徙超出我的規劃，沒有獲得這個實習機會。

其實，在此之前，我未曾有過在非營利機構工作的經驗。NGO 首秀在美國，是否有些莽撞？做決定的過程中我不斷在確認這個問題。然而，這是一個沒有答案的問題，而尋找答案的方法唯有嘗試。我對於在美國怎麼做環境法與政策有著濃厚的興趣和好奇，抱著取經的心情，我仍毅然決然將去非營利機構工作納入了畢業規劃中。

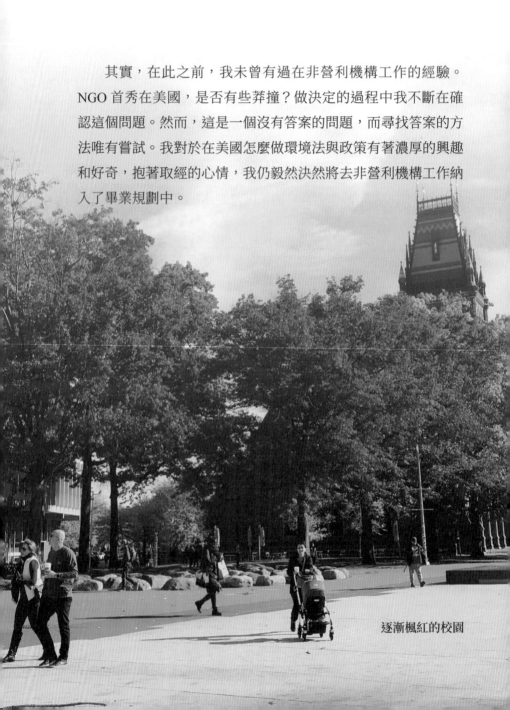

逐漸楓紅的校園

2012.10

言論自由（上）：
唯實主義的憲法觀與反蘇格拉底教學

Parker 自稱其上課方式為「反蘇格拉底式教學法」，他主要採取講課的授課方式，但鼓勵學生質疑他的方法與觀點，其表明放棄使用蘇格拉底教學法的原因，在於認為採取方法將過於耗費寶貴的上課時間。

這天在哈佛廣場(Harvard Square)上吃了墨西哥捲(Burritos)，墨西哥捲麵皮厚且多汁，餡料豐富，偶爾會出現在中午演講提供的免費午餐中。平心而論，墨西哥捲是很好吃的食物，又十分具有飽足感，其價錢一個約 6 到 8 美元之間。

晚餐吃墨西哥捲前，剛上完 Parker 教授的憲法課。這一堂課剛好上到 Texas v. Johnson 這個聯邦最高法院審查處罰燒國旗是否違憲的案子，該案於台灣攻讀研究所時分別在許宗力老師與林子儀老師的課堂中討論過。最高法院於該案中採取管制違憲的立場，在聽完 Parker 教授挑剔多數意見中幾個邏輯與句子後，全班和他辯論了起來。班上同學不乏提出「保留少數言論影響多數言論的機會」的論點，他則認為班上大部分同學之所以同意不應該管制透過燒國旗表達言論者，是因為這一代人不在乎國旗的

象徵性意義，但上一代人對國旗卻有不一樣的感情；並指出一旦容忍燒國旗成為受保護的言論，漸漸的燒國旗將不足以表達其原有的言論意義，進而降低言論的表意能力與強度，使人們必須找尋更激進的表意方式等等。

全班討論欲罷不能，碰到下課才被迫中止。像這樣激起班上較多同學興趣的情況，在本學期的憲法課中算是第一次。

像這樣的辯論，才是我期待中美國憲法課會出現的狀況呀，但怎麼到現在才發生？我也大膽預測，這可能只發生在這個案子，之後又會回歸原有的上課模式。Richard Parker 教授所選擇的上課方法，其實與其對於法律的信仰有關。

法律是什麼？ *Parker* 的法律冰山說與四種恐懼理論

法學院有一套學生對於教授的評分制度，作為以後學年學生選課的重要參考指標，Parker 的分數屬於中間類型。過去學生對他的實際評價即是如此：有其獨特的觀點與體系，喜歡他的人很喜歡，不對盤的人會很痛苦。

法學院上課方式主要有幾種，分別為老師講課與點名回答問題兩種。

點名，也就是蘇格拉底式教學法，又可分隨機點名與固定位輪序點名，前者稱為 Cold Call，就是學生不知道什麼時候會被叫到，壓力與準備能量自然會提高。蘇格拉底授課法是透過詰問同學問題來將全班帶入討論，以思考及深刻理解老師所交代閱讀

的素材。大部分的美國法基本科目,都是採取蘇格拉底教學法,最經典的形式為老師要同學報告案例事實、裁判理由與結果等。

　　Parker 自稱其上課方式為「反蘇格拉底式教學法」,他主要採取講課的授課方式,但鼓勵學生質疑他的方法與觀點,其表明放棄使用蘇格拉底教學法的原因,在於認為採取方法將過於耗費寶貴的上課時間。

　　他第一堂課就在銀幕上投射一幅對於法律的理解的圖像。圖畫中是一座冰山,冰山中間被水平線切開。對 Parker 而言,法律就是對立的論點 (Law = arguments of law),整個法律就像一個冰山,水平面以上是一般我們討論法律會用到的法律目的、政策、原則、說理及案例等,水平下方則是這些原則或規則背後的想法、假設、印象 (image) 與情感或恐懼。他認為法律人該關注的重點,是水平面下方的東西。Parker 認為原則和理論都可以被製造,但是一個好的律師,要說服人心,必須要能洞察每一個法律問題背後,人們在乎與害怕的事物為何。

　　坦白說,剛開始不太能適應他的上課方式,因為長久以來閱讀案例的習慣,就是抓出每一個案例中,法院建立了哪些重要的標準或原則,而那些原則之後在其他案例中的發展為何。Parker 教授像是逆練九陰真經一般,一個案例中越覺得重要或越有興趣的點他完全不提,反而著重法官情緒性或論點鋪陳的用字,也就是那些通常不會被畫到重點的地方。

　　比方說,上到 U.S. v. O'Brien 時,Parker 教授不認同論者所

謂言論自由有針對內容與非針對內容的標準存在，而直接跳過雙軌理論的介紹與討論。所以剛開始的幾堂課，每次上完都有隔靴搔癢之感，心中總是吶喊：快點讓我們討論那些重要的原則吧！

多上了幾堂課，才真正參透 Parker 教授的教學方法，他的教學目標就是要培養律師。其實在美國，幾乎所有的法律職業都是從律師開始的。不論是法官、學者或是檢察官，通常都會先有幾年的律師執業經驗。Parker 教授想要從每一個案例中歸納形塑論點的方法，讓我們了解如何能成功說服法院或他人。他認為大部分的論點都可以追溯連結到恐懼。

大凡各種憲法論點，背後都可以歸結到恐懼，並可以用這套方法檢驗每一個案例。其他還有將某一危險抽象或具體化，也會影響論點的產生等，其心法的確博大精深，每一堂課都還在設法參透。

取法哈佛時刻

憲法的恐懼可以分為 4 種：

1. 失序的恐懼 (anarchy)：對於法律秩序崩壞之擔憂。
2. 臣屬的恐懼 (subordination)：害怕受到次級待遇或是成為次等公民。
3. 專制的恐懼 (tyranny)：恐懼政府成為專制或專權。
4. 無能的恐懼 (impotence)：害怕政府失能。

強調體驗法律論點背後的感受

上課到目前為止，我反而認為 Parker 帶給我的收穫最多，因為越來越清楚法律論點的產生經過，以及看透每一個憲法案例背後法官的思維，再對照以前模擬法庭的辯論經驗，更有感觸。他絕對是法律唯實主義的實踐家，討論每一個案例前，都會花一部分時間交代該案做成的時空背景，與主筆大法官的軼事。他就曾經提及 1980 年代 O'Conner 被提名大法官時，竟有大法官揚言若該女提名成功，其將辭退（到了 1980 年的大法官中竟然還帶有女性歧視，若此屬實，真令人不可置信）。

像這樣的故事不勝枚舉，以前這些人物們在我心中像神仙一樣的形象，被他一一擊破，Parker 認為，法官也就是人，而美國聯邦最高法院中的這 9 個人，更只是政治家，每一判決中都代表著個別法官對於世界的想像以及擔憂，那些論點及原則都只是掩飾。在他的教學方法下，法官們躍然紙上，判決也不再是硬梆梆的教科書內容。

為了讓我們能不斷理解他所謂的水平面以下的要素，他常常於下課時間挑選音樂播放給我們聽，讓我們透過音樂了解情感的訴諸；而上課時也常常會找最近總統競選廣告，分析其中的元素，比如用媽媽的聲音以及小孩的畫面來訴諸恐懼，進而連結到討論憲法論點產生的相似度。他認為有史以來訴諸恐懼效果最好的競選廣告，是 1964 年 Johnson 的總統競選廣告，的確駭人及令人印象深刻：一個小女孩從 1 慢慢數到 10，然後播放原子彈

爆炸的畫面。影片在 YouTube 上即可蒐得，光是看黑白畫面的小女孩就莫名的毛骨悚然，其所塑造出的恐懼更是成功的令人不寒而慄。

他本身也是一個充滿故事性的人物。看著法學院牆上的照片，Parker 教授以前是一位玉樹臨風的人物，幾年前因為背痛動手術卻出了嚴重意外，造成現在半身不遂，必須乘坐輪椅，手也必須持續動手術治療，無法方便使用。目前正在與手術醫生進行纏訟中。第一堂課時，他說希望大家上課不要被他的輪椅分神了，對於自己的不幸，倒也豁達。

縱然很享受 Parker 教授的教學方法，但我並不完全同意他的一個核心觀點：「法律中沒有真理。」或許法律中沒有絕對的真理，但是我認為存在相對的真理。相對的真理可以透過不斷辯證與思辨產生，而其目標正是希望可以追求絕對的真理。只有心中設定希望可以透過相對的真理找到絕對的真理，法律才會有趣，也才有意義。對於將憲法判決僅視為意識型態之爭，而非追求真理的過程，我目前還無法接受這樣的觀點。觀察法律論點背後的原因或情感或許很重要，但是最低原則或標準本身也應該要檢視與辯論，透過這些標準或原則，可以更清楚體驗每一個人的價值觀。所以水平面以上以下，皆不可偏廢。

Parker 教授在分析判決時鮮少對於其中所涉及的立場表達傾向。而其曾為文主張尊重國旗與保護國旗，賦予國會立法處罰詆毀國旗的權力，在這個問題上，其非僅是用恐懼檢驗論點的方式

討論 Texas v. Johnson，而係批評該案的結論，與大家辯論到底是否應該處罰燒國旗的表意行為。一旦涉及維護自己所信仰的立場時，如果要理性討論，任何人皆難逃標準與原則的辯證。雖然老師還是極力將辯論重心拉回四種恐懼的分析上，但當他開始與全班辯論時，不已顯示老師也有相對的真理信仰（國旗應受尊重），且希望透過辯論，找到絕對的真理嗎？

約莫 25 年前的 Richard D. Parker 教授

法學院的上課教室

被颶風打擾的通訊網路法

　　一星期兩堂課，每堂課閱讀量約 100 頁，閱讀的文獻內容包山包海，有時讀起訴書或判決，有時讀聯邦通訊傳播委員會 (FCC) 白皮書，有時看新聞或文章，還有搜尋電信業者網站看新的方案或業者回應等，各種資料都有。

　　聽說往年都是萬聖節下雪，如今萬聖節已過去一星期，天氣依舊晴朗，偶爾下點小雨。身為土生土長的台灣人，對於下雪還是很期待的。雖然聽過不少下雪後的缺點，還是很想迎接劍橋的初雪。沒想到，卻經歷了一個威力強大的颶風 Sandy。這星期 Sandy 颶風肆虐美國東岸，至今包括紐約等許多城市仍在整修因 Sandy 所帶來的災害與影響。相對之下，Sandy 對於劍橋並沒有帶來嚴重的災害，卻帶來了一個在本校具有歷史意義的颶風假。

　　放假也可以具有歷史意義？

　　原因是哈佛大學風雨無阻的上課堅持遠近馳名，距離上次因為天氣而放假已經是 34 年前。曾有人戲稱，哈佛大學只有在上帝行為 (Act of God)：譬如世界末日時，才會讓學生放假。上一

次放假是 1978 年的大暴風雪，1978 年的上一次是 1938 年因颱風而放假。如此看來，這次因為 Sandy 放到一天假，絕對是歷史大事。有趣的是，校刊報導此一新聞的學生還特地寄信去問學校發言人，是否認為 Sandy 構成「上帝行為」所以才決定放假，發言人一本正經並無奈的回覆：一切都是配合政府標準！

　　將期待初雪卻迎來颱風的心情，套用於通訊網路法這堂課，再適合不過。開學到目前為止這堂課可以算是最辛苦的課程。一星期兩堂課，每堂課閱讀量約 100 頁，閱讀的文獻內容包山包海，有時讀起訴書或判決，有時讀聯邦通訊傳播委員會 (FCC) 白皮書，有時看新聞或文章，還有搜尋電信業者網站看新的方案或業者回應等，各種資料都有。老師對於上課的方式也很多變創新，有時講課，有時隨機點名回答，有時隨堂分組討論並辯論或報告心得。

網路法與通訊法譜系

　　當初選這門課純粹是想多了解網路法，另一方面也是因為網路法實務中心強制要求。網路法有從傳播法的角度切入觀察，也有從智財權角度切入，還有從國際法的角度觀察者，少數像 Lawrence Lessig 等是從憲法角度討論網路法問題。轉換觀察角度是一件困難的事情，因為每一個角度關心的重點不一樣，甚至討論所謂網路的問題都不一定聚焦。

　　第一堂課前，Yochai Benkler 教授要我們閱讀他的大作 *"The Wealth of Networks"* 第一章和最後一章，看完後對於整個網路問

　　題產生了較有體系的認識，也終於了解為什麼以前很努力看他的
文章卻都感覺不得其門而入。Benkler 並非僅關心網路，網路只
是其中一個拼圖，他研究的是整個通訊法制環境。

　　他將通訊系統分成三個層面：物理層 (Physical Layer)、邏輯
層 (Logic Layer) 與內容層 (Content Layer)。物理層指涉創造通訊
之通訊頻道與設備，其中所涉及的議題包括寬頻市場與電腦製
造管制等。邏輯層則指涉網路通訊中的規則或通訊協定 (Protocol
and Standards)，即網路的組成分子，其中議題包括網域名稱、電
腦軟體專利、PtoP 分享系統及 DMCA 等。最後則是內容層，指
涉所有存在的資訊內容與知識，議題包括傳統智慧財產權的範圍
與執行，以及新興智慧財產權之承認與否等。

通訊系統示意圖

　　從 Benkler 的分類讓我認知到自己對於網路法感興趣的部分為何。我思考了很久，歸納來說，網路法的問題的確可以分為三個層面來理解，但與 Benkler 教授的分類稍微不同：

　　第一層面是真實空間中，電信業者架設網路連線的設備管制與市場競爭政策的問題面，這會涉及較多傳播法的討論議題。

　　第二層面是將原本適用於真實空間中各種法律適用到網路空間中所發生的問題面，包括智慧財產權、隱私權與言論自由等，涉及了智慧財產權和憲法的討論。

　　第三層面則是存在於網路環境中之程式碼與規則問題面，這就涉及網路空間中規則制定與各種權力資源分配正當性的討論，此或許與國際法較為相關。

　　第一層面偏向技術面，且設備或電信環境的變化太快，法律實在追不上科技變化的速度，因而我感興趣的部分集中在第二與第三層面。

　　而 Benkler 教授本課程涉獵較多的部分，多與傳播法相關，也就是我所理解的第一層面議題。從學期初前面四堂課介紹電話、電視與廣播的政府管制歷史，可一窺端倪，之後更觸及寬頻匯流、有線與無線連線、電信業者併購與網路中立性 (net neutrality) 等，每一堂課都涉及大量電信專有名詞，對於在上本堂課前電信法制與美國電信環境（誰獨占？誰反對？造成何種民生問題等）一知半解的我，稍嫌吃重。大部分傳播法的問題，除了經濟學的討論，也與公平交易法制相關，探討各種傳播市場獨占的正當性，與是否應該開放競爭（Benkler 教授主張新興架設

網路的市場應該要開放競爭），這部分由於牽涉太廣，只能留待日後有機會深入研究。

本堂課程帶來的衝擊

上課時偶爾會跟不上老師的思考和講述邏輯，也要花點時間才能找到相應的思考脈絡點。台灣的法律人都是受相同基礎法律教育出身，就算研究領域差異再大，思考脈絡不脫三段論證法，最終皆可集中討論法律原則。美國 J.D. 學生進入法學院前都已經受過大學四年不同科系的教育，各自有思考問題的角度與習慣，尤其上課時又都是案例法，並未要求建立特定體系，這點在與 J.D. 學生做報告時就有感受到。所以討論問題時，會覺得很難對焦，不同頻道間要對話，必須想辦法先找到對方的頻率。而 Benkler 老師對於電信環境非常了解，並且對於各種理論的掌握已經非常純熟，我只能盡力尋找頻率。

最後，閱讀教材的部分，因為涉及的材料範圍很廣，各種材料之間跳躍讓習慣建立基本理論體系的我，更加難以適應。其次，老師常常在上課前一天加入新閱讀材料，此點某程度反映了上述傳播法科技發展的速度感，很多學期初指定的教材，到了學期中由於新的科技與新的政策，又必須更換閱讀內容。

我對於這堂課最期待的部分終於在等待將近 10 堂課後到來，即網路著作權相關議題。共有 3 堂課。一堂課老師講述著作權在網路上發展的狀況，另外一堂討論一些新的法律爭議如 DMCA 或 SOPA 等關於網路著作權與隱私權的法律草案等，最

後一堂則碰上颱風放假，希望能擇期補課。

　　這堂課的評分是考試與小組報告各占 50％，小組報告議題是介紹國際電信聯盟 (International Telecommunication Union, ITU)，應該是目前與網路管制直接相關的國際組織。該組織的成員國 2012 年 12 月在杜拜開會，討論修正其組織章程，美國、中國和俄羅斯等國家的角力重點，在於是否將原本放在美國主權下的許多管制網路傳播或網域名稱分配的權力，改置於國際電信聯盟之下，賦予該組織更多的權力。以美國為首的立場擔心網路從此淪落至極權國家的黑手中，當然更深一層是不願意脫手原本掌握的資源與權力；以中國為首的國家則質疑美國把持該等權力之正當性問題。上完這堂課對於國際電信聯盟有基本的了解，對於寫論文或將來該領域的研究奠定了一些基礎。

貌似賈伯斯的
Benkler 教授

法學院旁的中式餐車販售各式中式便當，不但分量大而且價錢便宜，通常於中午出現，是學生們省錢的好選擇

不只哈佛法學院：

甘迺迪學院與麻省理工學院

因著這門課，我認識了法學院以外的朋友，上課大家自由自在地舉手表示意見，下課後則繼續在教室聊天，交流今天上的課程，這對於從大學起即在法學院念書的我來說，非常新鮮有趣，我也在這段短暫的期間體會到跨領域並不容易。

在劍橋的舒適小角落開始累積，逐漸有喜歡的食店、喜歡的咖啡店、喜歡的散步路線。我幾乎是以每一天懷念前一天校園的頻率，儲存未來對這裡的眷戀。現在我也完全可以想像，儘管日常非常忙碌也遭遇不少挫折，之後卻會無比懷念這段嘗試了各種可能的人生。這其中一部分嘗試各種可能的人生，與哈佛甘迺迪學院與麻省理工學院有關。這真是連自己都意想不到的發展。

HKS & MIT

哈佛大學跨院選課風氣很盛，也有不少跨學院的雙學位學程，法學院學生則尤為喜愛跨選商學院以及甘迺迪政府學院 (Harvard Kennedy School) 的課程。我也深受甘迺迪學院課程的

吸引，考慮修一門「電力市場設計」(Electricity Market Design)，教授是赫赫有名的 William Hogan，每週一堂兩小時。

　　甘迺迪學院距離法學院走路約莫 15 分鐘路程，鄰近查理士河，學院風格相當自由自在，氣氛也很活潑。坦白說，比起法學院，我更心儀甘迺迪學院的風格。法學院總是人聲鼎沸，雖然很有能量，但也充滿全力衝刺人生的煙硝味，一刻不得停歇。

　　電力市場設計這門課需要微積分和經濟學背景，畢竟市場制度的設計雖涉及不少法規面，肱骨還是經濟學。這也是一門需要老師同意才能修的課，我寫信給 Hogan 教授的時候，他即坦承沒有微積分背景可能有些上課內容會無法理解，我便請求旁聽幾堂課，老師也欣然同意。

　　這堂課大概 15 人，不僅開放跨院選課，也開放跨校選課，所以僅有一半的學生來自於甘迺迪學院，其餘則來自法學院、哈佛電力工程相關學系，還有好幾位麻省理工學院的學生。大家的專業相差甚遠，但共同的興趣都是電力市場自由化的政策與制度設計。第一堂課老師採取單純授課的教學方式，讓大家對美國電力市場的制度問題和重建的過程有基本的了解。第一堂課上完，我便興沖沖地決定要繼續修下去。

　　然而，之後幾堂課就變得越來越吃力了。

　　Hogan 將這門課的主軸放在輸電市場的競爭機制。我發現要跟上老師的上課進度，不僅需要了解美國電力市場的背景知識與自由競爭制度的歷史，還得略懂油氣產業及管線市場，以及最重

要的市場價格模式，這也是為何老師要求這門課需要有微積分和經濟學背景的原因。我在上到第五堂之後覺得已經跟不上，相當沮喪。

下課後我和一位麻省理工的同學聊天，聊到我上課感到吃力但又不想放棄的苦惱。我聊到我是律師，不懂市場價格機制，也不確定是否要繼續修下去。這位同學很幽默地跟我說，你看老師上課時也沒有提到任何公式，你當然也可以用律師的語言說這些事情。頗有道理不是？但我認為修課的實益似乎不如預期，繼續下去恐怕會影響其他法學院的課，在與老師一番懇談後，最後決定退選，結束了我短暫每週一前往甘迺迪學院上課的生活。所幸哈佛跨院選課機制給予學生較長的選課賞味期間，退選期限到期中之後，所以退選這門課沒有造成太多行政負擔。

這段經歷只是我在哈佛一年中的一小段插曲，但因著這門課，我認識了法學院以外的朋友，上課大家自由自在地舉手表示意見，下課後則繼續在教室聊天，交流今天上的課程，這對於從大學起即在法學院念書的我來說，非常新鮮有趣，我也在這段短暫的期間體會到跨領域並不容易。

雖然無緣修課，甘迺迪學院還是非常吸引人，我常去那裡聽演講和午間座談，偶爾也會去光顧他們的學生餐廳。**甘迺迪學院的標語是「捫心自問自己可以做什麼」(Ask What You Can Do)，這句話掛在布幕上，在學院 Littauer 大樓外飄揚，敲擊心臟，相當震撼有力。**

Ask What You Can Do 的背面則
是 Imagine what we can do together
（想像我們可以一起做什麼）

MIT 同學們比法學院同學更想知道
電力市場「為何管制？」

甘迺迪學院低調幽靜的入口之一

春季學期我再度嘗試在甘迺迪學院旁聽「全球治理」(Global Governance)，教授是著名的人權與人道法學者 Kathryn Sikkink。我在台灣念書時主要的研究領域雖是國際公法與國際貿易法，但未曾從國際關係角度理解全球治理。這門課的修課同學背景則更加多元，有來自世界各地的公職、外交、軍事與研究人員，上課討論非常有趣。只可惜，因為這堂課需要花費大量時間進行分組討論與分組報告，而我春季學期已有長論文和環境法與政策實務中心兩大耗費心力的任務，最後也在和老師懇談一番後退選。

跨領域的學習經驗：*Powering the US Electric Grid*

抱憾地退選電力市場設計之後，緊接著便要準備上「美國電力市場與電網制度」(Powering the US Electric Grid) 了。這是一門只有六堂課的讀書討論課，讀書討論課通常較為隨性，上課方式原則上靠著同學們課前的閱讀和課堂上的踴躍討論，就算有回家功課者，分量也較為輕鬆。這堂課的老師是 Ari Peskoe，Ari 是哈佛法學院校友，目前在哈佛法學院擔任講師，專精於聯邦及州電力法制與能源政策。

這堂課裡，我再度遇到了一群麻省理工的學生。這群麻省理工學生非常有活力，既聰明且好學，常常在課堂上狂問老師問題，相較之下法學院學生顯得拘謹，反倒沒有主場優勢。因為麻省理工同學的加入，這堂課約有一半的時間在討論電力市場的經濟模型，成了一門貨真價實的跨領域課程。

　　美國電力市場結構特殊，且有複雜的歷史，外國學生修這門課多少有些吃力。對我來說，我修這門課主要是想了解美國電力制度與相關的管制模式，因此儘管進入門檻不低，還是有許多收穫。尤其是我嘗試使用不是法律人熟悉的語彙參與課堂討論，也因此對美國電力與能源政策中的成本效益分析、成本分攤與資源分配多了一層了解。

　　這堂課依舊是一門法學院課程，所以 Ari 還是回到法律結合政策的思維，透過案例閱讀，以及在每堂課的討論中不斷拋出「為何管制？」這類的問題，帶領大家了解和檢討過去和現在的電力政策，同時探索未來政策發展的可能性。修這門課的同時正好適逢川普政府發布了新的能源政策，我們也就時事認真討論了一番。

　　本以為是一門初探美國電力市場的讀書討論課，沒想到在我暑假前往華府實習時，這堂課所討論的議題，諸如區域輸配電組織的制度優劣，以及分散式太陽能系統如何進入由區域電力公司壟斷的電網等，竟成了我暑假進行政策研究的重點所在，意外地將在學校所學與工作連結起來。

午夜的劍橋一隅

2012.11

英美法律分析與檢索實作

　　美國大部分法學院都設有法律寫作的課程，幫助許多母語非為英語的 LL.M. 學生更快地與美國的法律教育接軌。法律寫作課程內容雖然多屬技術性與練習性質，但其的確為我帶來一輩子都受用不盡的收穫。

　　妻子終於在上星期五抵達波士頓，一切生活都變彩色了，也終於有人可以理解我住在 4 樓的痛苦。學校提供的住宿名義上分為校內 (on-campus) 與校外 (off-campus) 宿舍，校內宿舍有各種等級與價位，大部分宿舍均需共用衛浴，其中頂級者非 North Hall 莫屬，有獨立的衛浴，僅須共用廚房，並到法學院收信處收取個人信件。校外住宿可以擁有獨立成戶的住處與配備，適合一人以上居住，但價位通常較高。

　　由於妻子與女兒將到波士頓與我作伴，所以選擇了學校提供的 Terry Terrace 校外住宿。除去沒有冷氣與家具的缺點外，此一住處離法學院只需步行 3 分鐘，相當省時方便。由於抽宿舍是沒有選擇空間的，我們剛好被安排在位於 4 樓的其中一戶，4 樓是頂樓，沒有電梯，每天必須征服一階階陡峻的樓梯。

大部分人或許會說 4 樓沒什麼，但如果了解洗衣服和倒垃圾的情況，就完全是另一回事了。洗衣機在地下室，而垃圾場必須通過地下室，意味著必須要下 5 層樓才能抵達洗衣處或垃圾場。洗衣服的通常流程為：拿衣服下樓、上樓等洗衣、下樓烘衣、上樓等烘衣、再下樓、取衣上樓。一天爬 5 樓不算什麼，但是 1 小時內爬 15 樓就真的有點令人吃不消。剛到的前 1 個月，每次洗衣服總是會發生到樓下才發現忘記帶洗衣粉或烘衣紙的慘劇，只得無奈的再多爬一次樓。這也是為什麼最後家裡垃圾越積越多，因為除了洗衣服時，都懶得特別下樓倒垃圾，而洗衣服的間隔也越來越久，除非內衣褲耗盡，否則絕不輕易挑戰 15 樓地獄。

法律寫作與分析

接著來談談「法律寫作與分析」這堂課。該課是紐約州律師公會要求 LL.M. 學生參加考試的必修科目之一，法學院雖然有很多不同老師開設此課，但紐約州律師公會有嚴格的標準與要求，所以最後只剩下為 LL.M. 量身訂做的一堂課，授課教授為法學院 S.J.D. 候選人 Christopher Taggart 領導的教學團隊。這堂 2 學分的課將 1 學分放在適應週，強迫所有學生參加，另 1 學分則放在秋季學期。適應週主要是介紹學術倫理、美國州與聯邦法體制、法律實證主義與如何閱讀案例等基本觀念。原屬相對輕鬆的課程，沒想到到了秋季學期，開始有寫不完的作業。

課程將全班分成 3 組，1 組約 20 人。課程總共只要求學生寫兩個模擬法律意見，分組是為了讓老師們可以有效一對一檢討

與建議。看起來很輕鬆，實際上還是比想像中費時耗力。每一個法律意見的流程如下：撰擬法律意見草稿、撰擬法律意見相關之法學檢索結果、與指導老師一對一開會檢討草稿內容、依照討論修改最終版本之法律意見。總計要交 4 次作業，整個學期就是進行兩次這個流程。

　　第一個題目與契約法相關。指導律師發給我們一封信告知本案事實，一位地方名人觀賞棒球比賽，比賽中被要求參加主辦單位舉辦的競賽活動，贏家被告知可得到名牌車子一輛，當事人投入並贏了競賽。主辦單位卻只給了他一台玩具名牌車，並稱這一切都只是個玩笑。當事人想要向主辦單位求償，指導律師要求撰擬一個法律意見，分析當事人可能得以主張的契約請求權與勝訴可能。此案除了事實清楚外，法律意見中所需用到的相關案例與基本概念相關資料都已經附在文件中了，只需將這些資料組織按照架構撰擬即可。

　　第二個題目則涉及民事訴訟與侵權責任。也是一封指導律師的信，當事人是美國國家公園，事實是公園管理處的員工酒後將警告遊客有黑熊出沒的告示移除，有旅客因此未能注意而於國家公園中遭到黑熊攻擊重傷，其父狀告美國聯邦政府及公園管理處求償。指導律師要求撰擬法律意見分析程序上法院駁回受理之可能性，主要分析員工行為是否在僱傭契約範圍內，與是否屬於受雇人過失裁量的結果等問題。這次的文件中沒有檢附任何資料，必須自己檢索相關案例與法律；而事實部分亦較複雜，必須統整原告書狀與相關檢附資料，才能寫出事實。

意外的收穫

這堂課到目前意外的學到兩件事情：

第一是法律意見的架構通常為事實整理、爭點提出、概要小結、主要分析與結論，這與以前在學校所學相去不遠。但在實體分析涵攝法律到事實的部分，產生了區別。由於美國使用案例法，所以在涵攝部分特別注重先例事實與本案事實的相似程度，我們長期處於三段論證的法學環境中，實際撰擬法律意見時還是容易忽略比較案例間事實的部分，而習慣僅從案例中抽取抽象法律原則來適用。這一次因為撰擬法律意見的練習，了解了分析本案事實與先例事實異同的重要性。

第二則是對於 Westlaw 又有更深一層的認識。之前曾在北京 Westlaw 實習，對於 Westlaw 已有基本使用能力，這次上課還是學到不少的功能。也終於了解 Key number system 和 Headnote 的用處，了解其功能後，可以從一個案例連結出去到抽象面的體系概念，再從抽象面連回到更多的相關案例，美國法搜索功力算是有相當的提升。

美國大部分法學院都設有法律寫作的課程，幫助許多母語非為英語的 LL.M. 學生更快地與美國的法律教育接軌。法律寫作課程內容雖然多屬技術性與練習性質，但其的確為我帶來一輩子都受用不盡的收穫。

哈佛庭園 (Harvard Yard)，觀光客必經
之處，此處風景宜人，具濃厚校園氣息

住處 Terry Terrace 外觀

2012.11

第 129 次的哈佛與耶魯美式足球對決

　　哈佛對決耶魯橄欖球的傳統戲碼 ("The Game")，是每一年兩校學生必定參與的活動之一。

　　以前曾在電視上看到美國大學籃球比賽，全場都為其學校加油的熱鬧氣氛，讓我有很深刻的印象，所以很期待在學校主場觀賞運動賽事，為母校加油。上星期六本校橄欖球主場進行第 129 屆「哈佛對耶魯橄欖球球賽」，有幸能參加並感受強烈的大學運動賽事氣氛。

哈佛大學美式足球隊

　　現今哈佛大學美式足球隊在大學美式足球聯盟中非屬強隊，但是其實遠在 1890-1920 年間，也得過 9 座全美大學美式足球冠軍。遺憾的是，等到越來越多學校成立後，哈佛再也無法回到強隊之林，1920 年的冠軍是離現在最近的一次。

　　所幸在大學美式足球比賽中，還有一個所謂的長春藤 (Ivy League) 美式足球聯盟，或許因為長春藤聯盟的參賽隊伍少，哈

佛大學自聯盟成立以來，共拿過 14 個聯盟冠軍，其中有 5 個冠軍是在 2000 年後拿到的，在聯盟中可稱強隊。

哈佛與耶魯的傳統對決

哈佛對決耶魯橄欖球的傳統戲碼 ("The Game")，是每一年兩校學生必定參與的活動之一。兩校美式足球的對決最早自 1875 年開始，是大學美式足球對決戲碼中第二老資格的賽事以及累積第三多的比賽，每年舉辦在 11 月美式足球球季的尾端。截至 2011 年止，兩校對決的戰績是耶魯以 65 勝 55 負 8 和居於歷史領先的地位，但是自 2001–2011 年間哈佛連續擊敗耶魯，耶魯僅在 2006 年止敗一年，等於是 2000 年後耶魯總計已經輸給哈佛 10 場了。

這 128 場比賽中，有幾場非常有名的比賽，比如 1879 年雙方皆無失分的和局，同時也是歷史上兩隊的第一次和局。而其中最有名者，非 1968 年「哈佛贏耶魯：29 比 29」(Harvard Beats Yale: 29–29) 的這場比賽莫屬，名稱其來有自。該年在兩隊交手前各自取得 8 勝 0 敗的不敗戰績，該場比賽勢必終結其中一方的連勝紀錄。比賽中耶魯一路領先，至比賽剩下 42 秒時，耶魯尚以 29 比 13 遙遙領先 16 分，哈佛卻在接下來的 42 秒內連續達陣將比數扳平。看過美式足球的人都知道，42 秒時還落後 16 分等於是輸定了的比賽，因為每達陣一次球權會轉換，要在 42 秒內球權轉換的情況下至少達陣兩次，簡直是不可能的任務，但是哈佛在該年達成了這個奇蹟似的逆轉秀。雖然結局只是平手，哈佛

的校內報紙卻在賽後以阿 Q 式標題：「哈佛贏耶魯：29 比 29」報導此場比賽，這場比賽也從此以此標題為名，更在 2008 年以紀錄片的方式重現世人面前。聯盟其後修改規則加入延長賽制，也使得這場比賽成為兩校和局的最後一場比賽。

　　兩校對決，難免有激情的學生。傳統上耶魯的學生喜歡在 T-Shirt 上印製攻擊哈佛的標語，像今年去現場看球時，就看到很多耶魯學生穿著印有 Harvard Sucks 的衣服或褲子。而在 2009 年時，耶魯更有學生印製 F. Scott Fitzgerald 這位早已於 1940 年作古的作家之名言：「我認為所有的哈佛男生都是娘娘腔」(I think of all Harvard men as sissies) 於 T-Shirt 上，並於其下方打上「我們同意」(We Agree) 的字樣。F. Scott Fitzgerald 說出這句話的背景，是當他被問及同時錄取哈佛、耶魯與普林斯頓三所學校時，為何選擇普林斯頓的原因，其認為哈佛的學生都比較室內取向，比較 sissies，而普林斯頓的學生感覺比較好看和懶散，其在遙遠的當年是否真有貶低哈佛男生為娘娘腔之意，已不可考。總而言之，耶魯的校方在 2009 年禁止該 T-Shirt 的印製，認為娘娘腔一詞可能會對同性戀者造成冒犯，掀起一陣是否妥當的辯論。此一事件除了說明兩校美式足球的恩怨情仇，同時也是一個憲法冒犯性言論 (offensive speech) 很好的素材。

　　耶魯傳統的色系是藍色、白色與綠色；哈佛則是楓葉紅、金色與黑色。比賽的當天可以從衣著顏色清楚區隔兩校的加油區。由於哈佛是主場，只有耶魯球隊後方一小區是耶魯學生加油區，其他都是哈佛的學生與校友。

當天現場實況

　　像這樣的傳統經典對決比賽，照理說開打前是不會有多餘的票，我卻在比賽開打前一星期仍可購得兩張最低價位的票。比賽當天，帶著興奮的心情前往觀賞。到了現場就發現可購得多餘票的原因，是因為座位位於耶魯球隊休息區正後方，也就是耶魯加油區。由於坐在敵區中不能盡情為學校加油，於中場休息兩隊戰成 3-3 平手的同時，我和妻子趕緊移動到其他哈佛加油區找空位。

　　下半場的比賽非常刺激精彩，兩隊頻頻達陣，每次達陣得分後，啦啦隊隊員都會到達陣區後方做與比分相同數量的伏地挺身，一場比賽下來也可以做到近百個。到了比賽後段，哈佛完全將比數拉開，最後以 34-24 戰勝耶魯，拿到自 2007 年後連續的第 6 場勝利，在兩隊的歷史性對決中，又多取得一勝。比賽結束的那一剎那，全場觀眾爭相從看台上跳到場中，並衝向球場中央與球員合照。看台約莫有一層樓高，說高不高，跳下去還是挺可怕的。我和妻子也入境隨俗，和眾學生們 "You jump, I jump." 了。

　　這真是一場好看且感染力十足的比賽，之後也預定 2 月哈佛對耶魯的籃球比賽，雖然沒有像橄欖球這樣具有歷史意義的對決意味，但還是期待屆時可以再次感受現場的氣氛。

球員合照與賽後的千人跳水

每次達陣得分都得跑出來做出和當下分數一樣次數的伏地挺身，辛苦的啦啦隊

第 129 次的經典對決

2012.12

期末考也可投票決定？

　　有學生忍不住問 Benkler 教授可否免除期末考，老師答以：「我不能剝奪少數學生想要透過考試被適當評價的機會。」抓住了老師回答的脈絡，有學生安排郵件匿名調查全班學生意願，問卷問題：「你是否願意放棄透過考試適當評價學期成績的機會，而僅以報告作為分數評價依據？」沒想到在看不到其他人投票結果的情況下，全班 24 人竟全體一致投票反對期末考。

期末考方式簡介

　　時間正式進入 12 月，學校內各項的活動節奏明顯緩慢了下來，大部分的學生都開始準備期末考，對於大部分一年級的 J.D. 學生來說，大部分工作都只以其一年級時成績單為評鑑標準，因此期末考是決戰點，考試的結果直接影響日後找尋暑期工讀的去處。這也是為什麼一年級的 J.D. 學生從入學開始，平均一天至少必須花 6 小時以上讀書，也幾乎阻絕了課外的活動時間。

　　相對之下，LL.M. 較無成績壓力，課程一學期約 4–5 堂，壓力較小，平均期末考試數量應該是 2–3 科。考試的方式分為課堂內或課堂外考試。課堂內考試為 3 或 4 小時，可否攜帶參考資料由老師決定。課堂外考試則是老師於期末考週擇定一天，或讓學生自由從期末考週間選擇一天，以 8 小時為限不停錶完成考試。大部分的課堂內與所有的課堂外考試都是統一使用學校設計的 Exam 4 軟體作答，用電腦考試，作答完畢後直接透過軟體上傳學校系統。法學院全然是 E 化的考試系統，寫作能力對於這個世代來說，似乎僅存在於抽象的腦內與電腦打字空間中。

　　哪一種考試方式對於母語非英語的學生而言較為有利有不同說法。有認為課堂內考試 3 小時對於外國學生而言壓力大，英文腦內輸出速度不如美國學生，較為吃虧；也有認為課堂外 8 小時讓美國學生有充足時間修辭構句，將會顯出英文作文程度差距。結論是：無論是哪種考試，母語非英語的學生都很吃虧。

本學期各科的期末考

　　憲法和通訊網路法都是採取學生在期末考週自選一天 8 小時的考試方式。網路法實務中心雖然沒有期末考，但中心的工作量比期待超出太多。原以為只需做一些法學檢索的工作，後來才發現中心要求繳交給客戶的法律分析或是以後要供中心發表給公眾參考的正式文件等，均須於期末考週前完成，還必須交出本學期期末心得一篇。

　　至於通訊網路法的報告也相當吃重，每一組除了負責課堂報

告 1 小時，每人需寫出約 10 頁附註解的報告外，還必須負責另一組的評論稿。在報告上付出的時間，絕對不輸期末考試的準備。或許是因為報告讓大家花太多時間，又或許是大家實在摸不透在困難的上課內容下，要如何準備期末考，終於在上週有學生忍不住問 Benkler 教授可否免除期末考，老師答以：「我不能剝奪少數學生想要透過考試被適當評價的機會。」

　　抓住了老師回答的脈絡，有學生安排郵件匿名調查全班學生意願，問卷問題：「你是否願意放棄透過考試適當評價學期成績的機會，而僅以報告作為分數評價依據？」沒想到在看不到其他人投票結果的情況下，全班 24 人竟全體一致投票反對期末考，這下子讓老師有點尷尬。不過尷尬終究未能逆轉需要考試的結果，老師於思考數日後，最後還是作出決定跟大家說：我們還是考試吧！而這次投票的結果，大概只是逼得老師承認：考試是他所希望，而非班上少數學生的期望。

　　目前還不知道對這一科要從何準備起，所幸有相同想法者並非我一人，因此有同學在 Wikipedia 上建立了 Benkler 通訊網路法的筆記網頁，呼籲全班同學貢獻筆記，嘗試將每一堂課的上課內容拼湊起來，以助大家共度難關，希望最後此一計畫能夠成功，自己也能順利通過期末考試。

言論自由（下）：
充滿恐懼的憲法觀

2012.12

老師認為現今的哈佛法學院教育，已經造成許多學生認為法律僅止於適用法律，然而法律人並非僅單純適用法律，而是如何透過生產論點去說服他人。

在期末考接近時，學校會安排寵物狗進駐圖書館，學生可以在圖書館員的陪同下出借寵物狗，藉由與可愛的狗互動，來紓解龐大的考試壓力。在適應週時學校就曾提到每逢期末考，學校內部設立的醫療中心看心理門診的數量就會增加，說明學校真的是有相當數量的學生（大多是一年級的 J.D. 學生），身處於水深火熱之中。

先前提到，全班和 Parker 教授舌戰政府管制焚燒國旗的正當性，老師罕見的用了半堂課的時間和大家辯論大法官於該案判決的妥當性。半小時討論一個案例聽起來不多，但是如果了解老師上課的習慣，就會驚覺該案用時的奢侈度。憲法一週有兩堂課，每堂課是 2 小時，第 1 小時老師通常用來講授他的理論體系或表格，中間休息 10 分鐘聽老師為大家準備的音樂與 MV，第 2 小時才講解案例。

一堂課的案例預習閱讀量約為 10-15 個之間,在 1 個小時中每個案例幾乎只會分配到約 5 分鐘,再依案例重要性調整時間,年代較久遠較不重要的案例,有時甚至 30 秒就介紹過去了。在這樣迅速的講課下,課前預習變得相對重要,老師不會花太多時間介紹案例,而直接傳授每個案例的心法。

歐巴馬也曾與老師辯論?

在第一次舌戰 Texas v. Johnson 後的下一堂課中,Parker 教授竟又花了整整另 1 小時繼續討論此案。在這次的 1 小時中,Parker 不知是有意還是無意的提及他曾經和一位名叫歐巴馬的學生辯論本案,讓我不禁想到早在適應週時,法學院副院長 William P. Alford 教授在開幕演講中,就曾幽默的調侃說自歐巴馬當選總統後,本校法學院有越來越多教授自稱為總統的老師,甚至還有年紀比總統小的人也宣稱自己教過總統(這當然是玩笑話)。

不知道是否為激起大家討論的興趣,據 Parker 回憶,歐巴馬總統當年提出國旗或許有值得保護的利益存於其中,但是燒國旗本身,如果以老師的四種恐懼觀點來看,並沒有特別的恐懼論點可以適用。現場也有為數不少的同學發言認為,燒國旗可能只是要表達討厭國家的訴求,不見得是危害民主的表現。

對於這些質疑,老師的回應為:燒國旗存在著滑坡效應 (Slippery Slope Effect) 的危險,他用溫水煮青蛙做比喻,指出表達言論的方式會越來越走向極端化,以期發生表達其訴求的效果。燒國旗一開始可以抓住社會目光,但一次、兩次、三次後,

接下來就必須要使用比燒國旗更強烈的手段，才能達到社會注目的效果。

聽到這裡，我實在忍不住舉手質疑道：「如果滑坡效應可以作為管制的理由，那政府是否也可以用此邏輯管制其他被認為將來會對民主有不當影響的言論？今天是處罰燒國旗，明天就換處罰電視名嘴批評政府。」

Parker 想了一下說：「喔，所以你將我滑坡效應和溫水煮青蛙恐懼的論點，用在政府管制上，將原本對於言論效果的恐懼，轉換為對政府管制措施的恐懼。只能說，你我對於世界的想像與擔憂不同。」老師接著說：「我之所以採此觀點，是因為憲法的基礎是民主，我們不會樂見少數意見踐踏多數意見的情況發生，也不會願意見到少數引導民主的方向或破壞民主。」

老師與全班對於本案的辯論至此算是告一段落，他的觀點是否具有說服力，則見仁見智。而像本案這樣的辯論，一如之前所料，的確成為本學期第一次、也是最後一次的上課方式。

上了一學期的課，漸漸領略老師幾條主要的思想脈絡：

透過感受恐懼形成論點

其中心思想當然是將憲法（或說法律）分為冰山以上和冰山以下的層次，一直企圖教導我們如何看透與找到冰山以下的東西。冰山的最底層是恐懼感，老師不斷強調：要想出好的論點，必須要對現行的原則或規則突破。想要突破現行的體制或原則，必須在現存的社會規範之下探索與感覺恐懼，感受恐懼便能創造

勇氣，勇氣能讓我們挺身而出對抗現行體制。我們所能感受到社會的亂象就是我們能量的來源。

　　前面說過，老師將恐懼分為 4 種：失序的恐懼、臣屬的恐懼、專制的恐懼、無能的恐懼，這些恐懼足以分析大部分言論自由案例中的論點。舉例而言，在是否需要管制某一言論的辯論中，支持或反對意見都可以透過 4 種恐懼形成論點：

失序的恐懼
- 支持管制者可以主張不管制將會世界大亂。
- 反對者則可以主張過多的管制會有管制失序的危險。

臣屬的恐懼
- 支持者可以主張某言論將造成歧視或征服其他言論的效果。
- 反對者則可主張若管制特定言論將造成該言論受歧視的效果。

專制的恐懼
- 支持者可以主張某一言論可能壟斷言論市場而打擊其他言論。
- 反對者則可主張管制可能會讓政府成為言論箝制或檢查者。

無能的恐懼
- 支持者可以主張若不管制將造成言論表達的方式失能，而必須探尋更強烈的表達方式，亦即滑坡效應。
- 反對者則可主張，過度的管制將造成寒蟬效應，表意者將會因擔心受到管制，而有檢查或抑制自我言論的效果。

　　除了恐懼，老師也將損害或危險做了分類，透過通案化或具體化特定損害，或訴諸有形或無形的損害，也可以帶出管制或反對管制言論的論點，想要支持管制言論，就將該言論可能帶來的危害通案化（例如：若容許某言論散布全國，將顛覆民主）；反

之，則將該言論的潛在危害限縮在個案（例如：信仰某主義者所為之偏激行為僅係個案，不代表信仰該主義者皆係暴力分子）。

老師更在下課時播放 Fun 樂團現在當紅的 Some Nights 這一首歌，來使我們了解其觀點。

Holmes 與 Brandeis 法律唯實主義觀的擁護者

整個學期的言論自由課程，幾乎是環繞著 Holmes 與 Brandeis 觀點檢討每一個案例。Holmes 的言論自由觀點可以 1919 年 Abrams 案的不同意見書為代表，其提出自由言論市場理論，認為應該要保留少數言論在市場中說服多數的機會。而 Brandeis 則可透過其於 1927 年 Whitney 案的不同意見書來理解，其認為多數在決定個人自由事項時，有陷於不理智的危險，所以需要透過活絡的思辨民主來達成追求公共利益與真理。此兩位堪稱法律唯實主義的代表，而 Parker 認為近代最高法院的判決自 1970 年以降，破壞了兩位大師所提出的言論自由理論典範。

Parker 批評近代法院最甚之處，在於法院發展出一系列的原則與體系，其中最具代表性者即為言論內容／非言論內容管制，與受保護／不受保護言論之區別。其認為法院逐漸背離法律唯實主義，而淪為法律原則形式的操弄者，每一案僅僵化的將管制與言論歸類，即作出判決，卻未衡量每一案中的弱勢或社會公眾的意見。

舉例而言，於 1989 年的 Florida Star v. B.J.F. 一案中，某報紙從警察持有的公共報告中獲得性侵害受害者的隱私資訊，並予

以刊登，受到被害人的賠償請求，法院認定相關賦予賠償權利的法律違憲。老師指出，他想像一方為勢力強大與資金雄厚的報紙，另一方為弱小無力的性侵害犯罪被害人，任何人無論如何皆不會選擇保護前者，但法院卻透過原則操弄選擇相反的結果。

　　強調應該要考慮個案公平性而去形塑個案正義固然有其道理，但老師有時可能過度忽略與拒絕討論法院形成判決的各種理由。比如在討論上述 Florida Star v. B.J.F. 一案時，有同學提出，根據法院判決書的理由，應是從政府的過失（沒有保管好被害人隱私資訊），不應由媒體承擔的角度出發。對於同學的提問，老師選擇認為法院的論證邏輯沒有當事人間公平正義來得重要，而對於該同學為法院提出的辯護不置可否，不予回應。

民主不應被少數菁英把持

　　Parker 歸納對於現今美國民主問題的批評，總共有 6 種角度：

1.政府專制不受限制

2.多元觀點造成分歧

3.政府無效率與貧弱造成公眾的政治冷感

4.政府被少數菁英把持造成公眾政治冷感

5.具有偏見的多數對於少數造成迫害

6.具有特權的少數對於多數造成迫害

第 1 種觀點就是現在美國的茶黨 (Tea Party) 的訴求，主張小而簡政府；而第 5 種觀點被認為是左派想法，第 6 種觀點被認為是右派主張。

Parker 採第 4 與第 6 的混和觀點。或許是 1970 年後法院多次做出令社會（或讓 Parker）失望的判決，老師認為，在代議民主下，今日的美國政府被少數菁英把持，而菁英因為認為自己比普通公眾懂得更多，不去回應公共關心的議題或處理大眾的聲音，遂有從公僕成為視人民為僕的危險 (government to governance)。

老師提出了許多耐人尋味的問題：「為什麼聯邦最高法院的大法官都是哈佛和耶魯畢業？兩位總統候選人都是哈佛畢業？在座的各位和耶魯的學生或許是最優秀的，但你我都知道那只是在某一方面而言。你、我，和大法官，都只是一般人而已。」

在這樣的觀點下，老師主張應該要允許全國性公投，才能落實民主，修正代議民主的腐敗；而法院應該要更尊重國會的決定與立法，因為國會才是在回應公眾聲音。

對於老師提出的權力分立與民主的立場，雖不完全贊同，但仍佩服其歸納出的六種觀點，提供我們清晰的思考與討論方向。

Why Should We Care?

老師認為現今的哈佛法學院教育，已經造成許多學生認為法律僅止於適用法律，然而法律人並非僅單純適用法律，而是如何透過生產論點去說服他人。

　　在最後的幾堂課中，老師持續回到他最初幾堂課強調的概念。在學期剛開始時，老師曾轉換電影阿甘正傳 (Forrest Gump) 中主角的名言形容法律論點：「法律論點就像巧克力，你永遠有選擇空間決定吃哪一顆。」而在形塑論點時，我們永遠必須問：為什麼別人會在乎你的論點？透過感受和印象，來說服別人在乎你的論點。

　　感謝 Richard Parker 教授，讓我能在本學期充分享受憲法醍醐灌頂的快感，以及學習生產論點的各種方法，不只對於憲法有新的啟發，更讓我重新學習應該如何說服他人，而不僅是技術的操作法律，老師所教授的心法，打通我的任督二脈。更該感謝的，是林子儀老師。上過美國的言論自由，才發現林子儀老師言論自由課的扎實度，讓學生幾乎可以原汁原味的接近原典，卻又能適度的與我國言論自由議題接軌。感謝老師們，也感謝可愛與珍貴的憲法言論自由。

法學院 Langdell 圖書館內部

法學院 Langdell 圖書館外觀

2018.12

大麻、恐怖茶與期末考

由大麻味變重大概可以判斷，大家期末壓力應該都很大。我也覺得期末壓力很大，不過我的紓壓方式是喝朋友推薦的「恐怖茶」(Kombucha)。

11 月適逢美國期中選舉，選舉之夜氣氛熱烈，老師和學生很多人身上都貼了個 "I VOTED" 的貼紙，代表自己已經行使公民權利，完成投票。Freeman 昨天環境法下課時還吹了口哨再次提醒大家「務必去投票」（是的，在與下一堂使用教室的師生交錯的下課凌亂時分，她吹了口哨叫大家務必投票）。夜晚時分，法學院一樓交誼廳則擺滿油炸零食，學校亦架起大電視螢幕，讓大家可以在交誼廳看開票。法學院內的酒吧也人聲鼎沸，酒吧裡的電視也都在即時轉播開票新聞。整個交誼廳散落著下課後扔在一邊的教科書、筆電、筆記本，壁爐燃燒著，很溫暖。讀書不忘關心社會大事，這大概是學期進入尾聲前的一晌貪歡。

秋季學期有許多好玩的活動，著名的哈佛耶魯橄欖球賽、到芬威球場看場棒球、追楓葉、感恩節午夜瘋狂購物、以及各式各樣的聚會，大家每天都得努力在上課讀書及玩樂中維持平衡，時

間也在這些不停歇的活動以及每週兩三百頁起跳的閱讀進度中光速飛逝。感恩節假期過後，課程紛紛來到終點，期末考也終於壓境。

恐怖茶伴隨的期末考

從密集的準備期末考到考完約莫是三至四週的時間，這段時間除了偶爾與朋友見面維持最低度社交外，我幾乎是全面放棄讀書以外的活動了，每天只在圖書館與家兩點一線中度過。Langdell 圖書館地下廊道的零食自動販賣機成了我的每天必買，WCC 若有供應慰勞學生們的甜點，我也會繞過去領取免費的精神糧食。

人聲鼎沸的選舉之夜

我這個台灣女兒一不小心變成
LL.M. 同學們的棒球解說員

哈佛大學圖書館體系，在總校區這邊有兩個圖書館開放 24 小時，一個是法學院圖書館 Langdell，另一個則是位於 Harvard Yard 旁邊的 Lamont Library。準備期末考期間我大多待在 Langdell，但圖書館內氣氛相當壓抑，令人感到緊繃，為了透氣，我會換圖書館讀書；偶爾在總圖書館 Widener Library，平日晚上則會選擇到 Lamont 挑燈夜戰。

與平時不同的是，考試期間的校園附近和我家附近，大麻味都變重了，半夜常會聞到從窗外飄進來的濃厚大麻味（娛樂用大麻在麻州合法）。由大麻味變重大概可以判斷，大家期末壓力應該都很大。我也覺得期末壓力很大，不過我的紓壓方式是喝朋友推薦的「恐怖茶」(Kombucha)。恐怖茶，又稱康普茶，是一款在美國很風行的發酵氣泡飲料。由於康普茶添加酵母和益生菌，製作過程中難免產生微量酒精，故曾有爭議是康普茶究竟應否被歸類為酒精飲料；又有人認為康普茶原料中並沒有「茶」，所以應該被歸類為茶以外的飲料。無論爭議如何，恐怖茶還是陪伴我度過了爆炸的秋季期末考。

法學院的期末考試分成好幾種，包含 3 小時教室內考試、老師指定一日的 8 小時考試、老師指定期間但由學生任選一日的 8 小時考試，考試方式由老師指定。秋季學期我有 Leg-Reg 及環境法兩門考試，兩門都是採取「老師指定一日的 8 小時回家考試」的考試模式。

校貓 Ramy 的窩就在法學院圖書館櫃台

跟上流行，來一瓶恐怖茶

夜貓子偏愛的圖書館 Lamont

期末考也還是在訓練務實的法律人

　　8 小時答卷的考試題目通常都不是快問快答類型，對學生來說，最重要的是備齊所有可資參考的文獻與資料，並用最短時間快速搜尋到需要的部分。8 小時看起來很長，考起來仍然是分秒必爭，完全沒有時間停下思考或翻閱資料。

　　我的兩門考試面臨的都是寫作型的實例問答題，老師們設計了複雜的事實，甚至提供相關的證據及參考資料，要求大家扮演特定角色，提供法律意見。例如，Leg-Reg 考試的其中一題假設老師是大法官，自己是大法官助理，答題要求便是為大法官撰擬法律意見書，分析題目中可能的法律主張以及理由。另一題則是要求學生就題目中的法律爭議寫一篇專欄評論 (op-ed)，老師另外附上兩篇真實世界中哈佛法學院的另外兩位教授就同一爭議發表的專欄文章，並要求學生不能寫跟他們一樣的內容，因為在題目裡老師扮演媒體編輯，他覺得另外兩位老師的文章「都不夠好」，希望你寫一篇「更好的」專欄文章。法律意見書和專欄文章的書寫方式非常不同，前者需要完整全面的法律分析，後者則是要求作者應有特定的觀點或批判角度，且長度最好不要超過 1,000 字。環境法的期末考題也是類似，題目中穿插了許多事實，老師亦要求學生角色扮演撰擬答案，例如遭遇環境法爭議的公司 CEO，以及環保署的官員。面對這樣的考題，8 小時遠遠不夠用。

　　在台灣，無論是學校期末考抑或是國家考試，我們往往都只

被要求扮演一個角色，就是審判者。從審判者視角看待問題，和其他視角所看見的，肯定是不一樣的。然而，現實世界中我們往往不是審判者，而是從事法律事務的其他角色——律師、檢察官、公司法務、法官助理、政府法律顧問。考完這兩門 8 小時期末考，我的心得是在角色扮演前提下作答，其實更符合真實世界的運作。真實世界裡，律師很常被要求在極短時間內提供法律意見，各類文書的行文方式與語氣也會隨著閱眾的不同而有所調整；例如律師的法律意見和律師寫的專欄文章，架構和說話方式絕對是不一樣的。

雖然考試非常疲憊，但也可以體會老師們出題的用心良苦。直到課程的最後一個任務，老師們都還是希望學生腳踏實地地了解真實世界是如何需要法律人，而法律人又應該要以什麼方式提供自己的專業。

期末考週，晚霞依舊很療癒

2012.12

原始吶喊後的秋季學期末總評

在短短的 10 分鐘內，眼見學生們有的包浴巾，有的已經直接全裸，開始集合於起跑點，時間一到，100 多人同時開跑，場面壯觀，我也見證了本校獨特的紓壓方式。

哈佛大學生有一個有趣的傳統，每學期期末考週開始的午夜，進行名為原始吶喊 (Primal Scream) 的全體裸奔活動，學生們為了排解考試前的壓力，凌晨一到，參加者會脫光衣服繞著哈佛庭園 (Harvard Yard) 跑一大圈，邊跑邊吶喊，是當地著名的活動，還被寫進旅遊書中。

雖然很想入境隨俗，但一來我不是大學生，二來身體已被歲月摧殘，不適合裸奔見人，所以只好做個純粹觀賞者。起跑點是在哈佛庭園舊園區中的宿舍旁，根據前人的經驗，最好的觀賞角度位於哈佛之父雕像前，原因有二：該處設有台階，視線良好，以及樂隊位於該處，較能聽清楚樂隊伴奏歌曲。時間來到當天晚上 11:50，樂隊指揮眼看原始吶喊要開始了，直接爬上哈佛之父雕像上，開始指揮演奏。在短短的 10 分鐘內，眼見學生們有的包浴

巾，有的已經直接全裸，開始集合於起跑點，時間一到，100 多人同時開跑，場面壯觀，我也見證了本校獨特的紓壓方式。

期末考試初體驗

隨著原始吶喊裸奔的結束，也意味著期末考正式展開，為了能及早回到台灣與女兒相見，我牙一咬選擇連續二天在家考試各 8 小時，共計 16 小時。相比於不能開書的短時間考試，我認為能夠查資料且長時間的考試方式是較為合理的。無論是實務或是研究工作面臨的各種問題，基本上都是在可以查資料與有相當思考時間的條件下發生，考試模擬這樣的情況，才能訓練學生如何在龐大資料中篩選最有用的素材並較為精緻的解決問題。2–3 個小時不開書考試的效果則較容易成為測驗學生的記憶功底，與考場上隨機應變的能力。

第一天的考試是通訊網路法，屬於開放式題目，自行選擇心中認為最重要的網路傳播法議題，並深度討論該問題，字數 2,500 字。 第二天是憲法，字數同樣是 2,500 字，和前一天相比，卻累人許多，老師出了一個擬真的案例事實，有一個人在軍人墓

原始吶喊一瞥

園中比中指拍照後上傳臉書，遭檢察官依州法起訴，要學生分別以被告及檢察官角度討論州法限制人民在軍人墓園前所做吸引目光或不尊重之行為是否違憲，並分析想出的論點各屬於老師上課時提及的哪一種類型。

同樣都是 8 小時，由於題目類型不同，第一天實際上只花 5 小時，等於創作一篇文章就考完了；第二天卻需到處翻動筆記與思考如何組織架構答案，扣掉中間吃飯半小時，扎扎實實坐了7.5 小時，著實累人。當然，跟台灣律師司法官任何一天的考試疲累度相比，都只能算是小巫見大巫。

考完試的同時等同於宣告秋季學期結束。本學期選課上不算成功，實務中心的課程耗掉許多時間，卻未受到太多實際的指導，而因為已經執業過，相對其他學生而言獲益較少。通訊網路法雖然讓我廣泛接觸傳播法律議題，但專與網路相關的部分比例有限，而且內容偏屬艱澀。至於法律寫作與分析是預料中的選擇，真正在實體上最有收穫的是憲法言論自由。

平心而論，大部分的課程都為我帶來了英文寫作進步的意外收穫。實務中心交代的工作涉及將資料整理成有體系的分析文件，逼得我必須一直練習如何將大量複雜的材料轉換成簡單的概念或句子，有效的「換句話說」是本學期獲得的重要能力。傳播法要求作小組報告，在和 J.D. 學生合作的過程中，除了可以觀察 J.D. 學生是如何撰寫報告的，也有被 J.D. 學生修改字句的機會，寫作能力因此獲得長進。

社團活動

　　法學院的社團活動，雖然參加不多，但還是可以整理出一些：

社　團	活動內容
台灣法學社 (Taiwan Law Students Association at Harvard)	∨ 台灣學生成立，目前正努力向學生會爭取正式通過的社團，2012 年請到黃昭元老師與羅昌發老師演講，並持續推出介紹台灣的相關活動。
亞洲法律社 (Harvard Asia Law Society)	∨ 一年主要有三個活動，第一是每星期舉辦的語言桌，共計有中文桌、韓文桌、粵語桌、日語桌與台語桌。個人有幸能擔任台語桌桌長，任務是每週挑一天中午開桌與成員用台語聊天 1 小時，由於台語實在太差，為了能讓台語進步，所以每星期準備一小篇台語開場白，逼自己學台語。 ∨ 第二個活動是每年春假時社團會訪問亞洲一個國家，包括參觀該國重要法律事務所和與該國法界人士交流。目前社團已去過日本和台灣，2013 年要去香港，參加人員由抽籤決定。 ∨ 第三個活動是每年會邀請法商界實務界人士舉辦研討會，讓成員參加討論相關議題，是很好擴展人脈的機會。

心靈運動社 (Mind Sport Club)	∨ 眾所皆知我是桌遊迷，本社團可以算是桌遊社的一種，由一位教授帶著圖書館老師，想要透過打牌或玩桌遊中研究出簡單數學的概念。 ∨ 目前只聚會一次，從籌碼和撲克牌嘗試找出確保勝利的關鍵，想不到在法學院連桌上遊戲這種性質的社團都能發展得如此學術取向與知性。
葡萄酒品酒社 (In Vino Veritas)	∨ 雖然每每察覺自己的身體無法負擔酒精，但參加此社團的目的，是希望能了解一些葡萄酒的基本知識。每星期聚會一次，每次都有一個主題，分紅白酒，並介紹各國不同的葡萄酒。 ∨ 由於是學生性社團，能夠學到的知識不多，而且喝的酒多屬 2010 年後初級入門酒，參加到目前為止行話講不出幾句，倒是越來越確定自己身體無法負擔酒精無誤。

　　總結來說，本學期在學習或是生活上都算充實，預計之後的兩學期時間不會像這學期這麼餘裕，春季學期可能要選到 5 堂課之多，並須撰寫長論文，加上女兒的到來，勢必會花掉許多課外活動時間。

　　耶誕節過後，準備要迎接精實的生活了。

LAW COOP 專門販售各種法學院
紀念品，位於法學院旁

葡萄酒品酒社開講與品酒

冬季學期 (2013 年 × 2019 年)

2019.01

療癒的冬季學期（上）

　　為了學習如何成為困難溝通中的橋樑，我們得親身經歷何謂困難的溝通，面對當中的痛與難，然後學習癒合這些痛與難帶來的創傷，我想這是 Hoffman 設計這堂課的初衷。所以這堂課不意外地有許多情緒投入，不少人都在課堂上講到落淚。

秋季學期結束後的小憩假期

　　秋季學期結束在考完最後一門環境法期末考，考完後囫圇地睡了一覺，便和朋友們跳上地鐵，飛奔前往波士頓羅根機場，準備去墨西哥中部小城 Oaxaca 度過耶誕假期。回想起來，前 3 個半月真的過得太快了。我還沒經歷波城和劍橋最冷的時候，就已經開始想念才剛剛過完，那顏色飽滿、忙碌又充實的秋季。

　　到美國念書之後，我才體會到 J.D. 三年法學院生活的精實。首先，大部分學校都有三個學期，取決於各個學校的政策，有些學校三個學期的時間均等，有些則是春、秋兩學期較長，冬季學期較短，哈佛法學院則是後者。暑假有漫長的 3 個月，大多數學

2018 年的耶誕節和 LL.M. 兩個最要好的朋友在 Oaxaca 旅行

生都會利用暑假時間找地方實習，一方面探索自己的職涯興趣，一方面也累積人脈。有些人則會選擇利用冬季學期申請校外實習，累積更多實務經驗的同時亦能換取相應的學分。換言之，J.D. 學生們一年到頭其實都在忙碌中度過，空閒時間並不多。

介於秋季學期與冬季學期之間的則是寒假，哈佛法學院的寒假約莫從考完期末考開始到新曆年為止，是長達二至三週的假期。從墨西哥回到劍橋後，我又從劍橋搭乘巴士去紐約和紐澤西找朋友玩，度過非常愉快的跨年。

紐約市與波士頓車程約 4 小時，搭乘巴士往返既便宜又方便，每當想出門走走時，紐約是大家偏愛的充電去處。紐約市中心位於曼哈頓，繁華且具有人文特色，縱橫的街道無論走幾次都覺得像走進電影裡一樣，充滿超現實。不過，紐約也相當擁擠吵雜，市容並不整潔，貧富差距的現象在街角、在地鐵，隨處可見。我始終愛不上這個城市，但又總是慶幸離它離得不遠。等到 2019 年 1 月初從曼哈頓發車的夜班巴士回到劍橋後，我的寒假也結束了，冬季學期（俗稱 J Term）準備要開始。

期末邋遢而疲憊的大家經過長假的修整而重新找回朝氣，這是冬季學期再次回到校園後遇見同學們的第一印象，除此之外，「大家再幾個月後便要分道揚鑣」的感傷心情也偶爾浮現，5 月底的到來大概是彈指之間的事情。前輩們總是說這一年過起來會覺得很短暫，確實是如此。

讀書期間數次造訪紐約

J Term：學習如何克服困難的溝通

　　冬季學期我修了一堂和過去的研究領域差了十萬八千里的課：「多元性與爭端解決」(Diversity and Dispute Resolution, DDR)，老師是調解界的第一把交椅 David Hoffman。

　　調解是「訴訟外紛爭解決機制」(Alternative Dispute Resolution) 的一種，不同於訴訟是由原告與被告到法院請法官裁決紛爭，調解是由「調解人」(mediator) 作為中間人，由其作為爭端解決程序的主導，傾聽爭端兩方的說詞，引導爭端雙方提出彼此都能接受的解決方案。DDR 即是一門以「調解」技巧為核心的課程，老師將重點擺在如何於多元與包容的基礎上，克服「困難的溝通」(difficult conversation)，以及如何在難以對話的雙方中間搭建溝通橋樑，解決紛爭。

　　溝通之所以困難或者不能，多半來自溝通的兩方認知上的差異、價值觀或背景的不同所導致。為此，這門課圍繞在認同、多元性、價值觀、差異、不平等等可能造成溝通困難的元素，主題包括：

　　1. 如何開啟困難的溝通
　　2. 只聽單方故事的危險
　　3. 認同與價值
　　4. 多元性與包容的心理學觀點
　　5. 性別認同與性別表現
　　6. 階級與文化

7. 性傾向與刻板印象、種族、身心障礙、內隱偏見和隱性霸
　　凌、政治認同和理解差異等

Hoffman 認為，上述都是極為困難突破同溫層、且在美國逐漸喪失對話可能性的主題。針對每一個主題，老師會在課綱中提出一系列的問題作為上課討論的指引。例如，在單方故事的危險這堂課，老師提出了如果只從單方故事 (single story) 角度看待對方，衝突會以什麼形式加劇？又如，在認同與價值這堂課，老師則問到調解人自身的認同如何影響衝突的管理 (conflict management)？

這門課的指定閱讀非常廣泛，除了學術文章之外，老師篩選了許多暢銷書籍的篇章，小說的幾個段落，亦有許多與法律無關的文章。這堂課每天都有回家功課，有時候是閱讀心得，有時候則是提前為下一堂課的課堂活動預為準備。冬季學期的課程安排採每天密集上課，所以下了課後就得開始閱讀隔一天上課的文獻，並完成每日回家作業，老師和助教則會批改每天的作業，並給予反饋。

療癒系課程

DDR 這門課是一堂高度互動的課程，上課時我們經常需要 2 人小組討論、3 至 4 人分組討論或分組練習調解爭端，老師經常請每個人輪流分享自己的經歷，依照上課的需求，我們也需要和老師以及老師邀請的上課嘉賓互動。

由於這堂課討論的主題相當敏感（例如種族、性別、政治傾

向），為了讓大家能夠舒心地分享個人經驗，老師也常透過一些小活動讓大家覺得更放鬆，例如我們都被要求在自己的名牌上寫上我們希望的代名詞稱呼，讓大家可以更自在地表達自己的性別認同。最貼心的是，老師每天都會提供一大籃能量棒（像是營養棒的零食），大家可以隨意吃，補充上課體力。

為了學習如何成為困難溝通中的橋樑，我們得親身經歷何謂困難的溝通，面對當中的痛與難，然後學習癒合這些痛與難帶來的創傷，我想這是 Hoffman 設計這堂課的初衷。所以這堂課不意外地有許多情緒投入，不少人都在課堂上講到落淚。在這堂課裡，我更深入地理解了美國社會中對立與激化的原因，並從每一位同學分享的親身經歷中，感受到每個人的背景差異。我觀察到，哈佛法學院招收學生時所堅持的多元性政策，似乎無法完全消弭社會和階級差異，多元性入學似乎仍存在極限。

我也有許多情感投入。於我個人而言，在美國生活難免被當成外國人，身為外國人伴隨的弱勢與孤立感常令我感到無措，也讓我必須面對關於階級、認同、種族等等的問題。DDR 這門課恰好解開了我的糾結，使我明白我所遭遇的事情背後的脈絡，以及往後應該如何面對這些關於外國人的隱性歧視和刻板印象。事實上，解開這些糾結的其中一個重要功課便是找出根源，即「了解自己」，了解自己的各方面、重新爬梳自己的成長背景和各方面認同的脈絡、以及「為何會覺得糾結」。我從這堂課上了解到，很多時候爭端並不是結束在指責別人的錯誤或要求別人認同自己，反倒是與自己和解的同時也與他人和解，形成同理心和共

感，才能真正解開爭端或衝突。上完課雖然常覺得心情沉重，但同時又覺得收穫滿滿，我對多元性議題 (diversity issues) 有了全新的認識；我對人，也有了更柔軟的認識，比起吸收新知，這門課更像是自我療癒的過程。

　　除此之外，Hoffman 在課堂上也安排了許多調解的小練習，我未曾了解過調解程序，對我來說是生動有趣的經驗。我們從完全不知道如何擔當調解人，一開始只會複述爭端雙方的說詞，到稍微抓到引導對話的節奏，巧妙避開自己的個人價值觀，掌握展開「困難的溝通」的訣竅，協助爭端雙方找出共同能接受的解決方法，算是習得了新的專業技能。

老師指定的閱讀節本有許多是來自暢銷好書，我乾脆入手買了好幾本回來看，令冬季的課外閱讀量大增

療癒的冬季學期（下）

「一切都是從理解開始。」這堂課我們花了很多時間在理解距離是怎麼造成的，課堂的後半段才接著討論我們要如何讓爭端雙方也理解這個距離，從同理心、多元和包容性出發解決歧見。

DDR 最後一堂課結束時，所有人都哭了，覺得被療癒，充滿感動和感謝，就連 Hoffman 自己，也在最後一堂課上戴上了彩虹色領結，表達他對性別多元的支持，在聽完大家分享這堂課的心得後更是感性落淚。究竟為什麼 DDR 這門課會讓大家有這麼多情緒投入，結束時又如此不捨？我想分享令我印象最深刻的一堂課：階級與文化。

老師的課前提問

在這門課第 6 堂課「階級與文化」的課綱上，老師列出了幾個課前提問：

1. 什麼是「文化」(culture)？
2. 什麼是「階級」(class)？

3. 你如何看待社會及經濟階級或文化在衝突及爭端解決中所扮演的角色？

4. 關於階級，你曾遇過什麼樣的「隱形的牆」(implicit wall)？從「牆的兩邊」你看到什麼？

5. 什麼樣的策略可以克服階級與文化帶來的障礙？

6. 這門課中我們談到的「交織性」(intersectionality)，對於文化在談判與爭端解決中所扮演的角色有何啟示？

這堂課我們主要探討階級和文化造成人與人彼此的差異和距離，這些距離如何影響談判和爭端解決，以及作為爭端解決的專家，我們應該如何打破階級與文化造成的藩籬，促成談判和溝通。「一切都是從理解開始。」這堂課我們花了很多時間在理解距離是怎麼造成的，課堂的後半段才接著討論我們要如何讓爭端雙方也理解這個距離，從同理心、多元和包容性出發解決歧見。

特權實驗

如果在 YouTube 上搜尋 "Privilege Walk" 特權實驗，便會看到許多關於這個概念的影片和實作過程。特權實驗的設計目的是為了讓大家了解社會特權 (social privileges) 的影響，方法是所有人手牽手一齊站在同一條水平線上，隨著每一題的前進與後退，來觀察彼此的距離是否逐漸擴大，是否到最後再也沒有辦法再手牽著手。

在「階級與文化」這堂課上，我們進行了這項揭開特權面紗的實驗。在此之前我對特權實驗毫無認識。

星期日的回家功課，即是每個人設計一套特權實驗問題清單：如果認為符合／屬於某個關於特權的描述時，可以向前一步 (take one step forward if)，老師給予的範例，如：在上大學前你所居住的房子是自有的房子，或是在你成長過程中父母至少每年帶你出國旅遊一次。相反地，認為符合／屬於某個關於特權的描述時，則退後一步 (take one step back if)，老師給予的範例，如：你或者你的兄弟姊妹曾因金額的緣故而遲延就醫或看診，或是你作為學生或專業人士曾為了獲得更多的信譽而調整你的說話內容或舉止。

寫作業的過程中我就已經覺得心情五味雜陳，也不免懷疑，社會特權的影響真的會出現在如哈佛這樣的校園裡嗎？此外，美國和台灣差異甚大，在台灣出生長大的我，對於特權的理解想必和美國人十分不同。例如高中上的是公立學校還是私立學校，台灣與美國的認知就相當不同。在台灣出生長大的我，應該怎麼設計我的特權實驗問題？也令我頗苦惱。

上課伊始，老師便以匿名紙條回復的方式問大家是否願意依照大家準備的回家功課，在課堂上實際進行特權實驗，如果不願意，老師的腹案是觀看特權實驗的影片，藉此討論社會特權造成的階級差異，以及差異帶來隔閡與影響。最後全班投票不要實際進行特權實驗，所以我們看了影片。

這段影片裡設計的問題，諸如：

你的父母是否需要兼差上日班與晚班始能支持你的家庭（是的話退後一步）？

　　你是否可以無須擔心遭到嘲笑或暴力地在公眾場合展現你對親密伴侶的情意（是的話往前一步）？

　　你成長過程中是否曾對自己的穿著或住處感到羞恥（是的話退後一步）？

　　影片的最後，沒有很意外，大家的距離逐漸遠離，手也沒有辦法牽在一起，表示差距不只是一步之遠而已。特權實驗清楚地呈現了社群中的相對剝奪感，結局是現實而殘酷的。

　　看完之後大家都很震撼，我們討論了何謂「特權」，大致上大家都同意特權是「某些人有而某些人沒有的東西」，或是「不是自己能選擇的東西，例如國籍、生理性別、家庭」。藉由課堂上的親密分享，我們也了解到縱使是在知名高教機構如哈佛法學院，也是存在特權、階級和文化的差異的，每個人在特權實驗中都會前進也會後退，沒有人只有前進，也沒有人只有後退──沒有人是局外人。我們不應以一個人的出身背景或學歷，就對他定下特權與階級的刻板印象。這堂課上的分享是相當感性，也充滿情緒。

　　當大家「有感地」認知到特權與階級產生的差異後，也會了解到很多事情換個背景，便不再是理所當然。這些都有助於我們成為有共感、有同理心的人，對於衝突的解決，也會帶來莫大的幫助。

2013.01

每天閱讀 100 頁的國際商務仲裁

上課的指定教材是一本 1,000 頁的精裝國際商務仲裁案例教科書，內容為選集世界各國法院或仲裁機構在各種仲裁議題中的代表性案例，所以各國的案例與法律都有機會接觸。課程安排 12 堂課，目標就是要把這本書讀完。

法學院採 3 學期制，冬季學期基本上橫跨 1 月的 3 個星期，課程選擇較少，學分通常為 3 學分，概念上就是把正常學期的 1 堂課程，在 3 星期內密集的上完，大部分冬季學期的課程，每一天都得上課。而這代表的另一層意義就是，天天都有閱讀功課，所以法學院學生於冬季學期是相當忙碌的。

LL.M. 學生除了上述的冬季課程外，其實還有另一個選擇，就是申請不上課而選擇申請撰寫長論文，而對於 4 月即將要申請 S.J.D. 的學生而言，這是相當重要的衝刺時間，有足足 3 星期可以好好靜下心來寫作論文與申請提案，挑戰是必須要有相當的自律性和掌握進度的能力。

國際商務仲裁課程簡介

法學院訴訟外紛爭解決機制 (Alternative Dispute Resolution) 的相關課程不多，由於設有談判中心 (Negotiation Clinic)，所以多數課程環繞談判或調解。唯一一堂的仲裁開設在冬季學期，既然能有機會完整理解國際仲裁的內容，選擇該課不疑有他。

國際商務仲裁 (International Commercial Arbitration) 是由 Mark D. Beckett 與 Daniel S. Tan 共同開設的課程。這兩位都是實務出身的老師，Mark 現在是國際商會國際仲裁院 (International Court of Arbitration, ICC) 仲裁人，也是 Latham & Watkins 事務所合夥人，Daniel 以前是 Mark 事務所的律師，現在則自己出來開設仲裁事務所。

早在約去年 10 月中時，我就有緣與 Daniel 見一面，當時是 ICC 與某事務所合辦給年輕法律人的仲裁研討會，Daniel 擔任其中一位講者。他在投影幕上打出一幅 XY 軸：縱軸是提供服務的品質或能力，橫軸則是對於客戶的價值。他認為，法律人應該要設法找出自己兩軸的極大值，也就是既有品質又能創造客戶價值的專長領域，而應避免自己淪落到其他三種情形：既無品質亦無價值；壓低價格取悅客戶，卻犧牲品質；或是大部分律師都身處的狀況，用高品質的服務，卻換不回同等的對價。聽完他的講座，對他的表達風格印象深刻：用簡單易懂的方式，讓人馬上進入重點。

　　果然，對他的印象沒錯，國際商務仲裁的上課方式是兩人輪流就不同仲裁議題講課，Daniel 的風格就是每一個章節都快速地先讓你了解重點，然後集中問題讓大家討論，最後能整理出清楚的結論。相對之下，Mark 的風格則是以問題帶進更多的問題，讓大家自由討論與提出論點。兩位都是實務經驗豐富的律師，上課都會帶入以前處理案件的經驗討論，讓這堂課展現它該有的實務色彩。

　　上課的指定教材是一本 1,000 頁的精裝國際商務仲裁案例教科書，內容為選集世界各國法院或仲裁機構在各種仲裁議題中的代表性案例，所以各國的案例與法律都有機會接觸。課程安排 12 堂課，目標就是要把這本書讀完，每一堂課的預習進度是 80 到 100 頁間，一星期 100 頁還可以接受，每天 100 頁真的讓人欲哭無淚，所以本週無時無刻都在與精裝教科書培養感情。上課雖然不點名，但是進行方式是由同學簡述案例發生情形與法院判決結論，若未事先閱讀，會無法跟上課堂討論節奏，收穫就會有限。

仲裁課使用的案例教科書

　　上完一星期的感覺還是挺過癮的，每天都可以徜徉在大量有趣的仲裁問題之間。手中的教科書至今已經讀完半本，原來人的潛能真的是可以被激發的，經過秋季學期的磨練，不知不覺英文閱讀速度與技巧都有增長。

法學院上課教室之一：極富歷史意義的 Austin Hall

仲裁是什麼？

仲裁基本的概念與此相去不遠，由當事人雙方在糾紛產生以前，約定選擇以仲裁解決其糾紛，並約定準據法、語言、仲裁地等仲裁相關事項。於糾紛發生時，原則上由當事人各自選定一個仲裁人，並由兩仲裁人推選主任仲裁人，組成仲裁庭，行仲裁程序解決其糾紛。

波士頓的溫度已經到達攝氏零下 10 度，這輩子第一次感受這麼冷的溫度，風吹在臉上會刺痛，鼻子暴露在外面久了就感覺不是自己的了。在這樣寒冷的天氣中，人們自然都是盡量避免出門的，但是課還是得上。整個法學院占地面積不小，往來建築物之間，就必須走上一小段路。而在冬天，這樣一小段路就可以讓人凍得受不了。

幸好，貼心的法學院在所有的建築底下建立了地下通道將法學院 4 棟教室與圖書館相連。如此，冬天就不必吹冷風了。

法學院大部分的課程，主要都是藉由課前大量閱讀的要求，來達到學習該科目的效果，老師很少在課堂上直接講述書上的內容，多在討論書本延伸出來的問題，和台灣課堂主要都是在講

述、整理書本上的內容相較，是不一樣的教學風格。

　　上了這堂課感觸很多，台灣因為處於很特殊的狀況，所以會碰到很多教科書上看不到的問題，各國法院碰到的問題其實不一定比在台灣執業時接觸到的案例經驗有趣。

　　要說明清楚台灣在國際仲裁中特殊的地位，必須先介紹仲裁是什麼。其實和訴訟相比，仲裁更接近古老爭端解決方式的原貌。最古老的和平糾紛解決，應係源於兩人無法解決爭端，而找雙方信賴的公正第三人，以雙方可以接受的方式判斷誰是誰非。仲裁基本的概念與此相去不遠，由當事人雙方在糾紛產生以前，約定選擇以仲裁解決其糾紛，並約定準據法、語言、仲裁地等仲裁相關事項。於糾紛發生時，原則上由當事人各自選定一個仲裁人，並由兩仲裁人推選主任仲裁人，組成仲裁庭，行仲裁程序解決其糾紛。

法學院地底下的貼心通道

為什麼需要仲裁？

　　多數人的疑問是：有了法院，為何還需要在契約中由當事人約定以仲裁解決其爭端？仲裁的優點有很多，這裡只針對國際仲

裁提出幾項說明。

內國訴訟對於國際商務爭端而言不一定是最好的選擇，一個台商和德國公司做生意，若產生糾紛，要在台灣還是德國法院解決？若是台灣和德國法院皆受理本案而最後產生判決衝突，要聽誰的？台灣或德國法院的判決最後如何／可否在對方國家或其他國家中執行？兩方當事人來自於不同的國家，通常雙方都不願意也不便利到對方的法院處理糾紛，此時該如何是好？這些問題造就了仲裁制度。

仲裁相較於傳統法院，更可為雙方當事人信賴，因為仲裁人及仲裁進行方式等為雙方合意產生，適用之準據法、語言及仲裁地也都經過雙方事先合意，具有相對中立性，雙方較能接受。而目前大部分國家都有簽署 1958 年的「承認及執行外國仲裁判斷公約」（又稱「紐約公約」），依據公約要求，除有例外特定的事由，國家應原則承認及執行外國仲裁判斷，所以仲裁判斷具有可執行性，讓當事人耗費成本心力尋求之仲裁機制解決糾紛，最後獲得結果可以在雙方國家中執行。

國際仲裁較訴訟機制更有效率，通常判斷品質也較佳，而無論仲裁理論或實務，也都是往當事人自治及制度效率的方向在發展。最後，仲裁具有秘密性的優點，程序及仲裁判斷可依約定或規定不予公開，保障當事人間之隱私。

台灣的特殊情況

整個國際仲裁程序在概念上是可以分為三個階段的：第一階

段是當事人對有無仲裁協議或仲裁協議範圍之爭議，到法院訴請仲裁；第二階段是在仲裁庭解決糾紛；第三階段則是到法院請求承認或執行仲裁判斷。而整個國際商務仲裁法課程就是圍繞這三個階段，分別探討仲裁協議、仲裁程序、仲裁人、仲裁判斷之撤銷、承認及執行等議題。

回到台灣特殊地位，因為非聯合國會員以及未簽署紐約公約，造就了台灣先天不利於國際仲裁的「印象」。鑑於台灣未加入聯合國，所以國際假設台灣法院較無動機依照聯合國國際貿易法委員會制定之「國際商務仲裁模範法」制定或修正仲裁法，即使實質上仲裁法許多條文已與其相似。更因台灣非紐約公約簽署國，國外當事人常對於仲裁判斷能否在台灣承認與執行產生質疑，即使實質上台灣承認及執行事由與紐約公約大同小異。而我國仲裁法對於外國仲裁判斷有著特殊的定義，所以在認定是否為外國仲裁判斷上亦會與國際通見不同。

這些特殊的因素讓台灣的國際仲裁一方面在理論上多了許多可以研究的問題，不像大部分國家當然依照紐約公約解釋即可；另一方面則是在國際上要使國外客戶與台商約定使用仲裁有相當的困難，除了要先讓國外當事人理解國外仲裁在台灣可以執行，亦必須教育台商為何有使用仲裁的實益。這或許也是在台灣做國際仲裁的有趣之處吧。

具有遠古歐式建築風格的宿舍

夢語拉麵

　　許多客人在碗底朝天後都大聲說出了夢想，有人希望可以獲得新的電視，有人則希望可以在春天來臨前整修好自家的後花園，然後獲得全店的祝福與掌聲。相較之下，我們這群人的夢想似乎都有些遙不可及，有些艱難，反倒羞於啟齒。

　　2018 至 2019 年的劍橋冬季，對台灣學子來說，雖然是人生最寒冷的冬季，但對這個古老的大學城市來說，卻只是個暖冬而已，小意思！下雪對於當地人來說再正常不過，短袖短褲上街慢跑的大有人在，只有雪界新手如我，才會每逢下雪日，都特意在外頭拍照拍個不停。

夢語拉麵：說不出口的夢想

　　上學期中段之後因為課業繁忙，LL.M. 的同學們比較少聚在一起。冬季學期相對輕鬆，大家又恢復社交活動，不時吃飯聚會。那天倒是沒有下雪，DDR 下課後，我便和朋友們一起去位於波特廣場 (Porter Square) 附近的「夢語拉麵」(Yume Wo Katare)，吃一碗夢想的拉麵。

　　這是間頗有名的日本拉麵店，劍橋有家分店，吃飯時間經常大排長龍。小小一間店共三排座位，店面牆漆成天空藍，店裡既繽紛又暖和，充滿熬煮湯頭的濃香。所謂夢想拉麵，就是吃完麵後舉手說出自己的夢想，當然也可以不說，但別人說出夢想的時候要一起歡呼鼓掌。拉麵本身則是豚骨醬油為湯底，附上大塊叉燒肉，吃起來有點像重鹹肉燥麵，但因為口味搭配得宜，還是挺好吃。

　　許多客人在碗底朝天後都大聲說出了夢想，有人希望可以獲得新的電視，有人則希望可以在春天來臨前整修好自家的後花園，然後獲得全店的祝福與掌聲。相較之下，我們這群人的夢想似乎都有些遙不可及，有些艱難，反倒羞於啟齒。我最後沒有大聲說出我的夢想，雖然老闆還是笑容可掬地和我們揮手道別，事後想想覺得有些可惜。

有夢想需要勇氣，大聲說出夢想更需要勇氣

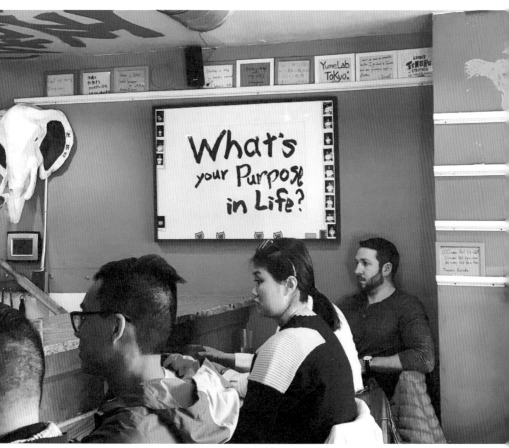

小小一間夢語拉麵，總是吸引人潮拜訪

冬季作為旅途中繼站

　　冬季學期的最後一週始於馬丁路德紀念日，節日過完，冬季學期就要結束。冬季學期與春季學期的轉換之間，也度過了農曆新年，我的新加坡朋友們邀請幾位朋友一起吃除夕火鍋，大家一邊吃飯一邊七嘴八舌用英文、中文、閩南話、廣東話討論大家過年都會吃的食物，發現居然還是溝通不良，只好上網查圖片印證，爆笑又有趣。

　　2019 年初的冬季就像是個旅途的中繼站，大家在這段期間稍事休息，再接著準備在哈佛餘下的時間規劃。比起秋季學期的躁動不安，春季學期的奔波忙碌，冬季學期給了我許多獨處與思考的時間，我也在每天上課讀書之餘，開始全力準備暑假實習的申請，還有長論文的研究，是一段不算繁重，但相當充實的時光。

灰白色系的冬季戶外總是有些黯淡寂寥

2013.01

紐約工作博覽會 (NY Job Fair)

美國法學院從學生還未畢業時，就會和事務所合作舉辦此類工作博覽會，幫助學生求職，也讓學生提早了解市場生態。

LL.M. 一年之中有幾件大事，紐約工作面試博覽會 (NY Job Fair) 絕對是其中重要的一件。

工作博覽會的概念，是將所有律師事務所的面試安排在同一天，讓學生和事務所代表集中在一起完成所有工作面試。對於事務所來說，可以在優秀的學校中挑選適合的人才，若是當年沒有招募新血的計畫，也可以順便藉由面試了解市場狀況與宣傳律所名聲。對於學生而言，若在畢業後有繼續工作的計畫，1 月正是開始要積極投遞履歷和面試的時間，博覽會的舉辦除了參加面試外，也可以讓學生去各事務所毛遂自薦，或了解更多市場情報。可以想見，這該是一個學生和事務所都會共襄盛舉的活動。

舉辦紐約工作博覽會者為學校聯盟，通常耶魯 (Yale)、哈佛、史丹佛 (Stanford)、哥倫比亞 (Columbia)、芝加哥 (Chicago)、維吉尼亞 (Virginia)、密西根 (Michigan) 等學校會一起舉辦，今

年由地主哥倫比亞大學擔當主辦單位；而以紐約大學 (NYU) 為首的其他較多學校，則聯合舉辦另一場工作博覽會。所以許多事務所連續兩天參加兩場工作面試博覽會，希望有更多機會能爭取到大部分前 30 名法學院的 LL.M. 學生。

工作博覽會

整個工作博覽會可以分為幾個階段：

10月末 投標	11月末 開標	12月中 遞補	1月底 面試

第一階段是「投標」

10 月末哥倫比亞大學透過一個 Simplicity 的電腦系統，將今年所有要招募人才的事務所名單列出，並列出每一間事務所設下的招募條件與需求。學生瀏覽所有名單後有 30 個投標機會，投下自己有興趣的律所。由於招募對象是 LL.M.，可以想見來招募的律所通常以國際律所居多，或是國際間在地規模較大的律所。

第二階段是「開標」

11 月中就會開標，告訴學生投標的事務所中有幾家有興趣給予面試機會，結果中也會顯示候補狀態，代表事務所對你有興趣，但是要等正取拒絕面試機會才有機會遞補。

第三階段是「遞補」

約 12 月中，會公布候選名單遞補的結果，另外也會有第二批事務所的名單列出。很多事務所不一定在 10 月時即能決定是否要加入工作博覽會，所以會在第二次機會時加入開放招標。

最後一階段是「面試」

也就是發生在 1 月底的紐約工作博覽會。

其實許多雇主參加此活動不一定以求才為目的，可能只是輸人不輸陣，順便宣揚一下律師事務所；學生方也是如此，也只是看看是否有更好的選擇，或測試自己的市場價值。

每一年的市場狀況不一樣，就會影響到事務所招人的策略，近年南美洲似乎有重大基礎建設，各事務所積極招募具有西班牙語言能力者。相對之下，亞洲市場則較以往黯淡。南美洲來的學生最多可以拿到 10 個以上的面試機會；中國學生也不差，平均也可拿到 4 個以上的面試機會。

由於星期五是紐約大學舉辦的工作博覽會，晚上許多事務所都設有晚宴，讓學生與律師有機會社交，許多人星期五晚上就到紐約住宿。

星期六一大早，就看到各國來的面試者，西裝筆挺的出現在時代廣場的希爾頓飯店中，有的四處與人交談交換情報，有的戰戰兢兢準備下一場面試，有的則忙著趕場面試。如前所述，如果你一天有 6 場以上的面試，隨時隨地趕場是很自然的事情。除了

趕場，許多事務所在面試房間旁邊另外訂了一個房間，讓有興趣的學生可以進去房間裡面交談，留下履歷資料。許多有心的學生，透過進去房間打招呼的方式，幸運的得到一次現場面試機會。

面試這種事情很難說，受歡迎的律所因為投標者多，競爭也強，機會相對被稀釋；知名度低或偏門的律所因為大家興趣缺缺，競爭者少的情況，有時反而會讓原本條件普通者的條件變好了。簡單說，再多面試，都不如遇到一個相互真心的對談機會。

參加這類活動學習到不少東西，看到了許多學生的積極度與思考方式，如拜訪各事務所房間現場投遞履歷者；也聽說了各種事務所面試的不同方式，有的態度親和受歡迎，有的極具挑戰性，直接問及最近事務所完成的工作項目清單，更有聽說要現場照相，並且問到許多個人問題，如婚姻狀況、是否有小孩等。面試別人的同時，事務所的名聲也會同時被市場檢視。美國法學院從學生還未畢業時，就會和事務所合作舉辦此類工作博覽會，幫助學生求職，也讓學生提早了解市場生態，此種做法，值得我國效法。

忙碌的戰士一瞥

以哥倫比亞大學為首舉辦的工作博覽會

紐約時代廣場

春季學期 (2013 年 × 2019 年)

2013.02

RBG 不恐龍大法官座談會

一年之中能夠有機會連續參加三位現任聯邦最高法院大法官的座談會，大概也只有像哈佛法學院這樣的地方，能夠提供超越學生想像的資源與機會。

秋季學期開學時還處於懵懵懂懂的狀態，不太會看法學院活動行事曆，經過一學期的經驗，現在可以準確的安排活動行程。院長 Martha Minow 繼秋季學期邀請 Elena Kagan 大法官來法學院訪談後，這學期又另外邀請到 Clarence Thomas 與 Ruth Bader Ginsburg 這兩位現任聯邦最高法院大法官蒞臨法學院座談。一年之中能夠有機會連續參加三位現任聯邦最高法院大法官的座談會，大概也只有像哈佛法學院這樣的地方，能夠提供超越學生想像的資源與機會。

Thomas 大法官的座談會

Thomas 在大法官中以寡言著稱，而參加其座談後只能說名不虛傳。他是美國歷史上第 2 位非裔大法官，普遍被認為在聯邦

最高法院大法官中屬於極端保守派者。院長 Minow 介紹 Thomas
出場時，提及 Thomas 是耶魯法學院的畢業生，而當初他拒絕哈
佛的原因，竟是因為認為哈佛「太保守」！ Minow 藉此以高明
的幽默挪揄了向來被人稱為最保守的 Thomas。

　　據他自己回憶，自幼生長在教育水準很不好的 Georgia 黑人
區中，他父親不准他從事各種運動，卻鼓勵他多讀書。他最感激
在當時仍有種族制度下的善心圖書館管理員，讓他進入圖書館閱
讀。被問及成功的秘訣，他認為人的成長是永無止盡的，必須持
續在人生的道路上努力往前進步，永遠做好比別人更多一步的準
備。

　　Minow 問及其擔任大法官的經驗，Thomas 先開玩笑說有很
多案子真的很難，看他頭髮量日漸稀疏就可了解。但他同時也非
常享受工作於最高法院，而最令他滿足的部分，是可以與各種
不同立場背景的大法官討論，並尋找可能的解決方式。Thomas
說，從他任職至今，從未討厭過任何一位大法官，即使立場完全
相左，仍努力與其辯論，雙方一起從不同意見中尋求共識，而就
是這過程令人陶醉。他常告訴年輕學子，在學校時就必須努力學
習如何與他人討論，對方可能立場完全與你不同，在這種情況
下，情緒性表達或辱罵都無助於事情的解決，而是應該傾聽並設
法讓對方了解自己立場，讓雙方都能更進步。

　　有人曾做過統計，Thomas 的意見書篇幅平均比其他人少
25％的內容，Thomas 對於此一統計回應以：大法官寫的判決是

要給人民閱讀的，所以應該要夠簡單精煉，而非長篇大論，充滿
艱澀的法律用語，所以他在發表意見書前，都會嚴格要求助理的
用字，並且反覆來回檢查，將不必要的句子刪除。

Ginsburg 大法官的座談會

相對於上一週的保守派 Thomas 大法官，被歸類為自由派的
Ginsburg 大法官的座談會則是盛況空前。

Ginsburg 大法官是繼 Sandra O'Connor 之後第 2 位美國聯
邦最高法院女性大法官，她是一位生命鬥士，分別在 1999 年和
2009 年被檢查出兩種不同的癌細胞腫瘤，但她都勇敢的與病魔
對抗，更未因此缺席最高法院的審判工作。她也是著名的憲法女
權運動提倡者，其在這場座談會中所談及許多自身的故事，就是
女權的最好典範。

頂著 80 歲高齡參加座談會，Ginsburg 剛開口時節奏很
慢，綿綿細語。雖然沒有現任最年長大法官的氣勢，但是隨著
Minow 的訪問逐漸娓娓道來她許多的人生經驗，全場都對這位
幽默迷人的女士肅然起敬。

據 Ginsburg 所述，她的求學時期剛好經歷 1950–1960
年，正是女性仍被嚴重歧視的年代，大學時就讀康乃爾大學
(Cornell)，竟然有禁止女性離開宿舍活動的政策；畢業後申請進
入哈佛大學法學院，當時 500 多位錄取學生中只有 9 位女性，而
比康乃爾更糟糕的是，學校連女生宿舍都沒有。在這樣不利於女
性的環境中，Ginsburg 的光芒並未因此受到遮掩，她在校期間身

為《哈佛法學評論》主編，念完第 2 年時，由於先生要去紐約工作，她便轉校至哥倫比亞 (Columbia) 法學院完成學位，以第一名並且也是《哥倫比亞法學評論》的主編身分畢業。

　　哥倫比亞大學法學院第一名畢業，並且曾任哈佛與哥倫比亞兩法學評論的主編，這樣條件的學生，應該是各大事務所爭相錄取的人。但是當時的 Ginsburg 竟然找不到任何的事務所工作，只因為她的性別是女性（同樣的事情也曾發生在 O'Connor 身上）。當時的哈佛法學院院長推薦她做 Frankfurter 大法官的助理，但是 Frankfurter 同樣因為她的女性身分而未予接受。院長隨後又推薦 Ginsburg 給時任紐約地方法院法官的 Edmund L. Palmieri 當法官助理，Ginsburg 回憶道：「在當時，女性已經很難找工作了，如果你是一位母親，更不能找到任何工作。但是院長跟法官說：『請你給這位母親一個機會，幾個月後如果認為不適合，我會再找一位男性學生給你當助理，但是你現在若不給她機會，我永遠都不會再推薦學生給你。』」故事聽到這裡，心裡的激動與澎湃已經不能自已了。

　　想當然耳，Ginsburg 留住了這份工作。多年後 Ginsburg 回憶起這段經歷，她說如果當年有事務所給她機會，她或許現在就以大事務所合夥人的身分退休了。這段自白除了不經意的諷刺當年歧視女性的環境，也給現在仍處在各種逆境中的人們作為很好的惕勵：「無論現在的路多難走，都不代表你日後沒有其他更好的機會。」

學生問了很多問題，在回答其中一位學生的問題時，Ginsburg 順便給全場的學生上了一課司法的本質：個案爭議與被動性。學生的問題是：最高法院作出許多突破性的判決，而您認為在哪些領域最高法院應該要繼續突破？

Ginsburg 說，有權利決定要突破或向前走的是人民，司法是被動的，不應該主動決定某一議題的動向，只有人民決定在某一議題中要向前邁進並且產生爭議時，才會送到法院來，而法院也只有在此時才有權限幫人民解決問題。

座談會的最後，Minow 提到今年剛好是 Ginsburg 任職大法官屆滿 20 年，法學院想了很久要如何對她表示敬意，後來決定蒐集歷年來各學者評析她主筆判決或意見書的文章予以出版，並且現場摘取這些文章中的字句念給 Ginsburg 聽。Minow 自己是第一篇，許多作者都來到了現場，Minow 讀到每一位在場作者的文章時，作者都站起來向 Ginsburg 致敬。總共約十來篇文章，每一篇都是讚賞 Ginsburg 的意見書或其主筆的判決，整場氣氛十分莊嚴感人。Ginsburg 最後回應，她參加過這麼多不同大學法學院的活動，第一次收到這樣的禮物，感到非常榮幸且開心，很感謝學校，這場溫馨的座談會也在全場起立的鼓掌聲中畫下句點。

從 Thomas 和 Ginsburg 的求學與求職背景，都可以看到過去社會所存在的許多歧視，兩位擔任大法官至今，卻也可以看到社會的確逐漸在進步。雖然現況仍然存在許多各種不同的歧視，但或許可以樂觀的期待，在幾十年後的未來，這些無論是潛在或明

顯的歧視都可以逐漸消除，邁向更多元平等的人類社會。

感謝兩位大法官的分享，也感謝院長 Minow 與法學院的安排，讓我們可以經歷這兩場精彩的座談會。

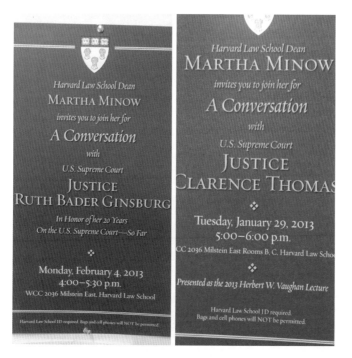

兩場座談會的宣傳海報

2013.02

與總統擦肩而過的高爾與踢館經濟學的桑德爾

　　高爾意外的在演講的最後討論到民主與資本主義的問題。他認為，美國現在的民主已經脫離當時開國元勳們理想的代議民主，現在的代議士們親近財團，投資過多的時間於募款選舉。每年選舉，候選人的重點都是如何能募款讓自己在電視廣告中占有至少 30％以上的曝光率，而無心力傾聽、反映人民的聲音。

　　第一次在異鄉的除夕夜，正值波士頓大雪來襲，對於台灣人來說，過年下雪還真是前所未聞。這場大雪讓向來不輕易向天氣低頭的學校，也酌量放全校半天假。其帶來的降雪量的確驚人，路上的車子都被埋進雪中，市政府派了許多剷雪車將雪移開，以便恢復交通，而我們則因難得一見大雪，與同學邀約至學校打雪仗。

高爾的演講

　　在這場大雪來襲之前聽了兩場演講。一場是美國前副總統及 2000 年總統候選人高爾 (Al Gore)，他在當年的選舉差一點可進

入白宮，在留名青史的 Bush v. Gore 最高法院判決之下，小布希當了 8 年的總統，高爾則轉而致力於倡導環保運動。

高爾的演講選在 Memorial Church 這個看起來較為特殊的場地。Memorial Church 是位於哈佛校園中的一個教堂，為校園導遊時必經的景點之一。高爾不愧為社會名人，當天演講 7 點開始，6 點 15 分開放入場，我 6 點半到時，已見教堂門外排了好長的隊伍，一直循著隊伍尾端走去，竟然要走 5 分鐘才找得到隊伍盡頭，等到好不容易隊伍緩慢移動到再次看見教堂時，竟被通知座位已滿，只好到附近教室看電視牆。

演講的表定時間是 7 點到 8 點鐘，活動剛開始時卻連續換了 3 個人上台致詞，聽了 10 分鐘才了解原來這場活動並非專門請到高爾演講而已，其實是一場追悼會，紀念甫逝去的 Paul R. Epstein，這位哈佛醫學院公共衛生領域的教授，高爾特地前來致詞，這也同時說明了為何演講的場地舉辦於教堂。前 3 位講者主要在介紹 Paul 的生平，等到 7 點半時，高爾終於上台，其演講的內容前半部分多與 Paul 相關，到了後半部分，進入環保議題。

重申重視環保議題

高爾認為現在全世界的人將大氣當作廢氣處理場，將生產製造的二氧化碳排放至大氣中，因而造成溫室效應。他提到全球暖化帶來的可怕效應之一，是有越來越多的水氣蒸發於大氣中，而過多的水氣會帶來豪雨或颶風等天災，造成水患。並以去年的 Sandy 颶風做例子，讓大家了解水患的恐怖，水患後會帶來登革

熱等可怕的傳染病。可嘆的是，高爾疾厲的指出，在去年年底多次的總統辯論會中，沒有任何一位候選人、記者或人民代表，討論過國家對於環保政策的方向。所幸歐巴馬政府選後承諾會努力於此，他也期許政府實現承諾。

除了持續呼籲環境保護，高爾意外的在演講的最後討論到民主與資本主義的問題。他認為，美國現在的民主已經脫離當時開國元勳們理想的代議民主，現在的代議士們親近財團，投資過多的時間於募款選舉。每年選舉，候選人的重點都是如何能募款讓自己在電視廣告中占有至少 30%以上的曝光率，而無心力傾聽、反映人民的聲音。

此外，資本主義造成泡沫化，讓沒有能力還款的人卻仍可以持續的貸款。高爾認為兩者皆應修正。他亦同時指出所幸網路的發達，年輕的一代讓民主有新的發揮平台，也讓此一新興民主力量對於變質的民主做出監督。

高爾多次在台上開自己沒選上總統的玩笑，比如有時提及自己曾在白宮工作，但「自願離職」去做其他的工作。雖然已漸遠離政治核心，但其思考與風度仍讓人折服與欽佩。而其對於資本主義與民主制度的中肯批評，也同樣適用於現今的台灣，我們應一起思考解決之道。

再次聆聽麥可・桑德爾的演講

高爾的演講本該集中於環保，卻意外的討論到一些經濟問題；另一場麥可・桑德爾 (Michael Sandel) 的演講則剛好相反。

　　桑德爾在同一週於學校開講「像經濟學家一樣思考的危險」
(The Perils of Thinking Like an Economist)。從題目看來向經濟學
挑戰的意味濃厚，而不知是否因為受到題目的激發，現場約有 8
成聽講者均來自經濟學背景，其中更有許多知名經濟學教授。

　　原以為桑德爾是來踢館的，聽完其演講內容後，卻發現大部
分與去年 9 月在法學院的演講，及去年年底到台灣演講的內容
有許多重複，大抵可從其新書《錢買不到的東西》(*What Money
Can't Buy*) 找到脈絡。雖然開頭提及經濟學的理論和邏輯，但整
場演講還是在探討錢所帶來的腐敗 (corruption) 效果，即錢會使
某些價值或道德腐敗或減損。其在這場運用的例子，與之前的演
講和書中都雷同：

　　第一個是托兒所向遲到來接小孩的父母罰錢，後果是更多的
父母付錢換取遲到，而錢讓遲到正當化，進而取代了遲到的道德
負面意義。

　　第二個是瑞士的某一小鎮調查是否願意讓國家在該處設立核
廢料處理場，超過 50％民眾贊成，但是當問題換成國家透過支
付補償金予當地居民以換取設立處理廠之同意時，居民意願只剩
下不到 25％。問及部分居民改變態度的原因，是因為國家的補
助讓人民覺得被收買，而汙辱了人民原本基於榮譽心所願意做出
的犧牲。

　　第三個例子是請學生幫忙募款活動。分成三組學生：義務募

款、可以拿募款 5% 的抽成與可以拿 10% 抽成。結果顯示，義務募款效果最好，10% 抽成的效果大於 5% 的抽成。這個例子告訴我們，以金錢作為誘因，可以提升募款的成果；而義務募款卻取得最好的效果，同時也說明某種價值取代了金錢，比金錢更有作用。

他也提到了該不該賣血的問題，認為允許賣血會貶低人作為人的價值與意義，最後總結：某些道德、價值或資源並非商品，而不應被交易貶低其價值，反而應思考如何將其價值用其他方式彰顯。桑德爾主張經濟學應該加入道德與政治哲學的思考。

桑德爾面對現場挑戰

桑德爾的演講因為重複而沒有預期精彩，但現場經濟學者或許因為受到了題目的刺激，問答時間可說是砲聲隆隆，而桑德爾的臨場反應令人激賞，將整場活動帶到了高潮。

聽完桑德爾的演講，心中馬上會浮現兩個問題：

1. 哪些東西是所謂不能被交易的道德或價值，該如何劃出界線？

2. 探討錢不能買的東西與經濟學的關聯度是否充足。

一位老先生站了起來，看起來桑德爾顯然認識，提出問題：「謝謝你花了 1 小時告訴我們什麼東西不應該被錢買，我幾乎完全同意。但是你是否能再花 1 小時告訴我們，哪些東西是可以被錢買的？」這個問題明顯在挑戰桑德爾的界線與標準，桑德爾舉

了一些他認為可以買賣的物品，但同時也強調他無法列出絕對性的名單。他的目的只是希望提醒人們在辯論許多問題時，不應只以效率或平等角度思考問題，而應該加入道德或價值的辯論。

另一位較年輕的經濟學者站了起來，應是桑德爾以前的學生，對現場做了一個調查。他首先問道：現場有經濟學背景的請舉手（8 成的人舉了手）。他接著問道：贊成剛剛桑德爾提到的大學文憑可以買賣的請舉手（現場只有約 15 人舉手）。這樣的調查顯示：

第一，金錢並非經濟學。

第二，經濟學家並非不會思考價值或道德。

對此現場調查，桑德爾機智的回應：

第一，感謝你現場做的調查，經濟學家的確應該要多做一點像你這樣的實證調查。

第二，我們應該要去訪問第二個問題沒有舉手的人們，為何不舉手？他相信有許多是受到現場舉手帶有的負面道德意涵的壓迫，才沒有舉手，而非本於其原本的思考下所做出的決定。

最後，主持人 Lawrence Lessig 站起來問道：「音樂在傳統上會被認為是有文化價值的東西，但到了今日卻成為賺錢的工具，你會如何回應贊成這種現象的人們？」顯然是認為按照桑德爾的邏輯，智慧財產權所保護的許多標的，應該要重新思考是否應該被保護，而不可作為交易的商品。

這又是一個逼桑德爾表態的問題，他技巧性的回應道：其觀

點無法在個案中提供答案，而只是想提醒人們思考問題時，加入道德的考量，正如 Lawrence Lessig 的問題般，就是加入了道德思考。而這場本該是經濟學探討的演講，就在這一系列緊湊的攻防問答中結束。

　　高爾和桑德爾的演講題目與內容或許不同，但是他們共通的特色就是極佳的口條與舞台風範。兩位大人物雖然並非開設課程授課，其演講內容也非全然的學術取向，但是兩人的台風樹立了良好的演講典範，都是值得學習的好對象。

高爾演講的電視牆一瞥

充滿挑釁意味的題目

風雪過後的街景

環境法與政策實務中心（上）：
實作公益律師

> 我在猶豫不已之中考慮到機會難得，還是抱著豁出去了的心情決定投資這 5 學分，最後成為春季學期 Clinic 唯一的 LL.M. 學生。

2019 年 1 月底一天早上，我一邊在法學院學生餐廳 Harkness 吃早餐一邊打開信箱查看信件，映入眼簾的是一封來自法學院的「旅程已達一半！」(halfway through!) 恭賀信。什麼?! 學年已經過一半了嗎？才剛覺得適應，距離畢業竟然已經要開始倒數了！頓時感到惆悵。

不過，日常還是繼續。旅程已達一半後，就正式進入苦戰不已的春季學期了：上課、寫論文、環境法與政策實務中心的任務、以及找暑期實習。

因緣際會加入 Clinic

春季學期剛開學，照例還是有約莫兩週的課程加退選週。這次，我倒沒有像秋季學期那樣糾結於課程了，春季學期在闢出 5 學分空間正式填上「環境法與政策實務」(Environmental Law &

Policy Clinic, Clinic) 後，便再無其他變動。

我在秋季學期的後半，決定畢業後到美國環境非營利機構工作或實習。環境非營利機構的暑期實習或正職工作競爭非常激烈，LL.M. 要錄取則更加困難，我要如何克服 LL.M. 在美國找工作的劣勢呢？思考良久，覺得最快的方法就是在學校找突破機會了，便決定申請修春季學期的「氣候解決方案生活實驗室」(Climate Solution Living Lab, Climate Lab)。

這也是一堂課？是的，Climate Lab 是一門開放給各學院選修，創新、完全以實作為修課內容的 4 學分課程。這堂課中會有好幾個真實世界中的小型氣候專案計畫，目標是由跨學院組成的數個學生團隊，每一隊負責一個專案，在一學期中完成專案的可行性分析（包含技術可行性、財務模型、法規遵循等），並提出完整的提案。

哈佛法學院下設許多實務中心（合稱 in-house clinics），各實務中心由教授、研究人員、執業律師及學生所組成。除了進行與智庫相當的研究型工作之外，實務中心亦會承接公益類案件，或在重要訴訟案件中提出法庭之友意見，有時也會就機關制定的規則提出專家意見或政策分析。學校也會借重實務中心豐富的實務資源，請各實務中心在法學院開設實務課程，由實務中心的教授及律師們指導學生們參與真實世界中的案例。Climate Lab 與 Clinic 即是哈佛環境法與政策實務中心所開設的兩門實務型課程。

　　寄出 Climate Lab 的申請履歷及自薦信後，我很快便收到環境法與政策實務中心主任 Wendy Jacobs 的回信，信上邀請我進行面試。在聽完我申請 Climate Lab 的初衷及未來規劃後，Jacobs 教授認為我比較需要的是專注於法律的實務經驗，而非氣候專案的實作經驗，故建議我轉修 Clinic。

5 學分的投資

　　Clinic 的 5 學分包含 4 學分的實作以及 1 學分的實務課程 (clinical course)，實作部分即是真正上場處理中心分派給修課同學的法律案件，就像律師承辦案件一樣。實務課程則是由中心的資深律師 Shaun Goho 授課，這學期是教大家如何做環境公民訴訟 (citizen suit)；實務課程的教學仍是以實作練習為主，每週需要繳交作業，作業內容與訴訟文書撰寫有關。此外，4 學分的實務工作還包含每週固定在環境法與政策實務中心輪值，輪值期間要負責處理律師們交辦的即時工作。

　　由上述課程內容可知，這 Clinic 的 5 學分實是大筆時間與精神投資。在正式錄取我之前，因知悉 LL.M. 學生春季學期尚有論文要趕，Jacobs 教授曾反覆向我確認 5 學分是否是我能力所及的修課分量，他擔心我沒有辦法全心投入 Clinic 的工作，反而喪失修這堂課的意義。

　　我其實也猶豫 5 學分是否值得。首先，在來美國讀書前我已執業三年，沒有累積律師新鮮人經驗的需要。其次，我並沒有修過民事訴訟這門重要的基礎課程，對美國的訴訟程序沒有概念，

公民訴訟則才正要開始學習。最後，寫論文、Clinic 的工作與作業加起來的書寫量龐大，確實會相當勞心。我在猶豫不已之中考慮到機會難得，還是抱著豁出去了的心情決定投資這 5 學分，最後成為春季學期 Clinic 唯一的 LL.M. 學生。

實務中心們聚集在 WCC 的側翼

活動滿檔的法學院日常

2019.02

環境法與政策實務中心（下）：
在哈佛執業的衝擊

　　一學期的 Clinic 之後，我再次確認律師確實是相當在地化的職業。不只是適用的法律不同，每個地方的律師因法律體系的差異以及所受的法學訓練不同，工作和法律分析的方式也會相差甚大。因此，並不是說曾經在一個地方執業，就能理所當然在另個地方接軌。

　　加入 Clinic 之後，我很快便被指派了案件，並展開每週輪值。

　　指派的案件在和委託人進行第一次電話會議之後，便陸續開始進行法規研究和事實蒐集，依照每週約定好的進度和委託人報告，並提供書面法律意見，待基礎工作完成後，接著開始撰寫書狀。每週輪值則很像在事務所工作，需要短時間內做完研究或資料蒐集，再將成品交給律師們審閱和修改。很快我便發現，過去 3 年在台灣的執業經驗對我執行 Clinic 的任務幾乎沒有幫助，我就像是沒有執業過的新鮮人一樣，實是不小的文化衝擊。

文化衝擊

衝擊之一是「工作方式」

在 Clinic 的所有工作，無論是對內還是對外，都由學生自己負責。具體而言，學生須自行寫信和案件委託人溝通，中心的律師們僅從旁指導，雖然會固定和學生們討論案件進度提供建議，但不會事前審閱寄出去的成品，也不會左右學生處理案件的方式。學生除了需要主動和案件委託人溝通之外，法律意見亦是由自己的名義發出，案件進行的方向與架構，亦由學生自行掌握。

委託人也沒在客氣，他們會認真地對待我們提供的分析和意見，除了每週固定電話或視訊會議討論案件進度之外，也會用追蹤修訂在法律意見及書狀草稿中表達他們的想法，一來一往地修訂。如此放膽讓學生嘗試，令我大開眼界，這是我未曾有過的工作經驗，當然也得更加小心翼翼，每一次會議和討論都非常謹慎，做足功課。

衝擊之二是「敘事方式」

Clinic 在分配案件時會以兩個人為單位分成一組，老師會依每組同學的特色和對本課程的期待分配不同的案件。我被分配到一個跨國案件，委託人是一個位於英國的環境非營利組織。

還記得第一次我們就案件提供初步法律意見時，我的同組夥伴的法律意見從結論開始說起，撰寫格式採條列大綱式；而我的則是嚴格遵守大陸法系的「三段式論法（大前提、小前提、結

論）」，撰寫格式採豆腐方塊式，每段從引用法條和案例開始。從我們分析法律問題的邏輯和表述方式，就可以看出我們的方法有多麼的不同。

我的指導律師和委託人對我的法律意見的評價是，雖然很豐富，但敘事方式沒有那麼平易近人。這令我不禁反思，我所熟悉的「越完整越詳盡越好」的法律意見書寫模式，是否未必就是閱讀者所期待的成品？

衝擊之三是「研究方式」

我所分配到的案件涉及一個創新的氣候訴訟策略，我們希望可以在我們選定的法律框架下建立個案，以便往後有前例可循。為此，我的研究策略便是了解一切可能的法律架構，進行法條詮釋，再研究本案有無適用的可能。而我的同組夥伴，則是先蒐集了各式各樣的事實與證據，再來思考哪個架構可能有適用的空間，法條詮釋僅占一小部分，證據的分類與整理則占大部分。這似乎也體現了我們兩人所受的法學訓練的差異。

在地化是律師工作的本質

一學期的 Clinic 之後，我再次確認律師確實是相當在地化的職業。不只是適用的法律不同，每個地方的律師因法律體系的差異以及所受的法學訓練不同，工作和法律分析的方式也會相差甚大。因此，並不是說曾經在一個地方執業，就能理所當然在另個地方接軌。

　　這或許也說明了為什麼我那份以台灣經驗為主的履歷，在來到美國之後有種縮水變薄的感覺。對於審閱履歷的人來說，無論在台灣經驗多麼豐富，這些經驗值未必能夠直接轉換為美國的經驗值，這或許是法律人海外求職的天生硬傷。

過程才是最大的收穫

　　直到 5 月底，所有人都已經考完試、交完論文，準備在畢業前最後一段時間盡情玩樂時，我還窩在圖書館修改 Clinic 的書狀，以及寫實務課程的期末作業（也是一份書狀）。當下真是充滿無奈，又沒辦法只能卯起來趕工。

　　前面說到台灣的執業經驗對我執行 Clinic 的任務沒有什麼幫助，那麼除卻對在美國找工作有所助益之外，Clinic 的實戰經驗對我回到台灣執業，有沒有幫助呢？經過一年多的實際經驗，我認為幫助有限，原因還是回到在地化是律師工作的本質。Clinic 的實作和實務課程是以在美國執業為前提的累積，這些技能對我再回到台灣執業，其實沒有直接關聯性。那麼，對 LL.M. 學生來說，實務型課程還有選修的意義嗎？

　　答案是肯定的。首先，儘管春季學期因為 Clinic 變得非常忙碌，參與公益案件本身就是一件非常快樂的事情，還是我最想嘗試的環境與氣候訴訟，所以這 5 學分很值得。其次，善用學校資源是學生最基本的功課，Clinic 則是哈佛法學院重要的資產。我在 Clinic 認識了許多有共同理念的同學和有著豐富經驗的老師、

律師，也終於比較了解美國的環境法圈子如何運作，都有哪些角色，法律人的位置在哪。這些基礎在後來也幫助我適應在華府的實習工作，甚至比想像中還快速地融入非營利組織的環境。

　　最後，也最重要的是，整個過程才是最大的收穫。我在 Clinic 習得以美國訴訟為主的技能、參與 Clinic 的過程和過程中所有的努力與付出，都構成個人的經驗和故事的一部分，也為我的思考方式、以及處事和敘事風格增添了新的色彩。

Jacobs 教授固定和大家聚會討論案件進度和分享辦案心得，環境法與政策實務中心聚會時則熱衷訂購走健康路線的外賣（配菜經常是全素食）

2013.02

數位時代下的反墮落與反腐敗

在 2006 年的一次對話中，Aaron 問：「這麼多的墮落與腐敗存在於社會中，你要如何繼續主張反對著作權擴張運動？」Lessig 答道：「抱歉，那非我研究的領域。」Aaron 再問道：「那作為一個社會公民是否為你的研究領域？」這個問題顯然把 Lessig 問倒了，也進而讓 Lessig 放棄原本從事多年的研究中心，轉換跑道至研究如何治癒與防止民主墮落。

今天我獨力奮戰餵食女兒副食品，由於早上女兒睡眠不佳，餵不了幾匙我們父女就一起去睡午覺了。隨著女兒的長大，就會面臨更多教育方法的選擇，妻子每星期旁聽的兒童道德意識教育課程中，就舉出這樣一個生活化的例子：一個高中生和社團中的朋友相處很痛苦，想要退出社團，但是眼見只剩 3 個月高中即將畢業，父母認為再撐一下，該社團經歷對他以後申請學校會很有幫助，且應學習如何與人相處。高中生來問作為親戚的你的意見，你該如何建議他？這是一個很難的問題，第一直覺認為孩子不快樂就該離開，但似乎又該鼓勵他練習與合不來的人相處。或許教育就是如此，沒有正確與否，只有適不適當。

Who is Aaron Swartz?

這星期去聽的演講，是由 Lawrence Lessig 主講「艾倫之法：數位時代的法律與正義」("Aaron's Laws: Law and Justice in a Digital Age")。上回看到 Lessig 與數位法律扯上關係，已經不知是多久以前的事情，能夠讓這位從前大力反對著作權在網路擴張適用的大師，重新回到講台主講相關題目，也大概只剩 Aaron Swartz 才有此等號召力了。

Aaron 是何等人物，他和 Lessig 又有何淵源？這位自 14 歲起即參與 RSS 1.0 等著名程式規格之開發者，在程式設計界中早已相當知名，也是多年來網路著作權管制的反對陣營健將。據 Lessig 所回憶，他是在 2001 年時即與 Aaron 認識，並邀請他參與 Creative Common 的計畫，可以說，Lessig 看著 Aaron 長大，視若其子。Aaron 同時也是 Lessig 從研究網路智慧財產權轉換跑道至研究反國會墮落腐敗 (anti-corruption) 領域的間接因素。

在 2006 年的一次對話中，Aaron 問：「這麼多的墮落與腐敗存在於社會中，你要如何繼續主張反對著作權擴張運動？」

Lessig 答道：「抱歉，那非我研究的領域。」

Aaron 再問道：「那作為一個社會公民是否為你的研究領域？」

這個問題顯然把 Lessig 問倒了，也進而讓 Lessig 放棄原本從事多年的研究中心，轉換跑道至研究如何治癒與防止民主墮落。

　　Aaron 這樣一個奇才，卻在 2013 年自殺身亡，年僅 26 歲。Aaron 自殺的原因和 JSTOR 很難脫離關係。JSTOR 是一個期刊資料庫，Aaron 身為哈佛研究員，自然有 JSTOR 的下載與接近權限，Aaron 設計了一個程式，讓其電腦可以連續自動地從 JSTOR 期刊庫中下載大量的期刊。Aaron 因此在哈佛校園中被逮捕，並遭起訴 35 年刑期及 100 萬美元之罰金。

Lessig 從 Aaron 事件所得出之省思

　　Lessig 認為，那些在數位化後被 JSTOR 鎖起來的文章，只有美國菁英學校中的成員，才有機會接近與獲得，但是建構與累積起這些資訊的人，卻是這個世界，而非 JSTOR 或這些菁英學校。Aaron 的行為在 Lessig 看來，充其量就是運用其技術知識，設計一個巧門 (loophole) 讓公眾可以更容易接近這些本該屬於公共可以接近的知識。Lessig 指出，其動機是對於不合理著作權機制之市民不服從 (civil disobedience)，但是所謂的市民不服從，是不服從者願意以及負擔得起處罰，Aaron 不像 Martin Luther King 在從事市民不服從運動時，僅需面對 45 天的刑期；Aaron 付不起違反著作權的代價。

　　那 Aaron 有無違反著作權呢？據 Lessig 分析，單純解除保護著作物的裝置可能構成規避著作物保護措施，但是否需以刑事重罪相繩，則有疑問。Aaron 沒有違反著作權契約，因為依照契約他不能下載「全部」的文章，能否下載大量的文章則有爭議空間。而 Aaron 到底造成何種損害 (harm) ？ Lessig 認為，就算懷

疑 Aaron 具有可能散布其所下載文獻的意圖，也無任何市場損害會產生，因為已經向 JSTOR 訂購其服務的機構，不會因為外界可以從 Aaron 得到免費的文章，就停止訂閱，而原本未訂購的一般人或機構，本來就沒有能力訂購 JSTOR。

Lessig 更進一步指出，或許 Aaron 有無違反著作權不是那麼清楚，但是問題從來都不是違反著作權與否，而是政府有無必要以顯不相當的處罰手段對付這樣一個 26 歲的青年。Aaron 的行為有嚴重惡劣到需要檢察官以如此高的刑責對付他嗎？檢察官在著作權法擴張的同時，是否已經失去判斷極惡之人與 Aaron 之間之區別，還是他只是想利用機會給 Aaron 這類年輕人一個教訓？

Lessig 最後呼籲，Aaron 事件之後應該要有如下的結果：

1. 修正過度將網路資訊流通行為以刑事責任相繩的電腦詐欺與濫用法 (The Computer Fraud and Abuse Act, CFAA)。
2. 重新全盤思考著作權規範的正當性，如保護期間過長的問題。
3. 修正法律矯正墮落與腐敗。
4. 最後，全體公民應該要修正對於 Aaron 案件事不關己的漠視態度，正視作為公民關心公共議題的義務。

Lessig 本場演講的精彩程度，即使竭盡所能仍無法呈現其 1% 於本篇札記之中，堪稱到目前為止聽過最令人動容的演講。一個人的演講能真正感動台下的聽眾，並讓台下聽眾由衷的關心與了解其立場，大概就是演講的最高境界了。

　　研究網路法甚或各種領域，最難的從來都不是法律理解或政策辯論的問題，而是如何成功讓別人關心此一與生活息息相關的議題。Lawrence Lessig 和 Aaron Swartz 用了或許是他們最後一次對於此一議題的演講，積極做出如何導正人們漠視公共議題的最佳示範。

無論是技術或實質面都獲益匪淺的演講

2013.02

哈佛學生評選最值得上的憲法課！

　　身為少數榮獲兩次哈佛優良教師獎的名師，Fallon 的課程每每都是在選課系統中大排長龍，而實際上課人數共 117 人外加數名旁聽生，讓教室看起來相對縮小了許多。他的憲法被學生多次評鑑為法學院最值得上的課程。

傳奇的蘇格拉底教學法

　　John Jay Osborn, Jr. 是 1970 年畢業於哈佛法學院的學生，其後於其他學校擔任教職。其利用在哈佛三年的時間，創作出 *The Paper Chase* 這本描述哈佛法學院生活的經典小說，其後被拍成電影，大受好評，John 去年來學校舉辦簽書會，紀念本書 40 週年，很可惜當時無法參加。

　　該書的第 1 章開頭，提到這麼一個當時法學院所有新生皆曾聽到的傳聞：

　　一個學生在課堂中被點名起來回答問題，大概是回答得很不好，教授將該生從座位上叫到容納 150 人的教室中央，給他一個

銅板，對他說：「打給你母親，告訴她，你永遠不可能成為一位律師。」

該生默默地走到門口，停頓了一下，終於忍不住回頭對教授疾呼：「Kingsfield（該教授名），你這該死的渾蛋！」

「這是你講過最有智慧的一句話！」教授回道，「回來吧，或許我太急了。」

不知是小說杜撰與誇張，還是只有在 1970 年代才存在的事情，至少我是沒有聽過這樣的傳聞。至今哈佛法學院的老師們雖然被認為離真正的蘇格拉底式教學方式越來越遠，不過也曾聽說過有憲法老師在課堂中要求沒有讀完案例的學生，當場把一個 4 頁的案例看完，而全班同學則一起等待這樣驚奇的傳聞。

無論這些傳聞是否為真，可以確定的事情是學生對於點名回答 (cold call)，或所謂蘇格拉底式教學，存在某種程度的恐懼。最直接的原因，當然是因為要應付課堂問題，表示對於指定案例閱讀的熟悉度，必須達到一定的水準，而這在課程學分多與指定閱讀量龐大的情況下，就會給學生帶來不小的壓力。

本學期修了兩門採取蘇格拉底式教學法的課程，剛好都是使用分組點名的方式。所謂分組點名，是指老師會事先依學生姓名順序分成 2-3 組，然後讓學生知道每星期的課堂中老師會挑選哪一組學生回答問題，讓學生具有某程度的預測性。Richard Fallon 的憲法：權力分立、聯邦主義及第 14 條增修條文這門課，就是使用分組點名的問答方式。

律師該如何說服法官？
法律唯實主義 v. 法律文義主義

　　身為少數榮獲兩次哈佛優良教師獎的名師，Fallon 的課程每每都是在選課系統中大排長龍，而實際上課人數共 117 人外加數名旁聽生，讓教室看起來相對縮小了許多。他的憲法被學生多次評鑑為法學院最值得上的課程。

　　Fallon 的憲法教室的確名不虛傳。從第一堂的閱讀教材是原意主義 (originalism) 的幾篇經典文獻，即可嗅出他對於原意主義的友善。自第一堂課開始，Fallon 就持續將 5 種憲法的解釋方法寫在黑板左方：文義 (text)、歷史或原意 (history or original understanding)、政府組織架構 (structure)、判決先例 (precedent)以及價值 (values)；並且每每在討論與帶讀案例時，用這 5 種解釋方法檢視法院採用了哪一種方法，或法院未考慮到哪一種解釋方向。

　　這 5 種解釋方法的排列順序，某程度也代表了 Fallon 心中對於這些解釋方法的偏好。其第一堂課即開宗明義的告訴大家，他所理解的憲法，是以憲法文義為中心的憲法。和 Parker 一樣，在第一堂課都告訴大家，他們所理解的憲法以及所持的中心價值為何。

　　對於什麼是文義，一種可能是條文制定當時之原意，亦即條文制定者對條文之理解 (original understanding)，另一種可能則是一般人之理解 (ordinary meaning)，而 Fallon 的憲法觀顯然極為

重視原意解釋這個面向。但其同時也點出與認知到原意主義最常
遭受之批評,在於前人之理解不明或不易探究。故在許多案例
上,Fallon 常常會將問題拋出:究竟憲法的原意是否如此?或於
此處採取憲法原意解釋是否適當?

　　Fallon 將價值解釋放在最後一位,若與 Parker 作比較的話,
Parker 是一位極度的法律唯實主義 (legal realism) 者,強調每案
的判決背景及法官性格或立場,進而形塑說理,並觀察判決結果
是否符合人民正義期待,認為要說服法官,必須訴諸以人心裡最
終的恐懼與擔憂。相反的,Fallon 則是極度的文義主義,認為法
律唯實主義或許可預測判決結果,但是要說服法官,必須以強而
有力的法律論證與論理邏輯,使用 5 種解釋方法,相信法律與法
理的真實存在。任教於同一間學校,教授同樣的科目,卻可以有
如此不同的憲法中心價值與觀念,而分別代表光譜的左右端,著
實讓我開了眼界。

優良教師 *Richard Fallon*

　　Fallon 每星期連續上 3 天課,一堂課的案例閱讀量是 5–10
個之間,由於上課內容實在太精彩,所以每個案例我都讀得很認
真,課前都做好了 case brief,讓筆記可以更完整,上課時能完
全徜徉於 Fallon 的憲法世界中。

　　筆記的方式與 Fallon 的上課方式非常相關。其每次上課前
會將本堂課預備要講的架構與案例分點寫在黑板上,整堂課就是
按照黑板上寫好的架構進行。這樣上課的方式也有很多好處,其

一是永遠清楚目前進度與思考位置在哪裡，不會跟不上老師的思考邏輯；其二是點名回答問題時有脈絡可遵循；最後，學生也方便作筆記。

Fallon 為了節省時間，通常會先將背景知識與案例內容交代清楚，比如這一堂課要上平等權中 Brown v. Board of Education 這個宣告學校黑白隔離政策違憲的有名判決，Fallon 會先提該判決前已經存在的先例，以及該判決在當時各州支持黑白隔離政策的背景，進入本案前，他可能會點一位同學，問道：「你要如何為原告或被告主張論點？」然後自己介紹完法院的論理與結論後，再反問同學：「你對該案的看法如何？」、「你認為法院的做法是否合理？」接著介紹該案其後案例的依循情形與學者間對於 Brown 效果的評析，並問同學：「你贊成哪一位學者的看法？」最後作出總結。期間他隨時都會提醒大家現在正在進行的議題以及相對應於黑板上架構的位置，幫助大家理解，時間以及討論也因此可以集中。

老師每一堂都能將黑板上的架構講完，並且點到適度數量的同學，對於同學任何突然的提問，也都能回到黑板上的架構中，而不會讓課堂時間僅耗費於特定同學與老師間的對話中。時間、內容與深度兼顧，難怪會受到如此崇高的評價，Fallon 能拿學校兩次優良教師以及數次教學評鑑高分，當之無愧。或許沒有 Parker 的浪漫與獨到觀點，但 Fallon 的憲法就是如此扎實與原汁原味。

老師於黑板上寫好講述架構

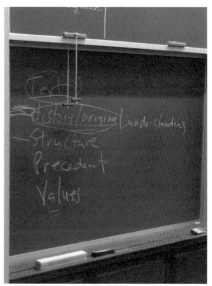

每次都會出現、位於黑板左方的
5 種憲法的解釋方法

2019.03

對抗氣候變遷，不能只是靜默

在場有來自各個學院的學生，Colette 鼓勵大家，無論你做什麼都可以，每件事都很重要，但你得開始做，「你的靜默對這一切沒有幫助」(it's not helpful when you are quiet)。

春季學期還是繼續以環境法及氣候變遷為圓心，在相關事情裡打轉著。隨著 Clinic 進入高速運轉狀態，以及陸續收到實習工作的面試通知，我似乎也找到了歸屬感，一切都順著軌道前進。

一個地球可以生存的能源計畫

收到「旅程已達一半！」恭賀信的那天傍晚，我穿過劍橋公園 (Cambridge Common) 走到哈佛的另一個校區，聽了「一個地球可以生存的能源計畫」(An Energy Plan the Earth Can Live With) 演講，講者是 Daniel Kammen ——美國能源界的大師及 2007 年聯合國政府間氣候變遷專門委員會 (Intergovernmental Panel on Climate Change, IPCC) 氣候變遷報告的主要作者。

除了 IPCC 氣候變遷報告之外，Kammen 也是世界銀行再生

能源部門的技術幕僚長，亦長年擔任美國聯邦政府科學顧問，並執掌加州能源政策規劃。

Kammen 在演講中帶大家了解過去數十年來科學變革的步伐、創新和策略性的部屬所帶來的眾多好處，如何有助於人類對抗氣候變遷這個迫切的議題。Kammen 也分享了一個可執行、對地球友善的能源計畫，將如何促進社會平等、種族和性別包容、文化多樣性和減少貧困。

創新且橫跨議題的能源政策是近年蔚為熱門的研究主題，大家都非常努力，並希望可以制定一套兼容並蓄的能源政策，不只因應減碳和資源永續利用，也同時處理其他社會議題。這個概念就如同 COVID-19 疫情下許多環境團體主張 COVID-19 相關紓困振興政策，應同時考量環境友善及綠色經濟（例如紓困方案的條件須含有減碳的承諾等），將 COVID-19 作為邁向深度減碳的轉捩點。而這樣跨議題、結合科學與社會科學的龐大公共政策工程，絕對需要創意和謹慎小心的

Kammen 吸引眾多人潮的演講

政策設計。Kammen 非常生動活潑地分享了他在這個領域中的經驗，面對此刻局勢抱持相當的信心。

這場演講最有趣的，是 Kammen 分享了氣候治理中現實的一面，也就是「人類真的很不善於不以金錢當作度量單位談論公共政策」，因此，如何將大自然的一切轉化為財務及金融詞彙，是處理氣候變遷議題一個必經的過程。無論科技如何進步，有創意、有智慧的政策仍是處理氣候變遷議題的樞紐。

聽完這場演講，我內心覺得很感激，感激有像 Kammen 這樣教研不遺餘力又充滿活力、活躍於各大舞台的人，我們才能站在巨人的肩膀上，繼續完成更多事情。

你的靜默對這一切沒有幫助

春季學期我仍頻繁地去甘迺迪學院聽座談，甘迺迪學院的座談讓人有種因忙碌而流失的養分被重新補充的感覺，氣氛也總是很熱絡，隨便都可以跟隔壁同學聊起天。當然，座談附的免費食物比較好吃也是一個重要的動力，其實法學院的免費食物也不難吃，不過法學院近期很流行提供全素食，雖然很棒，但很容易就餓了呀！

關於 Kammen 提到的同時處理社會議題的能源政策，在聽了甘迺迪學院的一場演講後，我有了更深刻的了解。這場演講的講者是 Colette Pichon Battle，演講主題是「氣候正義作為社會正義：如何建立平等氣候運動」(Climate Justice as Social Justice: How to Build Equitable Climate Movements)。

　　Colette 是非營利組織「墨西哥灣沿岸法律與政策中心」(The Gulf Coast Center for Law & Policy) 的執行長，她是一位非常有南方氣息的非裔女性，也是活力滿滿、講話非常幽默的律師。Colette 的活力和鼓舞人心的說話方式，總讓我想到「賦能」(empowerment) 這個詞，彷彿那些 1970 年代活躍於美國街頭的社會運動健將，橫空出現在我眼前一般。

　　Colette 最重要的經歷，是協助美國 2005 年卡崔娜颶風的受災戶進行重建，以及南方相關的災後復原事務。植基於 2005 年的經驗，Colette 後來亦在 2010 年的英國石油墨西哥灣漏油事件中繼續做類似的工作。因為處理氣候及大規模環境災害的經歷，Colette 便開始專注在環境正義及氣候變遷相關的議題，尤其是氣候議題上的社會正義議題，在美國南方投入非常大的心力。

　　這場演講我在同一天中午其實已經聽過一次。中午的場次是環境法與政策實務中心邀請她來中心和今年有修實務課程的同學們一起午餐座談，這場午餐座談聚焦於「律師」這個職業，包含律師在這類（未來只會更多的）大規模氣候災害中可以扮演什麼樣的角色，應該具備什麼技能和態度，以及我們應該在此刻的氣候動員中做些什麼。Colette 在中午的座談中分享了她的觀點，她認為如果沒有草根運動，法律和政策都是空殼，這是很典型的「由下而上」(bottom-up) 動員模式。Colette 又說，法學院的訓練和社會對我們的期待無疑強化了我們的自尊心，但法律人其實應該放下無謂的自尊，去傾聽真正受苦的人的故事和他們的需求，這樣才能成為動員的能量。

在場的同學們都是因為對環境及氣候議題有興趣，才會選擇參與環境法與政策實務課程，所以 Colette 的故事令在場的大家動容不已。她的分享及經歷提醒了我，如果想為環境及氣候治理貢獻一份心力，除了專業上的付出，也應該考慮走進前線，了解身受其苦的人們的世界是什麼模樣。這場午餐座談實在太棒了，所以我決定晚上再去甘迺迪學院聽一次。

傍晚的演講中，Colette 直奔重點，討論在美國談社會正義必會討論到的沉重議題——榨取式經濟 (extractive economy)、種族歧視、階級、壓迫等。Colette 採取交織性分析 (intersectional analysis) 的路徑，認為沒有社會正義，就不可能會有氣候正義，這些都是彼此交織的，我們需要全新的治理哲學，不能只談怎麼減碳而已。我很同意 Colette 的觀點，氣候正義關乎資源分配的優先順序，更長遠來看，也關乎氣候災難發生時誰應該被拯救而誰要被犧牲，這些都與社會正義高度相關，本質上確實是社會正義的問題。

Colette 亦分享她處理大規模災害的經驗。她認為當大規模災害發生時，人類才會找回人性，因為在災難發生的當下，所有的不同與差異都不再重要，以上認知則是動員的重要基礎。Colette 最後呼籲大家應該重新檢視我們如何看待彼此 (re-evaluate how we value each other)。

在場有來自各個學院的學生，Colette 鼓勵大家，無論你做什麼都可以，每件事都很重要，但你得開始做，「你的靜默對

這一切沒有幫助」(it's not helpful when you are quiet)。氣候變遷帶來的劇烈影響，已經開始且正在發生，最顯著的例子就是佛羅里達州的原住民部落，已經開始因為海平面上升而失去他們的土地，進而失去原住民對自己的認同，這個例子讓全場感觸頗深。

　　傍晚的演講依舊鏗鏘有力，深入人心，結束演講時，全場起立瘋狂鼓掌數分鐘之久，看到有人運用自己的所長在前線奮力一搏，如何不感動？會後 Colette 也和大家開心合照留念。哈佛校園容納了整個世界，來來往往的人有著不同的故事。大家的掌聲，或許也是在鼓勵自己去做我們想做的事情，我們認為對的事情。

　　由下而上的草根運動動員究竟是怎麼運作的呢？ Colette 的演講加深我畢業後前往非營利組織實習的決心。

Colette 結束演講後，大家起立瘋狂替她鼓掌

依舊天冷，但已擺脫灰白色系的劍橋

2013.03

《哈佛國際法學期刊》編輯

　　期刊編輯能夠獲得基本學術的規則以及文獻編排的知識，將來無論從事任何一種法律職業，都是基本的功夫。從另一角度看期刊編輯工作的優點：能和許多老師建立關係，不論是編輯委員或是投稿作者，這些連結在以後工作上或許都會成為重要的資產。

　　最近參與了《哈佛國際法學期刊》(*Harvard International Law Journal, ILJ*) 的編輯工作。學校許多期刊不時會發信給學生或在學校擺攤，招募學生加入幫忙期刊編輯。期刊編輯的經歷對於美國法律學生是很重要且很有用的履歷，所以學生的參加意願很高。我在台灣時也曾做過學校性期刊編輯工作，相較之下，台灣在學生編輯人數部分多顯得捉襟見肘。

　　關鍵是在於美國和台灣職場對於期刊編輯經歷的評價差異，前者為何會極度重視並將之作為錄取指標之一？根據 J.D. 學生的說法，是因為許多期刊在招募編輯時，會以在校成績作為評選標準，能夠進入名校重要期刊，某程度已擔保其屬於成績優良學生，嚴格如《哈佛法學評論》(*Harvard Law Review*)，會舉辦編

輯比賽，要獲得比賽名次，才能進入編輯工作。另外，期刊編輯能夠獲得基本學術的規則以及文獻編排的知識，將來無論從事任何一種法律職業，都是基本的功夫。從另一角度看期刊編輯工作的優點：能和許多老師建立關係，不論是編輯委員或是投稿作者，這些連結在以後工作上或許都會成為重要的資產。

台灣的職場較不重視求職者在校的成績與名次，遑論期刊於招募人力上都有困難，較無法產生代表性作用。而由於台灣學術規則沒有像美國一樣有一套大致還算統一的系統 (*Bluebook*)，編輯期刊無法與獲得基本學術規則的知識畫上等號。而更根本的問題，在於台灣對於了解基本學術規則與職業上的關聯，可能還是保持懷疑的，所以在台灣通常只剩下有意願出國念書或是將來想從事研究工作的學生，才願意參與期刊編輯。

以我曾經參加的台灣學校期刊為例，基本概念是一位一校負責一篇文章從頭到尾的編輯，包括格式校對、所有引用文獻的蒐集，以及引用文獻有無錯誤等等，二校監管數篇文章的編輯，而三校則負責整期期刊的進度，所有人基本上都是獨立工作，並層層將工作往上傳，很可能 4-5 人就要完成一本期刊的編輯工作，工作分量其實非常大，台灣俗又大碗的工作方式，似乎從基層就開始培養起了！而印象最深刻的是，在台灣的期刊編輯工作，都是靠自己自習以及口耳相傳練出一身好本領，通常沒有任何的事前訓練，就直接進入實戰。

台灣期刊編輯分工

一校
負責一篇文章
從頭到尾的編輯

二校
監管數篇
文章的編輯

三校
負責整期
期刊的進度

　　相較之下，哈佛法學院的期刊由於人力豐沛，所以在期刊的編輯工作上分層分工很細。以《哈佛國際法學期刊》為例，每一期的主編會有 2 人，統籌所有該期期刊進度。期刊以文章為單位，每一篇有 2 位獨立的文章編輯，專門負責與該篇作者聯絡，概念上應該就是三校，與作者持續討論修正建議，旗下會有 4–5 位的二校，二校的下面還會有 4–5 位的一校，因此二校工作不是負責初次的期刊編輯，而是先分工把文章內所有用到的文獻找出來，然後每人負責檢查一校校訂後的註解，以及文獻內需要加入註腳的建議等。

　　三校需頻繁與作者溝通文獻內需要加入的註腳，這可能是在台灣期刊比較少會看到的情形，美國期刊編輯能夠建議的程度很高，可能會直接幫作者找好相關的資料，除了建議作者在內文中哪一段應該要加註，並且也讓作者有一個基本的資料方向，間接提升期刊的品質。

哈佛法學院期刊編輯分工

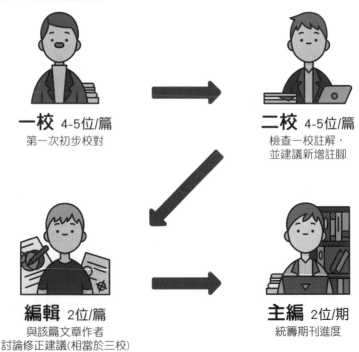

一校 4-5位/篇
第一次初步校對

二校 4-5位/篇
檢查一校註解，
並建議新增註腳

編輯 2位/篇
與該篇文章作者
討論修正建議(相當於三校)

主編 2位/期
統籌期刊進度

　　通常要成為二校，理當做過半年至一年的一校。我參加的就是菜鳥一校的工作。對於新手的一校，可選有興趣的文章加入編輯，提升編輯誘因，然後再依照每篇文章長度調整一校人數。接著會有第一次的文章組聚，除了讓大家認識彼此外，更重要的是讓一校先了解期刊的基本編輯風格，以及對於許多 *Bluebook* 編輯規則的提醒，每個人會拿到簡單版 *Bluebook* 的規則分析與 ILJ 的特殊規則，另外還會提供二校對於每一篇文章的編輯攻略，

比如這一篇文章引用的 WTO 相關文獻較多，那編輯攻略上就會告知 WTO 相關不同種類資料的註解格式，以及相對應 *Bluebook* 的哪幾條規則，非常貼心與仔細。

　　接著就是編輯文章的工作，ILJ 會指定一天，早上 9 點將本期所有人員集合到圖書館，每篇文章分配一桌，開始一整天文章的一校工作。二校與文章編輯都會在場，提供任何協助與疑難解決，ILJ 並提供早餐與午餐。文章所引用到的書籍都已借出放在桌上供取用及對照，以便編輯註腳。而所有引用的文獻，只要有電子化部分，也都已按照註腳號碼統整找好，寄給一校，所以一校的工作相對輕鬆許多，平均分到 30-40 不等的註腳數，大概到下午 5 點以前，一定能完成一校的編輯工作，用一天的時間，就完成了整期期刊的一校工作。

　　依上述解說可得知，一篇文章就有 10 位以上人力的投入，對照起來，台灣的期刊編輯人員真的是少得可憐，美國期刊無論是在工作分量或是品質方面，當然都可期待會好很多。純以文章編輯而言，我相信台灣的學生編輯，功力都不輸美國期刊的學生編輯，甚至更為扎實，但每個人分到的工作量實在太大，進而可能影響期刊編輯品質。而美國期刊編輯的訓練除了編輯本身，其實也訓練到了團體合作溝通與統籌和領導大批人員，這可能是比編輯本身，更有意義的學習。

　　期刊編輯的品質直接反映在文章的品質上，對於台灣學術是健康的發展，所以老師們一定樂見或鼓勵學生在校時從事期刊編輯工作。而美國向來重視期刊編輯經歷，將來要出國念書，也會

有很強的誘因加入編輯。

　　最後該討論的在於台灣職場是否應該重視期刊編輯的經歷？個人的經驗是認為期刊編輯帶來了基本法律文書格式的知識與訓練，中英文皆然，無論從事哪一種法律工作，這都代表著法律文書書寫的門面，是很重要的基本功。甚且，期刊編輯訓練學生對於註腳的求證功夫，對於日後的學術或是實務工作而言，都是重要的基本技術，所以對於職場雇主而言，應該要重視具有期刊編輯經歷的申請工作者。

　　編輯工作的經歷，除了讓我佩服台灣人吃苦耐勞的基層訓練外，也重新思考了此經歷受到美國職場重視的原因，而了解編輯工作對於法學教育的價值。

法學院上課建築物之一：Hauser Hall

2019.03

明星憲法教授的忠告：
建立個人的憲法體系，不能只為自己偏好的結果而戰

　　Feldman 最後講了一段讓全場震撼靜默。他說，別忘了，你們在場所有人，都是這個結構的一員，從你們負擔哈佛法學院的學貸開始，你就進入這個結構了，你當律師、法官、教授，你的一切都在強化這個結構；從你走進這學校起，你就要永遠問自己：我應該做些什麼？如果你們自詡為自由派、進步派，你是要加強這個結構？還是破除這個結構？你有沒有因為支持 Obergefell 案的結論，而背棄自己的憲法價值？你們是否只為了自己偏好的結果而戰？

　　2019 年 4 月底，回暖的春末夏初，陽光乾燥地曬著很舒服，在最後一堂憲法課上，也是我在哈佛全學年的最後一堂課，我們上完了這學期的最後一個案子 Shelley v. Kraemer。期末考注意事項說完後，Noah Feldman 在台前啪的一聲闔上他的課本，準備總結。他看著大家說：「你們需得建立屬於你們自己的憲法理論，不要只為了自己偏好的結果而戰。請當一個有生產力的律師，有用的公民，以及，憲法的核心參與者。」然後在全班瘋狂掌聲中帥氣地走出教室。

超一級一感一動！

「這堂課真的超級棒，太喜歡了！」我當時內心激動地想著，完全把一開始對這堂課適應不良的事情拋諸腦後。

某些學科知識與我們的緣分，會遠遠地超越我們待在教室裡學習它的時間，最後成為長久的研究喜好。憲法對我來說，便是這樣的存在。不過，我究竟是怎麼從沒有很喜歡 Noah Feldman 的憲法課到超愛這門課，甚至畢業後仍持續密切關注美國最高法院動態呢？以下且讓我娓娓道來。

1A 還是 14A？

憲法是一門分量吃重的學科，因此哈佛法學院將憲法分為兩門 4 學分的課（一共 8 學分，沒有哪一門課比憲法學分還多），一門專講美國憲法第 1 條增修條文，也就是言論自由（俗稱 1A），另一門則講言論自由以外的，包含權力分立、聯邦主義及第 14 條增修條文，包含實質正當法律程序及平等權（俗稱 14A）。花 8 學分修憲法實在過於奢侈，權衡之下覺得比較想念實質正當法律程序與平等權，所以我選擇了 14A。

不過，自 2019 學年開始，哈佛法學院將原先屬於高年級課程的 14A，改為一年級必修課「憲法」，與 Leg-Reg 共同成為一年級的公法必修課程。換言之，現在哈佛法學院一年級的學生，共有 7 門基本法必修，再加上一門國際法或比較法必選修，一年下來必修竟高達 8 門課。

明星教授 *Noah Feldman*

哈佛有許多憲法老師既教 1A 也教 14A，通常一門開在秋季，一門開在春季，修課也得配合老師們的開課時間。不過，哈佛的憲法師資雄厚，教 14A 的老師實在是太多了。該怎麼選擇呢？我對憲法這門課沒有預設，所以很快地就選擇了開課時間可以配合，人氣又非常高的 Noah Feldman。Noah Feldman 的憲法課為何很紅？有一說是他本人長的很像知名演員班奈狄克·康柏拜區 (Benedict Cumberbatch)，是一名美男子，另一說是他的上課風格華麗，把憲法上的生動有趣，讓人彷彿置身脫口秀，被高度推薦。

以上兩說，都是真的。Feldman 本人確實高大帥氣（也真的蠻像康柏拜區），風度翩翩又帶著學者的犀利。他的課堂風格也確實很華麗，不論是他的蘇格拉底教學，還是他與學生在課堂上的論辯，或是他對案件中大法官意見的質疑或觀點表述，都張力十足，不時會有種他是主持人，我只是台下觀眾的感覺。

其實，若稍微了解 Feldman 其人，對他的上課風格就不會感到太意外。Feldman 在江湖走跳，曝光度非常高，教研之餘，Feldman 寫了許多本書，經常上電視或電台節目，活躍於各大媒體專欄，不吝表達意見，甚至有自己的 podcast 節目（我也是忠實聽眾），是一名在學術圈外頗有聲量的知識分子。Feldman 把這樣的自我定位與風格，也帶進了教室裡。

憲法到底是什麼？

如同課堂總結所說：「你們需得建立自己的憲法理論」，Feldman 的憲法課並不教授他自己的憲法理論，也不以授課的方式就若干重要憲法原則給予架構，所以在課堂上，我們沒有體系性的了解到底有哪幾種憲法解釋方法，又大法官們是持哪種憲法解釋方法論。**Feldman 主要透過蘇格拉底教學，直接切入案例，引導學生從一系列案例、事實背景、及其中的憲法辯論中建立「自己的」憲法體系。**

這個風格在課程剛開始的時候令我很不適應，尤其是課程伊始便進入權力分立（司法審查的憲法基礎）與聯邦主義這兩根美國政府制度的主要骨架，兩大主題都涉及美國早期歷史，對於不熟悉美國建國史的外國學生來說，上課時常滿頭霧水（然後一邊還要擔心自己被老師點到），而有「憲法到底是什麼？」的困惑。

不少 LL.M. 學生有修這門課，我們在學期初共同的心得便是：就算把指定案例反覆看透，上課時也懵懵懂懂，參與度甚低。

所幸，水土不服的感覺在熬過權力分立和聯邦主義的早期案例後，便漸入佳境。在「立法權限」的章節，我們討論到國會和州政府在國會透過「州際貿易條款」建立其管制權限時的對抗，以及近年非常有名但也充滿爭議的歐巴馬健保案 NFIB v. Sebelius。在「行政權限」章節，我們討論了一系列與戰爭與緊急權限有關的案例，這正是 Feldman 最擅長的議題。我們亦跟上

Austin Hall 正門，每次憲法下課完大家
總喜歡聚在這聊：「憲法到底是什麼？」

時事，討論了 2018 年的穆斯林旅遊禁令案 Trump v. Hawaii。此案涉及川普總統以國安為由，發布行政命令作成旅遊禁令，禁止數個穆斯林為多數的國家的公民入境美國。此案的多數意見認為這個禁令沒有違反美國的移民與國籍法，亦未違反美國憲法第 1 條增修條文中的政教分離原則。自由派大法官 Sonia Sotomayor 則寫了一份鏗鏘有力的反對意見（前大法官 Ruth Bader Ginsburg 加入），痛斥這項政策根本是針對一群對美國無害的人的刻板偏見，非常危險；甚至省略執筆不同意見時的有禮開場白「我對此保留意見」(I respectfully dissent)，坦率表示「我異議」(I dissent)，大法官們之間的烽火喧囂絲毫沒有隱藏。

進入本堂課的精華「實質正當法律程序」後，我們討論了經濟自由、隱私權、墮胎、安樂死、性別與同性婚姻；在「平等權」章節，我們討論了種族隔離政策、平權運動、中度審查的性別平等、平等權中的性傾向議題，以及投票權。隨著案子推進，加上 Feldman 不時分享案例背後的政治脈絡以及大法官們的小故事，我深陷於聯邦最高法院大法官們的引領與自持，還有老師的個人魅力，每一堂課都精彩萬分，常常上到都不知道原來兩小時過去了。

是憲法，也是比較法

或許是我們對近二十世紀以後的美國歷史較為熟悉，這當中甚至也有我們也曾身歷其境的事件，因此後來這些案例中的大法官意見，讓人比較有共鳴。也因為清楚案件的事實脈絡，我也更

能理解大法官們的意見背後複雜的政治、經濟、社會考量。比起一開始的消極散漫，這堂課的後三分之二段，我甚至還主動舉手加入討論呢！

美國憲法本身就是美國歷史的見證，我們從美憲案例看見這個國家經歷的苦難和對抗；透過閱讀案例和課堂辯論，想像這個國家曾走過的路，並試圖歸納我們能從過去學習到什麼，又有什麼仍是未竟之路。雖然這是美國的歷史、美國的命運，這些美憲案例所涉及的議題，其實也有不少正發生在台灣。於我而言，這堂課不只是學習美國憲法，也是一段比較法的學習之旅。

Feldman 讓我真心喜歡上憲法這門學科，關注美國聯邦最高法院動態成了我的日常，也是日後持續觀察美國政經與社會動態的方式。

不要只為自己偏好的結果而戰

除了力道強烈的批判之外，Feldman 整學期一直在問一個問題：「究竟你們（指我們），在你們的世代裡，認為該堅持的憲法理論是什麼？」老師認為我們不應該只為了自己想要的特定結果奮鬥，或為了得到我們偏好的結果輕易改變我們的憲法價值，我們應該建立一致的體系和論述。

實質正當法律程序這個章節的高峰是「關於性的制度」(sex and sexuality)，然後完美落地結尾在 2015 年關於同性婚姻的憲法權利案例 Obergefell v. Hodges。這是關於憲法價值的辯論，我印象最深刻的一堂課。

　　Obergefell 案的多數意見由前大法官 Anthony Kennedy 主筆，在此案中他宣告同性婚姻受聯邦憲法保障——這是當代舉足輕重的里程碑案例。Kennedy 雖然是聯邦最高法院中的保守派，但他同時也是知名的第五票 (the fifth vote)，時常在關鍵案件中加入自由派，促成 5：4 的結果，Obergefell 即是一例。Kennedy 最為著名的便是他的個案式實踐 (narrow case-by-case approach)，例如建立同性婚姻的憲法權利，Kennedy 可是走了 30 年，透過一系列案例方奠定了同性婚姻的憲法基礎，走到 Obergefell 這一天。

　　這堂課裡，從 Kennedy 的多數意見及各份反對意見，我們討論到法院究竟是否適合介入同性婚姻這個議題？還是應該留給具有民主正當性的國會，讓這個在社會中立場高度分裂的議題逐步緩慢地，透過民主的方式予以解決？我們更進一步討論，Kennedy 在 Obergefell 案中諸多關於婚姻係神聖的憲法宣示，是否其實是將同性婚姻的憲法權利建立在父權結構之上？換言之，這個判決是否其實是透過司法

今天，我們上了 Obergefell v. Hodges

權之手，在父權結構上製造出來的平等人性尊嚴 (equal dignity) 論述？這是我們要的嗎？這是 LGBTQ 運動要的嗎？我們應該要如何破除這個結構？

Feldman 最後講了一段讓全場震撼靜默。他說，別忘了，你們在場所有人，都是這個結構的一員，從你們負擔哈佛法學院的學貸開始，你就進入這個結構了，你當律師、法官、教授，你的一切都在強化這個結構；從你走進這學校起，你就要永遠問自己：

我應該做些什麼？

如果你們自詡為自由派、進步派，你是要加強這個結構？

還是破除這個結構？

你有沒有因為支持 Obergefell 案的結論，而背棄自己的憲法價值？

你們是否只為了自己偏好的結果而戰？

5 月中旬一天晚上，我正好邀請幾位 LL.M. 好友到家裡聚會（聚會標配：吃炸雞、喝紅酒、玩桌遊），廝殺正激烈時，我正好收到來自台灣的消息，那一天，台灣立法院奉大法官釋字第 748 號解釋之命，通過了司法院釋字第七四八號解釋施行法，台灣正式成為亞洲第一個同志婚姻合法化的國家。當我興奮地把這消息分享給朋友們，大家一起舉杯慶祝之餘，Feldman 的批判也言猶在耳。

在我們理解一個憲法問題的時候，將我們個人的價值偏好抽離，是相當困難的事情。如果我們覺得這是件困難的事情，大法

官們當然也會覺得困難。我想這是為什麼 Feldman 不斷要我們建立一套自己的憲法體系與論述的原因。未來我們還會遇到無數個如此艱難或更加艱難的問題，唯有堅定、一貫的體系，我們才不至於迷失，我們才能永遠保持專業，無愧於我們的使命。

還未終堂下課的憲法

憲法是我春季學期唯一需要期末考的課程，準備時間還算充裕，我都待在哈佛廣場旁邊的史密斯校園中心 (Richard A. and Susan F. Smith Campus Center) 的懶骨頭區念書。懶骨頭區面對大片落地窗，仲夏的陽光和哈廣街道陪伴我度過在哈佛校園的最後時期，每天配著樓下咖啡店 Pavement 的咖啡和貝果早餐，爬梳這學期走過的每個憲法案例。有很多案子的詳細內容，我在考試完之後就記不太清楚了，但曾經理清過的思緒和體系卻是永久地留下。

Feldman 到學期終了都沒有教給我們誰的憲法理論，但大法官們睿智的憲法哲學和彼此的交鋒，都在老師的引導下收進我們的知識寶庫。美憲案例總是牽引著當代的重大政治社會議題，我也從 Feldman 的憲法課，體驗了從憲法觀點觀察美國政治的趣味。就這樣，我有了最喜歡的大法官，也稍微琢磨出一套自己說服得了自己的體系，關注美國的司法政治，也成了我的日常。

我現在還是每週固定聽 Feldman 的 podcast 節目，讀讀他的專欄文章。2020 年初川普總統遭彈劾時，Feldman 作為憲法專家受邀出席國會專家聽證，我也興致勃勃地跟上了美東時間的直

播，看老師一如既往地慷慨陳述。這堂憲法課，對我來說似乎還
沒終堂下課。

　　畢業後我搬到華府實習，因為工作需要去了最高法院聆聽宣
判，宣判後偷閒留在最高法院參觀。我走過莊嚴肅穆的一樓長
廊，長廊上掛滿美國歷任大法官肖像，旁邊則有個小牌說明他們
的生平與貢獻。Warren Court、Burger Court、Rehnquist Court、
Roberts Court……大法官們活靈活現地出現在我眼前，如今我對
他們有了更多的了解，或是保守派，或是自由派，他們都是時代
的巨人。想到一年之前我在飛波士頓前在華府待了一週，也曾造
訪過最高法院，當時的我尚無法想像，一年後我會有這麼多的轉
變，獲得超乎想像的收穫。聯邦最高法院，也算是見證了我一部
分的成長。

我很喜歡的大法官 Ginsburg，
攝於紐約市一隅

波士頓是 LGBTQ 相當友善的城市，
教堂前經常懸掛象徵 LGBTQ pride 的彩虹旗

2013.03

LL.M. 是法學院弱勢族群？

在第一堂課的一位 LL.M. 學生發言後，老師回應以：「謝謝，我想聽聽其他 J.D. 學生的想法。」類似像「J.D. 學生你們是怎麼想的呢？」這種言論從老師們口中說出時，LL.M. 學生彼此心領神會地減少發言次數，也漸漸在課堂中被邊緣化。

憲法平等權在歷經 9 堂課後，終於告一段落。對於美國憲法平等權的案例與原則，在課堂與閱讀中都已大略接觸，但在美國待了幾個月實際體會生活，卻對於平等權有更多一層的體悟。

作為 LL.M. 學生於法學院中的感受

不久前看了法學院一年一度的舞台劇 (Parody)，內容以嘲諷法學院為主，以業餘水準來說超出期待很多，能歌善舞，並請到許多被模仿的老師本尊上台串場。其中有一個橋段是在嘲笑 LL.M. 學生，內容大概是兩個操著外國口音的學生在圖書館中接電話，然後很吵的和遠在他國的家人連繫。而算算台上的舞者和演員，將近 30 多人中，卻只有 1 位 LL.M. 學生，而且還是因為

保障名額方得入選。

　　從一個小小的舞台劇，大概可以顯示出一般 J.D. 學生對於 LL.M. 學生的印象。而從演員組成比例，也可以窺見，LL.M. 學生在各種學校團體中都是少數。大部分的社團幹部都是由 J.D. 學生擔任，因為 LL.M. 學生只待一年，較無時間培養成為幹部；故無論參加哪一種社團活動，在哪一間教室上課，聽哪一場演講，LL.M. 都不屬於核心團體。除了公事上的往來或少數同區域、國家之學生的來往，很少看見 LL.M. 學生真正能和 J.D. 學生打成一片。

　　在比較法或國際法性質的課程中，老師對於 LL.M. 學生的態度較為友善，學生可以明顯感覺到老師對各國的法治經驗感到興趣，老師並鼓勵學生分享各國觀點。大部分比例的老師應該都可以算是不冷不熱，但有些老師的課堂可能對 J.D. 學生更感興趣，比如這學期上的其中一堂課，在第一堂課的一位 LL.M. 學生發言後，老師回應以：「謝謝，我想聽聽其他 J.D. 學生的想法。」類似像「J.D. 學生你們是怎麼想的呢？」這種言論從老師們口中說出時，LL.M. 學生彼此心領神會地減少發言次數，也漸漸在課堂中被邊緣化。

　　和 LL.M. 學生相較，S.J.D. 學生是更為邊緣的獨立族群。S.J.D. 是念完 LL.M. 後繼續攻讀博士的學生，因此多屬外國學生。且因沒有強制修課拿學分的要求，與 J.D. 學生互動的機會就更少了。其多數在美國生活多年，早已有自己習慣的生活方式，在學校活動則多與研究相關。除非自己特別積極參與學校活

動，或是有其他特殊的連結，否則感受到邊緣化的程度一定更深刻。

憲法課探討種族平權議題

很巧合地，Fallon 的憲法課程中，相對於男女平等用了兩堂課的時間，卻只留了 10 分鐘來探討以外國人作為差別待遇區別標準的平等權問題。這某程度也暗示了外國人平等問題在老師及學生心中的重要度吧！

雖然沒有太多時間探討國籍平等權，憲法課倒是花了很多時間討論美國較為關心的種族平權議題。美國聯邦最高法院在審查以種族為區分標準的政府措施時，法院的判斷除了看法規形式上是否以種族作為區分標準，也會看法規之目的是否係以歧視特定種族為目的。其實大多時候，政府不會拙劣到直接用種族作為措施表面上的區分標準，所以很多案例都在審查政府措施是否間接構成種族歧視。無論認定間接歧視的線畫在哪裡，總有一些措施雖然造成了邊緣化的感覺或歧視性的效果，但仍不被認為構成歧視性違憲措施。

Fallon 在上到對於黑人的教育積極性平權措施時，以自身為例，說到自己求學時因為少數族群保障名額的要求，被某學校拒絕申請，但是其家族或自己從未參與任何歧視黑人的活動，對於為何需要背負這種原罪，認為極不公平。

一位學生舉手道：「老師，可是您現在是哈佛法學院教授，

我認為這是一個很不錯的工作。」（全班笑）

Fallon 回應：「我是靠自己的努力工作才能在這裡。」（笑）

學生接著說：「我想當您來學校面試時，因為您是白人，所以享有一些很好的印象利益，即使您念的是第二名的大學或法學院；但是若一個黑人和您處於相同的條件，他無法享有您可以擁有的印象好處，所以我們才要犧牲您來保障好學校的名額給他。」

Fallon 與學生對於種族的積極性平權措施 (affirmative action) 可以一直繼續對話與辯論下去，但問題不在於是否要給予優惠，而在於應給予多少、多廣、多久才算夠。對於受歧視許久的少數族群，政府不可能永遠許可其優惠性差別待遇之要求，因為當政府對於某一少數種族優惠時，反而形成對多數造成以種族作為區別待遇的標準。嘗試消除歧視的措施因此永遠必須與其帶來的歧視效果共存，而難免影響其可以為憲法所接受的範圍與程度。而無論積極性平權措施最後標準為何，總有一些受到邊緣化對待或歧視效果的人無法受到關照。

法律所維護之平等以外，社會對於邊緣角落還需要更多關心

憲法和法律在平等權的脈絡下，的確不能只為了保護少數或特定團體，而無止盡的宣告限制性措施違憲，或是給予積極性平權措施。但討論這些憲法界線不代表問題已經解決，法律人不應

該僅止於關心法律問題，對於事實上仍普遍存在的邊緣化效應或歧視效果，仍應該努力教育自己及大眾。

在網路上看到一則台灣真實的案例：一位媽媽聯合其他幾位家長，要求學校將其小孩班上的一位被以拾荒為生的奶奶帶大的過動兒轉班。我們可能不會說這幾位家長違法了，更不會有違憲與否的討論，但我們所有人都應該要關心這件事情，讓這幾位家長了解：要求那位過動兒轉班，是不對與不應該發生的事情，這是在製造邊緣化。

我們生活周遭常常存在著各種不在乎或是輕蔑的態度，如果沒有直接的人身攻擊，不一定為法律上歧視，雖然可能是歧視心理造成的效果。如果不是來自於政府的歧視措施，更無法說有何平等權違憲的問題。在歧視與非歧視區分外，還有邊緣化或疏離感這種現象存在，而這個現象，不見得是法律可以或是應該處理，但卻是所有法律人該關心的事情。

邊緣化透過時間與教育是可以消除或減弱的，三十年前外國人在美國的感受一定比現在的外國人更強烈。在美國讀 LL.M. 的學生僅僅是和 J.D. 學生相比之下的少數，並非弱勢，在各種資源使用方面，都和一般學生沒有差別，還有更多真正的弱勢團體存在於學校中。如果在這種狀況很好的條件下，都能感受到邊緣化，遑論其他社會上真正的弱勢與少數。

回到台灣，在大多數情形下我都可能是多數，因此一定要將在美國感受的任何邊緣化感覺記起來，然後乘以 100 倍，提醒自己有更多的人在各處受到邊緣化的對待，等著大眾學習了解與妥

善對待他們。許多感受待在國內比較沒有機會體會，出國當外國學生，才因此有機會重新思考。理想的平等社會不是齊頭式平等，而是沒有任何社會邊緣角落的存在。

由 LL.M. 學生舉辦一年一度的 International Party Night，我們代表台灣和香港及泰國聯合提供各類茶飲，台灣今年準備的是遠近馳名的「珍珠奶茶」

2019.03

天上不會掉下工作：
如何找到實習機會？

　　花了很多時間找資料後，我製作了一份美國環境非營利機構攻略，包含各個機構偏側重的議題、在哪個城市有辦公室、有哪些專案正在進行、有沒有做法律倡議、有沒有勝訴案件、有沒有國際合作業務（因此可能對外國學生比較有興趣）、實習的工作要求等，接著再從這份攻略清單中逐一篩選我有興趣的城市以及尚有實習缺額的機構。

　　LL.M. 這一年，最緊張焦慮的時期，大概就是找實習的時候。比起其他經歷幾乎全是珍貴而難忘的回憶，找實習這件事情，像是付出代價後學到一課：「在不是自己主場的市場找工作，成敗的原因大部分都不是自己所能控制。」

　　美國法律就業市場中，實習或法律助理（internship 或 clerkship）的競爭程度恐怕與全職工作不相上下。美國法學院學生多半會利用暑假找個地方實習，充實自己的實務經驗，同時探索自己究竟喜歡什麼樣類型的工作，無論是暑期或冬季實習，抑或是長達一年的獎助研究 (fellowship) 或是法官助理，都是備受重視的履歷經驗，也是未來求職的人脈基礎。

　　從結果來看，我的找實習之旅還算有些收穫，我針對美國國內的環境非營利組織（偏訴訟或法律倡議）、專注於美國或國際環境法的研究中心（偏政策研究）、以及聯邦政府機關（美國環保署；Environmental Protection Agency），無論是否仍有公開招聘暑期實習，總共投遞 17 份履歷，獲得 4 個機構的面試機會，最後收到 1 個正式錄取。這 17 份履歷中有幾份並不是法律實習，而是做和政策分析相關的工作。最後錄取我的非營利機構是「生物多樣性中心」(Center for Biological Diversity, CBD) 華府辦公室，我將要去實習的專案是 CBD 組織下的氣候法研究所 (Climate Law Institute)。

　　其他的機構，例如「美國自然資源保護協會」(National Resources Defense Council, NRDC) 聖塔莫尼卡辦公室，專案是 NRDC 組織下的市區淨水專案 (Urban Water Program)，雖然一路

時常晚上待在 WCC 內的酒吧
思考人生規劃

邊製作實習攻略中，
邊看長論文的文獻

進到最後階段的面試，但我已答應 CBD 於 6 至 8 月在華府實習了，時程上難以配合在 3 個月後又橫跨美國大陸，從華府搬到位於西岸的聖塔莫尼卡再實習 3 個月，故最後沒有獲得實習機會。其他兩個機構的面試，一個因我欠缺美國訴訟法背景，一個則是因我非美國公民，在更前階段就被拒絕了。

　　找實習背後有許多辛苦和無奈的故事。只能說，握在手裡的沙雖然有，但從手裡漏走的沙，其實更多。雖然哈佛讓人覺得人生有無限可能，但現實還是如同一盆冷水澆下，我體悟到要進入美國就業市場，我得在與現實妥協的前提下嘗試突圍，任何好的結果，或許都和自己的學識與經驗沒有正相關。

錯過最佳找實習的時間

　　我在秋季學期已經結束後，才知道秋季學期是各大非營利機構甄選隔一年暑期實習的季節。因此，我錯過很多本來可能有機會爭取的實習機會。例如，17 份履歷中，我心中最想去的兩個法律實習是在美國以法律途徑做環境倡議的知名非營利組織「地球正義」(Earthjustice) 的加安克拉治辦公室及丹佛辦公室，前者在自然資源保育最前線的阿拉斯加，後者則是位於全美國最美的洛磯山脈。可惜的是 Earthjustice 的暑期實習早在秋季就已經甄選完畢，我在冬季學期才開始著手找實習，已經晚了一步。

　　LL.M. 學生如何跟上一般暑期實習的甄選季節，在秋季學期就備好履歷找暑期實習呢？這幾乎是不可能的任務。試想，就算一開學就開始找隔年夏天的實習，當時我也僅有一份台灣履歷，

上頭沒有美國在地經驗，拿這份到了美國瞬間變薄的履歷，在競爭激烈的市場中爭取機會，將非常困難。更何況，秋季才剛開學，我亦無美國人脈，碰到要求要有推薦人的實習甄選，也只能放棄。我才發現，暑期實習的甄選時間其實與 LL.M. 的學習歷程並不搭，J.D. 其實才是各機構單位想要爭取的目標。

靠自己展開找實習之路

哈佛法學院對於學生求職非常重視，學校設有職涯服務中心 (Office of Career Services, OCS)，負責學生一般求職事務，座標大致面向大型事務所及企業；一年一度的紐約工作博覽會，便是由 OCS 負責協調及安排。

哈佛法學院另外設有公益諮詢辦公室 (Office of Public Interest Advising, OPIA)，負責一切與公益型工作、獎助研究、個人公益專案規劃相關的事務。然而，OPIA 並未如 OCS 一樣針對 LL.M. 學生提供專職顧問，亦未幫 LL.M. 學生量身制定符合 LL.M. 學生需求的求職規劃，所以 LL.M. 學生們若想找公益類型工作，原則上得把自己當作 J.D 學生看，在 OPIA 尋求一般性質的諮詢。LL.M. 和 J.D. 學生的背景差異甚大，J.D. 學生的軌跡很難複製，這些一般性諮詢的效益其實有限。很無奈，但似乎只能接受資源有限而且分配不均的現實。

在數次諮詢仍未獲得太多幫助的情況下，我只好靠自己了。花了很多時間找資料後，我製作了一份美國環境非營利機構攻略，包含各個機構偏側重的議題、在哪個城市有辦公室、有哪些

專案正在進行、有沒有做法律倡議、有沒有勝訴案件、有沒有國際合作業務（因此可能對外國學生比較有興趣）、實習的工作要求等，接著再從這份攻略清單中逐一篩選我有興趣的城市以及尚有實習缺額的機構。

經過一輪仔細篩選後，我發現有些名聲響亮的團體及機構，其實未必適合自己。譬如，有些機構走草根倡議路線，並不需要律師，有些研究中心則是走科際研究路線，法律非其所擅長的倡議工具。篩除這些機構後，我才開始著手準備履歷和自薦信，並在需要的時候找推薦人。這個時候，Clinic 就發揮很大的功能了，Clinic 的經驗不但是我能夠記錄在履歷中的美國在地經驗，我在 Clinic 的指導律師也因為彼此有密切的合作關係，而願意擔任我的履歷推薦人。

關於公益的無限想像

確定要去 CBD 實習後，我有機會和同樣對公益類工作有興趣的 LL.M. 同學聊起在美國進入公益類工作的甘苦，才發現有些同學像我一樣且戰且走，也有一些同學早早就已規劃好，秋季學期開始沒有多久就已經完成獎助研究提案，爭取校內和校外的財務支持，並在畢業後回到他們的家鄉或熟悉的區域，展開自己的公益專案計畫。

其實，「公益」(Public Interests) 這個概念的範疇是非常大的。當下，我沒有想太多，只是想在美國了解美國本土的環境公益實務。之後才陸續知道也有不少 LL.M. 同學眼光放在海外，

計畫在他們更熟悉的環境裡貢獻自己所長；有人在美墨邊境做移民議題，有人前往中東地區做難民救援，也有人獲得資金從事性別議題的政策研究。

善用其他周邊資源

除了 OPIA 和學校不時公告的校園徵才外，我透過兩個很有幫助的資源，幫自己更快進入公益類工作的世界。第一個是"PSJD"，這是一個提供給法學院學生的公益類工作求職平台，已經營多年，絕大多數的公益類工作，包含非營利機構的實習甄選，在此平台上都會有求職布告，法學院學生免費註冊後便能使用這個平台，透過平台投遞履歷以及聯繫徵才機構。在我毫無頭緒應該怎麼開始確認哪個機構有職缺時，PSJD 是我的救星。

第二個則是哈佛法學院校內的「公益夥伴指導計畫」(Public Interest Peer Mentorship Program)，所有的法學院學生都可以加入這個計畫，填上自己的有興趣的領域，學校會幫大家配對，找到與你有類似興趣的高年級學生，藉此增加學生間的經驗交流。我也加入了這個計畫，並認識了一位和我有相同興趣的三年級生。除了通郵件之外，我們也相約喝咖啡聊聊找工作和實習的經驗。

和這位 J.D. 同學聊完後，我才了解每個人背後都花了非常多時間和精力，才爭取到自己想要的工作和實習，J.D. 學生亦然。聽完，焦慮瞬間緩解不少。我也從這位親切的三年級生身上獲得關於環境非營利組織的資訊，以及若干面試小技巧，對我的幫助甚大。

努力，故我在

　　每一個人來到這裡，都有目標，無論是長程目標，還需要多一些時間才能實現，還是短程目標，需要在這一年之內全力衝刺。當下看著自己為了實現目標而狼狽苦惱的身姿，或許覺得辛苦，有些低潮，但事後再回頭看，其實這就是努力的證明。我很慶幸自己有努力過，也獲得了一些回報。不過，回報只是人生經驗的一部分，努力過，才讓我覺得自己在這裡存在過。

努力，故我在攝於史密斯中心門口，對面即是哈佛校園

2013.04

教你如何釣魚的國際商務交易
(International Business Transaction)

　　要讓律師具有國際事務的執業能力，並非每一種法律問題都須教到透徹，而是讓學生概覽國際交易中可能會涉及的法律議題，對每一議題都保有基本的敏銳度，大略知悉各議題中重要的法律規範。

　　雖說春假已過，太陽也連續多日露臉，但溫度計仍顯示在攝氏 10 度以下，體感溫度甚至比下雪時更寒冷，可謂寒風刺骨。春天是使人忙碌的季節，大部分同學都在趕工論文，並持續為下一年的去處奔走。

　　不久前是波士頓的餐廳週，一年中會有 2 次，各持續 2 星期。這期間內波士頓各大高級餐廳統一大降價，讓居民及旅客享受大快朵頤的機會。平常近百美元的餐點內容，幾乎都以不到五折的金額來定價。碰上這難得的機會，全城的人紛紛共襄盛舉，二百多家餐廳一位難求，我們很幸運地訂到一家法式料理餐廳，與同學一起入境隨俗，體驗波士頓美食。

　　美國各方面的物價普遍比台灣高，飲食方面更是如此，偶然發現在台灣定價高昂的 Häagen-Dazs，在美國卻屬於相對便宜的

冰品。除了便宜，還能吃到許多獨特奇異的口味，比如「香蕉櫻桃巧克力」、「鳳梨椰奶」以及「巧克力花生醬」等，都是令人匪夷所思，卻又忍不住買來嘗嘗的口味。

國際商務交易

國際商務交易這堂課的內容包含國際貨物交易 (International Sales of Goods)、海外直接投資 (Foreign Direct Investment)、代理、配銷、經銷及科技轉移，以及爭端解決等。

國際貨物交易是國際上最常發生的交易模式，有適用各國海商法的機會。以前念海商法時，未能將買家、賣家與銀行間關係理解清楚，導致許多基本概念如海運提單 (bill of lading)、信用狀 (letter of credit) 以及貨物運送契約等，都只能囫圇吞棗式記憶，更遑論許多國際貿易條規 (INCOTERM) 更是如無字天書。只因考試的關係，勉強背了許多海事優先權或免責權事由等海商法法條之規定。

在海事貨物交易中，最重要的應該是搞懂整個交易關係如何發生，那些文件代表何種意義，以及整個交易的流程，才能真正理解之後發生的法律議題。或許因為台灣公司參與國際貨物交易的機會不多，也或許是因為我國海商法糾紛解決機制的制定與法院過度保護國內廠商，導致國際海上貨物交易在台灣不發達，也使得這部分關係或法律，顯得不是太重要，我國海商法甚至即將成為國考可有可無之科目。一個國際上普遍重視的法律關係與問題，在台灣卻只讀國內法律，並且連僅存的國內法都可能淪為邊

緣化科目，令人不勝唏噓。

　　貨物交易涉及進口出口，包含關稅、反傾銷等議題，以及美國最近很熱門的境外腐敗行為法 (The Foreign Corrupt Practice Act) 等，都是國際交易中需要知道的基本法律知識，與執業息息相關的領域。

　　海外直接投資、代理、配銷、經銷及科技轉移等是各種到他國做生意或投資的方式，老師上課時會帶讀很多契約條款，討論作為律師，應該要如何提醒當事人其中所涉及的法律問題。此部分應該是律師執業涉及國際商務事務中很重要的一塊領域，以前在學校時卻少有相關的課程，大學時有修過一門契約實務，但當時帶讀的是一般個人契約，且多是制式契約範本，學習效果有限。

　　爭端解決介紹的是管轄、選法、及法院裁判執行的問題，這部分國內的國際私法、強制執行法與民事訴訟法三法配套起來，至少都有包含到相關的議題，不算陌生。

實用的課程內容

　　這堂課所涉及的範圍極廣，目的是要訓練律師，而老師 Oren Gross 也開宗明義告訴大家，他不可能將所有議題都鉅細靡遺的介紹，此亦非本堂課的目的。要讓律師具有國際事務的執業能力，並非每一種法律問題都須教到透徹，而是讓學生概覽國際交易中可能會涉及的法律議題，對每一議題都保有基本的敏銳度，大略知悉各議題中重要的法律規範。學生將來執業碰到實際問題時，就可以很快的進入狀況，知道如何自行尋找答案。本堂

課程核心的理念正是典型的給魚吃不如教導釣魚方法。

　　Oren Gross 是今年學校的訪問教授，哈佛固定每年都會聘請一定比例的外校老師於法學院開設專業課程，Gross 除了這門課程還開有國際公法。上課方式詼諧輕鬆，互動頻率高，每堂課課前預習的範圍不會太重，美中不足的是上課進度有時未能按照老師提供之講綱順利進行。

　　本堂課具有高度實用性，對於這堂課的期待並非要求自己成為任何一種課程涉及領域的專家，而是至少能在以後執業時，對於國際交易中最基本的概念有基本的熟稔度，就是最大收穫。

　　法律雖然屬於很在地的專業，但國際性質的法律執業已是目前的世界趨勢，如果可以提供學生相關的課程選擇，對於學生及事務所而言，能省下很多透過真正執業才學習入門的時間。可嘆的是，就算將相關科目開設在台灣的學校中，有興趣修課的人可能也不多。台灣學生進入法律系時，討論最多的是哪一科的上課教授有出國考，或是哪堂課能幫助節省準備考試的時間；而選擇考試以外科目的決定，多與好不好過，以及是否會花太多時間影響到準備研究所或考試相關。

　　這些或許都繫於考試制度的設計，如果考試可以不要成為學生的負擔，學生就會花時間去想畢業後要做什麼，而非僅著重在如何通過考試。知道自己畢業後要從事哪個領域的法律工作，就可以提早在選課和暑假中做相關規劃。每個法律學子都能往自己有興趣的方向前進，並且提早做出相關的規劃，學校提供相應的課程與資源，整體的法律實力才更能向上發展與推動吧！

傳奇大師的政治經濟學

2013.04

　　Unger 的特色在於，其每次開口都和演講或辯論一樣，連續 1 小時不吃螺絲，一氣呵成，且不需看稿，分點分項、氣勢磅礴的開展其論點，內容幾乎沒有重複的邏輯，每一句都是重點闡述，用字有時堪稱艱澀。

　　上禮拜去看了美式冰球 (NHL)，看球地點在 TD Garden，和籃球是同一場地，幾個月以來，看了不少場球賽，在 TD Garden 共同的經驗就是球賽暫停或休息時，常有向軍人致敬的橋段。大螢幕畫面會帶到軍人，然後宣布其英勇事蹟，全場會起立鼓掌予其致敬。

　　仔細回想，類似的畫面幾未出現在台灣。軍人的形象在一般民眾的眼中為何？仍然充滿疑問。或許因為美國是募兵制，外界普遍不熟悉軍中情形，而台灣是徵兵制，多數人都知道軍中的運作實況，對於軍隊多帶有負面的印象。這並不能怪罪於軍人本身，而是整個軍事管理系統需要改進，我們用的槍和父執輩是同一把 65K2 步槍，而我們每週收看的莒光節目，其製作邏輯也和以前大同小異。

　　軍隊存在的意義與方式在時代的進展中產生問號，美國軍隊還有自詡為世界警察的任務，台灣則處於兩岸的尷尬局面，而情報戰已逐漸取代傳統戰爭，台灣軍隊是否有在資訊情報戰戰場中取得先機，令人懷疑。時代早就迅速前行，我國的軍事系統卻仍駐足於過去。軍事系統的改良，不僅是為了取得國人的尊敬，而是能真正將國家投入的資源，有效率的用在最好的地方。

比想像中刺激的冰球比賽

傳奇的 Unger 教授

本學期多選了一堂原本不在計畫之內的課程。基於上學期有 2 學分可能不被紐約律師公會承認的危險，加選「金融危機後的政治經濟學」這堂課。本堂課由公共政策學院 (Kennedy School) 的老師 Dani Rodrik 與法學院傳奇老師 Roberto Mangabeira Unger 合開。

選這堂課除了學分考量，另一原因是衝著 Unger 的名氣而來。Unger 是巴西人，1969 年當時 22 歲的他到哈佛攻讀 LL.M. 學位，隔年申請到獎學金留在哈佛做研究，因為家鄉政治環境的關係，選擇長居美國，後來受哈佛邀請攻讀博士學位並留在法學院教授一年級法理學。他在 29 歲時，已成為法學院史上最年輕的終身職教授，其專長是法社會哲學與法理學等，目前出版的著作已經超過 20 本以上。

Unger 的特色在於，其每次開口都和演講或辯論一樣，連續 1 小時不吃螺絲，一氣呵成，且不需看稿，分點分項、氣勢磅礴的開展其論點，內容幾乎沒有重複的邏輯，每一句都是重點闡述，用字有時堪稱艱澀。其演講的終點，通常是配合全場的鴉雀無聲，主要原因在於聽眾要能跟上其演講內容的高度與深度，有一定困難，但這都無損於其演講所帶來的氣勢與震撼。

本堂的上課方式通常是由 Rodrik 用 PPT 介紹一個政治經濟學觀點或主題，然後 Unger 會站起身來評論 Rodrik 的報告，此時只能祈禱自己能多聽懂一些。最後時常結束於兩人對於某議題

不同觀點的辯論或對話。期末需繳交一篇 20 頁的報告，相對輕鬆又能獲得一些政治經濟學知識。

另一堂課程是法律倫理，老師上課較重視 J.D. 學生的回答與反應，說到這裡不得不誇獎一下美國學生的踴躍發言及積極參與課堂討論的態度。執業過一陣子就會發現，公共發言與溝通的技巧，以及對於日新月異的科技資訊掌握之能力，才是現在學生最需要學習獲得的能力。讓學生學習如何思考問題、蒐集篩選資訊並以適當的方式呈現其成果，或許比默默聽課或強迫記憶有意義得多。

由於法律倫理老師上課內容較難掌握，LL.M. 學生自發組成筆記分享會，每人分配一定範圍的閱讀量，最後構成一個全範圍筆記，期待能幫助大家共度期末難關。

兩人常非常認真的對話（Unger 在左方），台下的學生更像是參加研討會的聽眾

2019.04

環境憲法訴訟律師開課！（上）：
你的戰歌是哪首？

　　在下課前，老師問了 Kneedler 一個天外飛來的問題。他問說：「通常我們這些訴訟律師，在踏進聯邦最高法院的法庭前，都會來一首戰歌 (walk-up song) 提振士氣，順便作好萬全準備，你的戰歌是哪一首阿？」Kneedler 聽到這問題後有點靦腆，但還真報了一個歌名，老師也還真的在 YouTube 上找出那首歌現場播放大家聽，第一堂課就在爵士樂的重節拍和大家開懷大笑中落幕。

　　終於，「聯邦最高法院中的環境法」(Environmental Law in the Supreme Court) 要開始上課啦！這是我最期待的一門課了，授課老師是 Richard Lazarus，之前已經在環境法的聚會以及若干午間座談中與老師短暫聊過。

哈佛教授兼憲法訴訟律師

　　Lazarus 慈眉善目，沒有什麼架子，講話眉飛色舞，充滿熱情。第一次見到他的時候，他的腳還包著石膏！儘管如此，他還是參加了環境法社團的開學活動，端著食物和飲料、拖著他的石

膏滿場跑，和每位學生打招呼。那天參加活動的 LL.M. 非常少，Lazarus 對每一位 LL.M. 學生的背景都展現了極高的興趣，讓我們備感親切。

　　Richard Lazarus 是鼎鼎大名的環境法教授，不過比起他在學術上的成就，更特別是他同時也是一位身經百戰的憲法訴訟律師，環境法案件中的憲法爭議是他的專長，在聯邦最高法院辯論過數十件案子。從 Lazarus 的背景可知，學術和實務在美國法律界並非截然二分，只要想，完全可以選擇兩棲。不過，兩棲並非偶然，Lazarus 在投入學術界前，曾效力於美國司法部快十年的時間，期間亦擔任過數年的 Solicitor General 助理。從 Lazarus 身上，我再度看到了美國法律人職涯的多元性。

上課重點：憲法訴訟策略

　　這門課是六堂課的讀書討論課，重點反倒不是環境法，而是聯邦最高法院──這是一門關於憲法訴訟實務的課，環境法只是談論憲法訴訟實務的實體法軸心而已。不過，對於既喜歡憲法又喜歡訴訟實務，也喜歡環境法的我來說，這門課簡直囊括了所有我喜歡的事情，慶幸自己有提出申請，而老師也同意我修這門課。

　　Lazarus 規劃每堂課討論一個聯邦最高法院的環境法著名案例，討論重點放在每一個案件背後的準備歷程、訴訟策略、以及雙方的主張與論據。以憲法案例來說，這些是平常大家比較少會討論到的部分。為此，老師每堂課會邀請該堂課討論案例的辯護

律師（即原告或被告的訴訟代理人）加入我們的討論，有些親自來到教室，有些則透過電話會議，陣容非常豪華。除此之外，每週上課前，我們需要提交兩個關於該週指定案例的問題，並提出自己對於該案的評論，老師會參考大家的作業準備問題問課堂來賓。

因為著重於訴訟策略與雙方論點的緣故，這門課的上課文獻主要是兩造訴狀、言詞辯論筆錄、還有法庭之友意見，當然，判決也是必看。當時間有限，沒辦法在課前看完全部言詞辯論筆錄的時候，我會選擇找該案例的言詞辯論錄音檔，用聽的方式進行課前準備。聯邦最高法院每個案件的言詞辯論皆有錄音，且錄音檔為公開可得資訊，我因此聽完幾場精彩的言詞辯論，藉此觀察每個大法官的詢問風格以及各個律師的申論與問答風格。憲法對我而言，變得更生動也更具體了。

附帶一提，COVID-19 爆發後聯邦最高法院取消了實體言詞辯論程序，改以「電話會議」形式行言詞辯論，每一場電話會議都是直播。換言之，COVID-19 之後，大家反而可以線上參與言詞辯論，第一手聽到律師們的陳述以及大法官們的提問。

電話會議是否有些老派？

對這些年紀都不小的大法官們來說，電話會議仍是頗前衛的開庭方式。2020 年上半年某次言詞辯論，還曾發生過律師講到一半突然爆出某個大法官馬桶沖水的聲音，「到底是哪個大法官在言詞辯論時沖馬桶？」頓時成為超級經典。

以上訴辯護為志業

　　這門課只有少少的 13 個學生，自我介紹時我才知道，這群三年級生們畢業後全部都將去聯邦法院擔任法官助理，甚至有人將去最高法院擔任某位大法官的助理，二年級生們也都打算從事訴訟事務，是一群以上訴辯護為志業的法律人。如此學生組成，再加上講起最高法院便滔滔不絕的 Lazarus，以及各個戰績彪炳的課堂來賓，讓這堂課氣氛活潑，充滿訴訟律師的瀟灑、豪氣和熱血澎湃，非常有臨場實戰感。

　　附帶一提，有志於未來擔任訴訟律師（無論是初審辯護或上訴辯護）、從事審判實務、或是在聯邦或州政府司法部門服務（即是擔任政府律師或是檢察官）的法學院畢業生，大多數都會選擇在畢業後的第 1 至第 2 年擔任法官助理，以便熟悉訴訟實務以及累積人脈；其中聯邦巡迴上訴法院或聯邦最高法院的法官助理，是競爭最為激烈的職缺。

第一堂課之你的戰歌是哪首？

Weyerhaeuser Co. v. United States Fish and Wildlife Service

　　第一堂課我們討論了最高法院 2018–2019 年的第一個案子，和瀕絕青蛙密西西比林蛙 (dusky gopher frog) 的重要棲地劃定有關。這堂課的來賓是 Edwin Kneedler，該案的被告辯護律師。Kneedler 現擔任司法部 Deputy Solicitor General，在美國司法部

崗位效力 30 餘年，聯邦最高法院辯論紀錄超過 130 個案件，戰績彪炳。這位超級資深的憲法律師還親自飛來劍橋和我們一起上課。

　　Solicitor General (SG) 隸屬於美國司法部，職能是總管聯邦政府訴訟事務，並於聯邦最高法院案件中代表聯邦政府出庭，性質上可以說是聯邦政府的首席律師。SG 與聯邦最高法院的關係密切，在最高法院甚至有個人辦公室，故又被稱為「聯邦最高法院第 10 位大法官」。前任哈佛法學院院長、現任大法官 Elena Kagan 被提名為大法官前，即曾擔任歐巴馬政府的 SG。

　　就實體法律爭點而言，Weyerhaeuser 是一個難度相當高的案子，因需要倚重 Kneedler 在最高法院的經驗，算是被臨危授命。在這堂課裡，Kneedler 從辯護律師的角度分享了為何 Weyerhaeuser 是一個極其困難的案子，困難的原因也包含旗鼓相當的對手——原告律師 Tim Bishop 也是一位戰績彪炳、專攻環境法的憲法訴訟律師。Kneedler 也以訴訟老手的身分暢談了他多年的執業經驗，包含如何準備書狀、言詞辯論，以及每個大法官的特質和習性。

　　可能是第一堂課的關係，大家還沒有很進入狀況，因此錯過了向這位超級前輩提問請益的機會，偏偏 Kneedler 是全部來賓中最資深的律師，相當可惜。

　　在下課前，老師問了 Kneedler 一個天外飛來的問題。他問說：「通常我們這些訴訟律師，在踏進聯邦最高法院的法庭前，都會來一首戰歌 (walk-up song) 提振士氣，順便作好萬全準備，

你的戰歌是哪一首阿？」

　　Kneedler 聽到這問題後有點靦腆，但還真報了一個歌名，老師也還真的在 YouTube 上找出那首歌現場播放大家聽，第一堂課就在爵士樂的重節拍和大家開懷大笑中落幕。

第二堂課之淡化激情將一切回歸法律論述

Massachusetts v. EPA

　　第二堂課我們上了 Massachusetts v. EPA，這個案子是由麻州領軍的州政府們以及許多環境非營利組織共同提起訴訟，主張美國環保署有權限且應該管制車輛的二氧化碳溫室氣體排放。此案是美國環境法及行政法史上的超級經典，沒有這個案子，就沒有歐巴馬執政後一系列關於溫室氣體減量政策。這堂課的來賓是 James Milkey，現任麻州上訴法院法官，時任麻州助理司法部部長 (Assistant Attorney General)。在聯邦政府當中，不同於其他內閣首長是以 "Secretary" 相稱，司法部部長稱為 Attorney General (AG)。

　　Milkey 非常幽默，跟 Lazarus 兩人一搭一唱，分享彼此年輕時打拚的故事，整堂課充滿老訴訟人的豪氣。我們從當時這個案子的政治背景開始聊起，接著聊到訴訟策略，此案的原告非常多，因此整合一大群原告、分配工作是一件相當辛苦，且需要高超談判手腕的事情，包含很多原告時要怎麼分配論點，怎麼整合眾人的利益等，連原告群由麻州領銜、案件名稱叫 Massachusetts v. EPA，也是經過縝密的安排。我後來在華府實習，也稍微地經

歷了很多非營利組織加入原告的案件應當要怎麼整合的過程，確實非常不容易。

此案在巡迴上訴法院階段原告是敗訴的，Milkey 娓娓道來關於原告們「是否要上訴到最高法院」的難題。這個問題之所以難，是在於「上訴的風險」：上訴最高法院的風險很高，最高法院可能會給出不利於原告的意見，進而影響後續關於溫室氣體減量的政策及立法倡議，因此幾乎所有的州和環境團體都不願冒險。不過，Milkey 最後成功說服大家「就拚這一次」。這一次，還真的拚上了。最高法院出乎意料地收下此案，各州和環境團體們一共 50 幾位律師，又緊接著在六個禮拜之內生出訴狀及答辯狀、準備言詞辯論。

我們一起看了很多段言詞辯論筆錄，能夠和親上法庭的律師本人一起看他個人的言詞辯論筆錄，聽他分析每句話當時的脈絡，和大法官們交鋒的過程，真的是非常有趣的事情。

Milkey 分享了在言詞辯論時他們採取的策略，是淡化「氣候變遷或溫室氣體管制」背後強烈的政治意涵和價值判斷，突顯最高法院在意的法律爭點。然而，這並不表示 Milkey 等原告律師沒有要透過此案件倡議的決心。

要怎麼倡議呢？Milkey 邊回憶邊娓娓道來，原告們花了很多心思在書狀上，在字裡行間穿插這個案子的核心價值，靈活運用書狀作為倡議工具。Milkey 直指，不會有一個原告律師會想冒著得承受不利結果的風險，在法庭上逼迫有五票保守票的最高法院面對艱難的價值命題，既然如此，這個案子的靈魂就得依靠

一支健筆了，這需要極高的撰狀能力，極好的文筆和法學素養。

　　課堂的最後，老師同樣問了 Milkey 他的戰歌是什麼？然後，也播了那首歌給大家聽，是一首我沒有聽過的英文老歌。原來，還真的每個人都有一首戰歌，我內心想著。

　　這是一個瘋狂的案子，充滿瘋狂的人：血性的環境人、盡忠職守的政府律師、法庭上的老資深、睿智的大法官們。聽完 Milkey 的分享方了解到，被視為超級經典的 Massachusetts v. EPA，一路以來並沒有多少天時地利人和，有的是每個人在他們各自的位置上全力以赴。

春天乍臨，
聯邦最高法院中的環境法開課！

2019.04

環境憲法訴訟律師開課！（下）：
老將的言詞辯論稿

　　老師自己就是上台的辯護律師，所以他大方分享了自己的言詞辯論稿給我們參考。何其有幸可以看到憲法老將的言詞辯論稿！老師有一份大綱式口說稿，附上只有他自己才看得懂、充滿縮寫的案例引註；另外還有一份簡潔的大綱式問答稿，用來回應大法官們可能的提問。

第三堂課之無償案件是人生最精彩的回憶

Monsanto v. Geertson Seed Farms

　　第三堂課我們上了一個和美國環境影響評估法有關的案例，原告組合是基改龍頭孟山都公司以及美國農業部，被告則是環境團體和種植非基改植物的農夫們。老師邀請了被告方的代表律師 Larry Robbins 加入我們的討論，Larry 做了多年的政府律師，亦曾是大型事務所 Mayer Brown 的合夥人，聯邦最高法院辯論紀錄為 18 個案件。

　　整堂課我們沒有花太多時間討論實體爭議，而是討論了什麼是憲法訴訟最難的地方，對於這問題，Larry 毫不猶豫地表示當

然是「如何讓最高法院接案」，前兩堂課的來賓們也有提到這個重點，這似乎所有憲法訴訟律師的共同心聲。Larry 分析，為了讓最高法院接案，每個團隊都會找尋最厲害的訴狀寫手加入訴訟團隊，力求移審令書狀 (petition for certiorari) 有爭點、有故事。既然聊到書狀，我們也接著聊到書狀撰寫。在這些老資深眼裡，出色的書狀幾乎是整個訴訟成敗的關鍵。Larry 認為律師會說故事是重要的技能，包含如何找出適合的敘事調性，同時，每個律師需要有自己的撰狀風格。這些都得從年輕的時候就開始累積，他因此建議大家廣泛閱讀，培養自己說故事的能力。

　　這堂課最打動我的都不是以上，而是本案是一個無償的公益案件。Larry 這輩子接了非常多的無償案件，在大型事務所服務期間亦然，他所承辦過的矚目案件，很多也是無償；無償沒有關係，重要的是因為那些案子裡有他最關切也最在意的事情。Larry 誠摯地向我們分享道：「不要吝於承辦無償的公益案件，你們的執業生涯一定要去做你最想、超級想做的事情，最後你會發現這些事情是你人生到老最棒、最美好的回憶。」

　　有一位同學問他：「那我們究竟應該如何選擇呢？」

　　Larry 回憶說他還在法學院念書時，完全沒想過自己有一天會去擔任政府律師，他隨著多數人選擇進入大型事務所執業；如果可以，他希望自己可以早一點開始政府律師的執業生涯，然後嘗試更多不同的位置。

　　究竟應該怎麼選擇？

　　他回答：「人生（律師工作）的選擇真的太多，你們得盡可能地去想像，然後好好選擇你的職涯起點 (choose well)。」

　　哈佛這一年裡，Larry 並非第一個人慎重地表達一名律師應該慷慨地在公益案件上付出，也不是第一個人鼓勵大家「去做你喜歡的事情」。孟山都案在講什麼，或許過幾年我就淡忘了，但 Larry 說這一席話時懇切的眼神，我會永遠記得。

第四堂課之老師自己上場的案子

Murr v. Wisconsin

　　第四堂課我們上了 Murr v. Wisconsin，這個案例和環境法無關，而是一個土地徵收案件，此案的被告有兩個，一個是威斯康辛州、一個是爭議土地所坐落的郡。Lazarus 自己則代表被告之一。原來這是老師自己上場辯論的案子！難怪在聽言詞辯論錄音時覺得聲音好熟悉。

　　今天的來賓是 Elizabeth Prelogar，現任 SG 助理，曾先後擔任兩位大法官 Ruth Bader Ginsburg 及 Elena Kagan 的大法官助理，亦曾服務於大型事務所 Hogan Lovells，聯邦最高法院辯論紀錄為 6 個案件。

　　這堂課先由 Lazarus 自己擔任案件律師的分享人，他說土地徵收案件往往因為事實相當複雜，導致這類案件在最高法院辯論有其難度，原因在於案件事實與證據在最高法院反而會起關鍵作用，而案件事實成為案件核心此種情形，在僅處理法律爭議而不處理事實爭議的最高法院中並不常見。此時，律師如何善用下級

審的事實和證據，重新組裝這些證據，提出合理的理解事實的架構，再放到大法官面前並正確表述，就變得特別重要。

這堂課最有趣的是，老師自己就是上台的辯護律師，所以他大方分享了自己的言詞辯論稿給我們參考。何其有幸可以看到憲法老將的言詞辯論稿！老師有一份大綱式口說稿，附上只有他自己才看得懂、充滿縮寫的案例引註；另外還有一份簡潔的大綱式問答稿，用來回應大法官們可能的提問。Elizabeth 也分享了她準備最高法院言辯的方式：她會把書狀和下級審判決拿出來一邊重看一邊盡可能列出任何問題，一邊自己在辦公室大聲把答案說出來，結束後就會有一份問答稿了。

準備好稿子後，接著就是模擬練習。是的，每場最高法院言詞辯論前，都會有數場的模擬練習。SG 辦公室是和聯邦最高法院案件最密切的機關，Elizabeth 介紹 SG 辦公室的做法，是採前1 小時不間斷提問，第 2 小時才進入溝通討論。此外，SG 會公開邀請各機關單位，任何覺得此案會影響職權行使、或有興趣參與法律主張架構的機關單位，都可以加入模擬練習。庭前模擬練習是個很有趣的過程，我在華府實習時也參加過 2、3 場州法院及聯邦第九巡迴上訴法院案件的庭前模擬練習，協助我的指導律師準備開庭。根據我的經驗，模擬練習確實可以有效幫助辯護律師精進申論與問答，同時還能激發更多論點和更有力的回應。對即將上場的辯護律師來說，庭前模擬練習也是「找感覺」的好機會，和戰歌有異曲同工之妙。

　　老師最後分享，他在無償接 Murr 這個案子後，遂找了哈佛法學院當年度的 Ames Moot Court 冠軍隊加入這個案子，協助他準備書狀撰寫工作。Ames 是哈佛法學院歷史悠久的模擬法庭辯論賽，每年競爭激烈，獲得冠軍是一生榮譽。應了老師的邀請，這群即將畢業的三年級生便熱血衝衝地跟著老師展開他們人生中的第一個聯邦最高法院案件，從模擬法庭，走進真正的法庭。

第五堂課之史上最精彩言詞辯論

Rapanos v. United States

　　第五堂課我們上了一個關於淨水法的指標案件，因為涉及若干行政法爭議，再加上在這之前已經有兩個類似議題的指標性案件，因此此案難度相當高。這個案子更為人所知的還有它的言詞辯論，被圈內人評價為最高法院史上最精彩的言詞辯論。

　　這個締造史上最精彩言詞辯論的律師，就是本堂課的來賓 Paul Clement。Clement 時任 SG，曾任前大法官 Antonin Scalia 的助理，後來服務於大型事務所 King & Spalding，現在則服務於另一間大型事務所 Kirkland & Ellis，是非常資深的上訴辯護律師，聯邦最高法院辯論紀錄超過 90 個案件。

　　Clement 分享了很多擔任 SG 的故事，包含他自己在前老闆 Scalia 面前陳述時的微妙氛圍，以及 Scalia 獨有的提問方式如何改變了晚近最高法院的言詞辯論風格，大幅增加庭辯雙方的互動。我聽了這個案子的言詞辯論錄音檔，Clement 屬於直言不諱型的辯護律師，直問直答，沒有一絲停頓；甚至是在大法官們表

達意見時，他若不苟同大法官的見解，也會直接說我不同意，確實是一場相當精彩、難以超越的言詞辯論。

　　關於 SG，Clement 說當一名聯邦最高法院訴訟律師，最重要的任務就是爭取 5 票，這個工作實非易事，尤其是言詞辯論時要如何爭取到票數又不讓其他人跑票，當中會牽涉許多訴訟策略的擬定。Clement 亦表示，SG 這個職位需要在個案中更上位、通盤地思考聯邦政府的整體利益，因此身分並不同於一般的上訴辯護律師，而這特殊的身分往往令爭取 5 票的策略更加複雜。

　　SG 是個有趣的職位，只要最高法院案件兩造的一方是美國聯邦政府，就是 SG 辦公室要接案。Rapanos v. United States 的矚目性也體現在此案是由 SG 本人上場行言詞辯論，通常只有最爭議或最重要的案子，才會由 SG 親自出馬。

終堂之常熟聚餐

　　原先，第六堂課是要討論一個即將行言詞辯論的案件 County of Maui v. Hawaii Wildlife Fund，老師甚至考慮帶我們去華府戶外教學，來場現場的言詞辯論，惟因最高法院時程延後，最終無緣這場小旅行。老師最後決定邀請大家去常熟餐廳吃飯，慶祝我們一同走完了這堂上得超級開心又收穫滿滿的課。

　　常熟是學校附近的中餐館，也是台灣學生的最愛，當然要參加聚餐了。大家一邊扒飯一邊聽老師講最高法院的奇聞軼事，那些大案壓境，壓力奇大，但最後打出漂亮一仗的時光，席間氣氛非常爽朗。

　　Lazarus 這門課是我所有在哈佛修過的課裡最喜歡的課。不僅是因為這門課結合了我喜歡的環境法與憲法訴訟，更重要的是，這門課具有濃厚的傳承意味。這些老資深們把他們的經歷與觀點、他們走過的路、上過的最高法院戰場、他們的不後悔，分享給了還坐在教室中的我們，期許這些經驗能夠為我們的人生帶來一些火花。對於參與這堂課的所有人，包含我這個外國學生而言，這堂課就像是我們即將走出校園前的戰歌，為我們做好了上場前的準備。老師的用心良苦，可見一斑。

2013.04

一人對一城：

恐怖主義在波城❶

　　在嫌犯被逮捕後，CNN 第一時間討論的問題，不是主持人問名嘴關於嫌犯在船上做了些什麼，也不是模擬演出警方如何迫近抓到嫌犯，而是關心在逮捕的當下警方有無行米蘭達告知義務，告知嫌犯其有權保持緘默以及要求律師辯護。

　　4 月 18 日夜間收到學校緊急的簡訊與郵件，通知大家 MIT 附近發生槍擊案件，兩名男子突襲麻省理工學院 (Massachusetts Institute of Technology, MIT) 校警後逃走。麻省理工學院和哈佛校區僅僅相隔地鐵幾站的距離而已，學校提醒大家不要出門，並已啟動巡邏警戒模式。

　　不久聽到遠處警車聲大作，再度收到通知，這一回歹徒竟然已經劫車跑到 Watertown 了，從法學院開車到 Watertown，只需要 10 分鐘車程。這下子更感受到了危險，待在家裡都不知是否安全？而新聞持續報導歹徒和警察槍戰，並持有爆裂物，隨時可

---

❶ 本文曾經刪改登於《聯合報》民意論壇，參見李劍非，波士頓封城 CNN 沒有批評、只有事實，《聯合報》，2013 年 4 月 23 日，A15 版。

能到處爆破。雖然這一切都很震驚，但由於預定好隔天早上要買菜，所以早早睡去，心想早上起來等人被捕後再來了解事情原委。

第二天一早起床，正要出門之際，檢查簡訊及郵件，才發現事情竟然還沒結束，嫌犯仍在逃，政府並已發布停班停課的決定，所有大眾運輸工具都已停駛，並希望民眾不要出門。整個波士頓的星期五頓時成為鬼城一般，街上只有警察；並有直升機盤旋於空中。人人自危待在家裡，靜待進一步消息，這情景彷彿全城自動戒嚴。

沒想到這一等就是一整天。兩名嫌犯在逃過程中向人坦承就是星期一馬拉松的炸彈客，其中較年長的 26 歲哥哥已經在警匪槍戰中死亡，在逃者是 19 歲的弟弟。警方將 Watertown 整個封鎖，逐戶搜查，原以為所謂逐戶搜查是像電影一樣敲敲門，然後問問每一戶有無異樣。打開電視看新聞，才發現原來所謂逐戶搜查，是動作電影演的那一種，十幾個武裝部隊人員，人手一把大槍進入房子內搜查，房門外並停著一台武裝車。這樣大陣仗的逐戶搜查一直到天黑，正當全城的人身心都疲累不已時，終於在 CNN 中看到嫌犯在船上被找到的消息。

至此全城歡呼嫌犯落網，許多居民悶了一整天，跑上街歡呼萬歲。而第一次在美國的恐怖主義經驗，也在心中蕩漾許久。

關於媒體專業

一直以來沒有認真收看美國的新聞台，這次為了持續了解事

情的進展，在新聞台前聽了 CNN 新聞一整天，雖然大部分時間媒體因為警方沒有任何進展，而必須重複相同的報導內容，但收視率也未因此下降。

消極面上媒體沒有出現逾矩的報導，也未出現誇張的用字；積極面上，有幾件值得記錄的事情。其一是整個封城過程，警方不知道嫌犯是否有同夥在外，為了避免警方行動與資訊走漏，讓嫌犯有以茲因應的空間，整個封鎖過程中，記者大部分是進不了封鎖圈的。CNN 在過程中也諸多配合警方，只以言語報導從外觀可見的資訊，並且告知觀眾其不便展示相關畫面。許多時候 CNN 並未使用即時畫面，而以先前畫面取代，也是為了配合警方行動。

此外，在嫌犯被逮捕後，CNN 第一時間討論的問題，不是主持人問名嘴關於嫌犯在船上做了些什麼，也不是模擬演出警方如何迫近抓到嫌犯，而是關心在逮捕的當下警方有無行米蘭達告知義務，告知嫌犯其有權保持緘默以及要求律師辯護。事後證實警方在逮捕過程未盡告知義務，但基於美國有公共安全的例外允許規定，有主張正當化的空間。CNN 在第二天早上持續安排專家討論這個問題，平面媒體上也可以看到對於相關問題的辯論。

對於媒體在事件落幕後主要討論的方向竟然是 FBI 應否遵守告知義務，真的很讓人感動。嫌犯可能就是奪走數條生命以及造成百多人受傷的真兇，但是媒體和人民沒有因為傷心或憤怒而失去理智，沒有看到對於嫌犯的太多謾罵，在乎的竟是嫌犯有無受到米蘭達告知義務的保障。究竟經過多久的教育與沉澱，才能

有這樣的社會理性，不過兩百年歷史的國家，在這次的事件中做出了良好示範。

值得一提的是，嫌犯和許多馬拉松傷患入住同一家醫院，雖然許多病患或家屬抱怨無法接受和嫌犯同住一個醫院，但這一切並沒有被 CNN 過度誇張報導，只在記者的三言兩語中帶過。嫌犯被捕時受了重傷，但是時至今日，媒體也沒能得知並報導嫌犯的傷勢細節，以及檢警方的訊問或偵查進度，一切都保障了病人的基本隱私，與實質的偵查不公開。這一切除了是媒體專業，也應該是醫院專業、檢警方專業的結果。沒有檢警方或醫院的透漏消息，也不會有被縱容慣壞的媒體。

雖然早上電視台所播放的內容，大部分仍是昨日事件的回顧，但到了下午已經轉換報導四川大地震與其他國際消息。兩天下來，或許有時多了些大美國主義，但沒有太多的濫情、獨家或逾越分際，多只是報導警方發布的官方消息，除了米蘭達告知義務的兩面討論，沒有更多的批評，僅就事論事的呈現「事實」本身，從頭到尾，嫌犯 (suspect) 也終究只是嫌犯。

恐怖主義 2.0

兇嫌的哥哥在美國拿到居留權，弟弟是歸化的美國公民，雖然兩人原籍車臣，但是都已在美國待一陣子，弟弟並在學校中有優秀的表現，可說是在地美國人。

CNN 記者在報導時即已指出，我們該稱兩人什麼？是在地恐怖分子 (domestic terrorist) 嗎？恐怖分子或恐怖主義傳統都是

暗指中東的宗教激進分子，而其長期以來為人詬病的問題就是定義不清。定義不清的恐怖主義讓政府取得許多限制人權及違反正當程序的權限。美國將這一切的邏輯建立在槍口對外的前提上：外國的恐怖分子人權應該受到限制，以保障國家安全。

　　但這次，所謂「恐怖分子」是具有美國公民身分及居留權的，雖然不是嚴格意義中正港的美國人，但這已意味著經過十年的進化，恐怖主義已經發展出進階版。美國不再能隨便將恐怖攻擊怪罪於其他國家身上，然後恣意出兵攻打洩憤。當恐怖攻擊者是自己國民時，美國政府或人民，是否還會毫不猶豫的犧牲人權，只為打擊恐怖嗎？一切都尚待觀察。

　　接觸法律以來，一直懷疑美國對於恐怖主義相關政策的正當性，原本預想赴美讀書可以接觸到相關的辯論，令人訝異的是，無論是校內開設的美國憲法，或是美國刑事訴訟法，內容竟然都鮮少觸及恐怖主義相關法律正當性的討論。或許恐怖主義從來就只是在處理赤裸裸的恐懼，而過於客觀的法律討論無法觸其核心。

　　就像 Parker 上憲法時說的，政府措施或反政府措施，都是建立在恐懼之上，恐懼是無法用言語就可以讓人理解的，你必須親身去想像與體驗。當感受到一個拿著炸彈到處轟炸的嫌犯就在離你 10 分鐘車程的不遠處時，你是否會同意政府拿著重裝武器侵入家裡搜查，以捕獲嫌犯，多數的人可能都會給出肯定的答案。因為此時人們對於迫切危險的感受，已經遠大於對人權受不當侵犯的恐懼。

　　但仔細想想，嫌犯在逃也就 1 人，1 個人就開啟了全波城人

民的自動對己封鎖，並且讓警方出動將近 1 萬人部隊對峙將近 20 小時，而事實上嫌犯大部分時間都在小船上受傷奄奄一息。究竟是這 19 歲的少年可怕，還是人們或政府塑造的恐懼本身可怕，答案已不再清楚。無論如何，我們見識到了恐懼在短時間內倍數成長的威力與效果。

而更直接的恐怖主義問題在於恐怖事件發生之後，對於未來恐怖攻擊危險的恐懼，是否會讓人們將人權被侵害的恐懼拋諸腦後？已經開始有人主張應該讓嫌犯受軍事審判，不給予米蘭達權利保障，以直接逼問出其他同夥或相關事實，才能防止未來的恐怖攻擊。更多的管制，也將接踵而來。

美國對於人權與正當程序的妥協，究竟要犧牲到何種地步，才能撫慰對於未來不可知危險的恐懼，無從預測。但是否恐懼本身，才是帶來更多危險以及更多恐怖攻擊的元兇，而需要加以控制，才是值得深入思考的問題。

2013 年 4 月 19 日封城後波士頓成鬼城，圖片來源：取自 CNN 官網（http://edition.cnn.com/2013/04/19/us/gallery/boston-ghost-town/index.html，**最後瀏覽日**：09/27/2013）

2013.04

Fallon 教授的憲法教室：
黑人公民、黑白隔離與墮胎

　　在許多爭議的案件中，時常可以明顯感受到教室中的低壓。這種沉重的氣氛有時肇因於案例中當事人的難受處境，有時係因為某議題涉及難以抉擇的價值選擇。

憲法第 14 條增修條文與實質正當法律程序

　　Fallon 憲法教室的下半段，進入美國憲法第 14 條增修條文中平等權以外的其他根本基本權 (Fundamental Rights)。根本基本權一詞乃是湯德宗大法官所譯 ❷，意涵和一般理解基本權的意義雖然差異不大，其在美國憲法下卻存有特殊之脈絡背景，一般較常被忽略。

　　由於美國憲法本文都在規範聯邦，早期衍生了許多州政府侵害人權是否受到憲法拘束的問題，於制定第 14 條增修條文時，正式將如平等權、正當法律程序等權利明文規範州亦須受到聯邦憲法之拘束。由於除了憲法第 13 條及 14 條修正條文外，其他涉

❷ 參見如湯德宗大法官於司法院大法官解釋第 694 號之部分協同暨部分不同意見書。

及基本權的條文皆未明言州亦須受到限制，於第 14 條增修條文制定後便衍生出除了明文之平等權外，其他尚有哪些基本權亦會因第 14 條增修條文之正當程序或平等權條款，成為對州亦具有拘束力的「根本基本權」(Fundamental Rights)。

被憲法修正條文明文所承認的基本權如言論自由或擁槍權等，大多都已被聯邦最高法院解釋拘束於州。通常會有爭議者，則是未有憲法明文的基本權利，是否能被人民援引以之對抗州政府措施，主張違憲、或能主張到何種程度。根本基本權有從第 14 條增修條文中之平等權條款解釋出者如投票權、婚姻自由等，亦有從正當程序條款推導出之墮胎權利及隱私權等，第 14 條增修條文之正當程序條款因此被稱為「實質正當程序」(Substantive Due Process)。

在根本基本權的討論中，美國聯邦最高法院必須衡量州地方政府的自治權，是否將因承認某根本基本權或擴張解釋其範圍而造成聯邦對於地方事務過度的干涉，其中涉及聯邦與地方權力分立的考量。故一項權利是否成為根本基本權與其成為根本基本權後司法審查的密度，皆繫於聯邦與地方關係之拉扯。成為根本基本權者，聯邦最高法院通常會以嚴格審查來檢視相關州政府措施，而被解釋為非根本基本權者如契約自由、其他一般行為自由等，法院多會行合理寬鬆審查。

美國法院檢視一項基本權是否應成為根本基本權而受到嚴格審查之標準，如是否為傳統以來即受重視之基本權利，與是否為憲法明示或暗示支持之重要基本自由等，固可作為我國相似人權

採用審查標準之參考，但不能忽略美國法院認定是否為根本基本權之理由，有尊重州權之考量存在，故被美國法院認為非根本基本權者，不代表在我國必然亦應採取合理或寬鬆之審查基準。

充滿價值選擇的憲法議題

本學期憲法課程所涉及的議題範圍非常廣，在許多爭議的案件中，時常可以明顯感受到教室中的低壓。這種沉重的氣氛有時肇因於案例中當事人的難受處境，有時係因為某議題涉及難以抉擇的價值選擇。

比如 1857 年的 Dred Scott v. Sandford 乙案，最高法院直接認定黑人並非美國公民，所以不具有於聯邦法院訴訟的資格，老師介紹該案時，全班鴉雀無聲，似在為當時有這樣的法院判決哀悼。又如 1896 年的 Plessy v. Ferguson 乙案，最高法院赤裸裸地宣告隔離黑白種族的公車合憲，無論於討論或是閱讀該案時，老師及學生皆須難堪地面對最高法院曾經犯下認可黑白隔離措施的錯誤。

最後是 2007 年的 Gonzles v. Carhart 乙案，涉及管制成形嬰兒墮胎 (Partial Birth Abortion) 措施的合憲性問題，討論本案的殘酷處在於必須先了解何謂「成形嬰兒墮胎」措施之內容及細節，老師在介紹此種墮胎嬰兒是如何被手術取出時，坐在教室中對於畫面想像的殘忍並不下於直接觀看墮胎影片。也因墮胎過程殘忍，才會造成在尊重女性自主與胎兒生命權兩者間權衡的困難。

Fallon v. Parker：兩種不同類型的思考脈絡

和 Parker 一樣，Fallon 一直強調聯邦最高法院不是 "it"，而是 "they"，必須時時謹記法院中活生生的 9 個人存在著各自的立場與憲法解釋方法。Parker 對於最高法院多了些絕望，而認為許多問題應該由國會及人民來解決，最高法院不應介入；Fallon 則認為司法應透過緊密的說理來尋找其違憲審查正當性，因此持續強調文義解釋、歷史解釋、架構解釋、判例尊重及價值取向 5 種論點形成與解釋方法的重要性，並以此 5 種解釋方法檢視最高法院判決。其認為，聯邦最高法院讓憲法活絡 (Living Constitution)。

除了對於最高法院的期望不同，兩人對於律師的訓練方法亦有不同。憲法在法學院從不是抽象的，因為無論從 Parker 到 Fallon，2 人上課的宗旨都不只是在理解憲法原理與案例，還包括教導學生成為好的律師（lawyer，此處的律師，應係廣義包含所有的法律人，因為所有的法律人都必須學習如何主張論點）。Parker 認為優秀的法律人知道如何透過恐懼與感受形成論點，故其上課重點，在於解讀各判決中訴諸之恐懼；而 Fallon 則恰巧相反，認為透過縝密的說理及解釋方法，法律人可以真正的說服他人，所以其上課反覆講述最高法院各種判決中，如何運用 5 種論點及解釋方法論證。

兩位老師對於憲法世界的觀察不同，但都讓我對於憲法有重新的理解與認識，感謝 Fallon 教授的憲法教室，讓學生們享受透徹淋漓的學習感受。

法學院院徽蛋糕

關於 MeToo 運動的爭議觀察

2019.05

　　有不少哈佛學生採取更基進的立場，認為這位 MeToo 運動的核心爭議人物不應享有被辯護的權利，而這位知名的法學院教授則更不應該擔任此位爭議人物的刑事辯護律師。

　　趁正式進入期末考週前，我和朋友們參加了 TED Talks，今年恰好是 TEDxCambridge 十週年，在波士頓歌劇院 (Boston Opera House) 舉辦，非常盛大。這次的 TED Talks 邀請了六個不同領域的講者分享他們的研究成果，包含研究多元性 (diversity) 的專家、研究行為科學的教授、用詩治療病人的醫生、哲學家、人類學家、心理學家、還有兩段很感人的音樂表演。

　　每段演講都很棒，每個人研究的議題也都很有趣又特別，就像 TED 平常帶給我們的，是寬闊的知識領域和各式各樣不同的人生體驗。不過，不知道是否是因為在麻州劍橋是個學術重鎮的緣故，我們聽完後的共同心得便是本次 TED Talks 的議題頗為艱深，既不親民也不科普。難道，這是某種麻州劍橋本色？

　　我在哈佛讀書和生活所認識的，究竟是什麼樣的美國？在美

國近年益發極化的社會氛圍裡，意識型態壁壘分明，社群媒體的「取消文化」(cancel culture) 使大眾只聽同溫層的言論，不同群體之間彼此不再對話，在群體內形成一股政治正確的風氣，這些都不是奇怪的事情。菁英與庶民之間產生巨大鴻溝，各自眼中的社會如同平行時空，雖一再被警告再這樣下去是危險的發展，美國社會目前卻也沒有應對這些情況的解方。劍橋與哈佛校園，似乎也難以倖免。

這晚的 TEDxCambridge 令我意識到，我所熟悉的劍橋和哈佛校園，或許僅反映了美國社會中屬於菁英、高等教育圈的面向，而未真的反映美國的整體常態。這也令我想起兩個喧鬧一時，關於政治正確的事例。

前陣子某位哈佛法學院教授，因擔任引發 MeToo 運動的爭議人物 Harvey Weinstein 的刑事辯護人，而遭到學生激烈抗議，這些校園爭議，最終導致哈佛大學決定不再聘請這位教授續任大學部某學院的院長。MeToo 運動造成反性侵與反性騷擾的社會運動風潮，哈佛學生幾乎是一面倒支持 MeToo 運動。有不少哈佛學生採取更基進的立場，認為這位 MeToo 運動的核心爭議人物不應享有被辯護的權利，而這位知名的法學院教授則更不應該擔任此位爭議人物的刑事辯護律師。此事件引發 LL.M. 學生對於支持 MeToo 運動與捍衛被告受辯護的基本權兩者之間應如何拿捏的討論，身處在校園裡，我觀察到支持校方決定的人屬於多數，而反對的聲音則相當微弱。

　　另一個例子是秋季學期時，法學院學生曾因現任聯邦最高法院大法官 Brett Kavanaugh 大法官任命案一事舉行集會活動，抗議疑似有過性騷擾行為的 Kavanaugh 不應擔任聯邦最高法院大法官一職。此集會活動引發巨大反響，而 Kavanaugh 大法官似乎也礙於哈佛學生與校友輿論壓力，最終決定取消預計 1 月在法學院教授的「自 2005 年以來的聯邦最高法院」(The Supreme Court Since 2005) 課程。事實上，Kavanaugh 從 2008 年起即每年固定在哈佛法學院教授一門課程，究竟大法官任命衍生的爭議與 Kavanaugh 來客座教書兩者之間，是否具有必然的關聯性？這問題曾在 LL.M. 學生之間引發許多討論。我觀察到，哈佛法學院普遍不能接受 Kavanaugh 擔任大法官，也不能接受他繼續來哈佛教課，反對的聲音則幾乎不存在於公眾討論場域。

　　究竟是在哈佛讀書的學生立場都一致，還是反對或質疑的聲音因政治正確的氛圍而轉為低調？不得而知。然而這些現象多少顛覆了我對美國是觀點多元、言論市場蓬勃發展的國家的這個認知。

TEDxCambridge 十週年盛大舉辦

2013.05

法學院最後的考試

多數考試都會為答題者設定好角色，例如法官、律師，或助理等。學生在考試時學會以不同立場思考問題與辯論，並且設法運用手邊可觸及之資訊，來解決擬真的考試問題，相當程度貼近了實務與生活，不會使考試流於記憶與背誦。

期末考前提供前年優秀答案作為參考

不知不覺又到了期末考週，有些課程的教授會將往年學生優秀的作答發給考生，模範作答考卷上只有學生編號，學生雖然無從得知作答者是誰，但可以因此預測老師評分的標準，了解怎樣的作答方向或筆觸，能獲得高分。

從讀法律系到參加律師高考，無論是授課老師或是考選部，鮮少看過官方就申論題提供解答，所以無論是在學校或是準備考試時，就會聽到坊間許多令人莞爾卻又不知是否可信的作答傳言。比如某堂課期末考老師喜歡學生用黑色的原子筆作答，重點要用畫線強調；某師偏好學生寫論點時不分段不下標題一氣呵

成；建議法律專有名詞後方括弧註明德文或英文原文；某堂課期末考老師不喜歡學生用簡體字作答等，太多各式各樣稀奇古怪答題的撇步。

其實要身兼完美出題者及解答者絕不是容易的工作，好的老師不見得是最優秀的作答者，而法律科目的許多題目的確很難有所謂標準答案。然而，提供往年獲得高分的試卷是可以參考的做法，一來解題者立於和考生相同的作答環境與條件地位，寫出的答案極具參考價值，二來多份高分作答併呈的結果，亦可讓學生了解答題方向，不用到處靠小道消息捕風捉影。最後是可以解決老師如何寫出一份無懈可擊「正確」答案的苦惱。

法律其中一項重要功能若係可預測性，從法律考試開始，就應該給足考生最基本的預測空間：也就是參考答案。

法學院打成績的方式不以 ABCD 分級，而是分為院長獎 (Dean's Scholar)、高分合格 (High Pass)、合格 (Pass)、低分合格 (Low Pass) 以及不及格 (Failed)。除非犯下極度不可容許的錯誤，比如作弊或是嚴重惹惱教授，教授基本上不會當掉學生，Low Pass 因此取代 Failed 而等同於不及格。哈佛的 LL.M. 學生和 J.D. 學生一同考試評分，聽過有 J.D. 學生因此戲稱 Low Pass 是專為 LL.M. 學生設計的成績評等。但事實上，LL.M. 學生拿到 Dean's Scholar 或 High Pass 亦是所在多聞。

哈佛法學的期末考方式

4-5 月是榨乾人的季節，除了接踵而來的考試，碩士論文的繳交期限亦在 4 月底。碩士論文不須口試，只要指導教授審核過關，即可影印交給學校研究生辦公室。我與指導教授 Mark Wu 對於論文進行了幾次的討論後，最後完成了 80 頁的論文 ❸。

如上學期介紹，法學院考試可分為期限內交報告、家中考試 8 小時，以及教室中考試 3 小時。秋、冬兩個學期都只體驗第二種，本學期終於有機會試試其他類型。交報告的辛苦程度絕不亞於其他兩種類型，對於母語非英語的學生來說，時間越長就越辛苦，因為需要更多時間潤飾語氣與校稿，但好處是逼自己面對語文能力的瓶頸與突破。

教室內考試 3 小時，題目通常出得很具體，考點較明顯，老師也不會期待學生需要做太多的鋪陳與論述，LL.M. 學生的洞察力因此較容易突顯。憲法的 3 小時考試有 2 題各占 50% 的分數。第一題題目要學生回到 1973 年，並做出想像自己是 Roe v. Wade 墮胎案的主筆大法官，有機會改寫歷史，會如何做出判決；第二題則必須假設自己為另一位大法官的助理，要幫大法官針對上一題的多數意見擬寫不同意見。題目出得創意新穎，可以測驗學生是否完全掌握 Roe v. Wade 正反論點，並且是否明瞭該判決論證

---

❸ 後記：感謝指導教授 Mark Wu 對於論文的許多建議，我的碩士論文後來有幸得以被 *Pittsburgh Journal of Technology Law & Policy* 接受刊登。

上的缺陷之處。

多數考試都會為答題者設定好角色，例如法官、律師，或助理等。學生在考試時學會以不同立場思考問題與辯論，並且設法運用手邊可觸及之資訊，來解決擬真的考試問題，相當程度貼近了實務與生活，不會使考試流於記憶與背誦。記憶或許過 10 年會忘記，而找答案的技巧與精神，卻能透過考試練習成為執業能力的一部分。

本學期選課時間安排週一到週五都有課，使得每天都花許多的時間備課，週末也無法獲得充分的休息，更無心力參與其他課外活動，實在有些遺憾。但最大的收穫還是在 Fallon 的憲法課，除了讓我見習到優異的教學方法外，更讓自己在春季學期念了 200 多個憲法案例，對於美國憲法的理解更為清楚。

隨著學期的結束，不免感到一絲惆悵，除了對老師及同學不捨，更加訝異時間的飛逝，而自己學習能力有限，還來不及見識與運用更多的學校資源，轉眼即將畢業。而待在這兒越久，逐漸發現最值得學習的知識並非只限於課堂或書本中，更在於對周遭人事物的留心與感受。

和指導教授 Mark Wu 先生合影

學期末哈佛同學和院長 Martha Minow 女士（右 4）合影

擁槍、貧窮歧視，與外國人人權

2013.05

　　台灣對於外國人友善的條件，什麼時候能與國籍仇恨、國籍優越，及國籍自卑心理脫鉤，就能真正享受「友善」之名。

　　在「林肯」這部電影的開始，有個黑人大兵向林肯反映軍中完全沒有黑人軍官，而嘗試說服林肯：「白人軍人已能接受和黑人同部隊，領相同薪水，或許有一天也能接受被黑人軍官領導，50 年後，黑人也能有將軍，100 年後，或許黑人也可以有選舉權。」這一段話在今天看來令人會心一笑，當年被認為不可能存在的權利，在今天確確實實的發生了，而當時竟然有這些令人匪夷所思的觀念與制度存在。

　　在憲法課讀到 1857 年 Dred Scott v. Sandford 這個案例時，最高法院當年竟然做出黑人並非美國公民，且不受美國憲法保障這樣怵目驚心的結論。老師在上到這個案子時，也只能無奈地帶著大家嘗試進入當時人們的觀念，了解本案作成的背景與原因。

　　在讀到這些現在看來落伍的觀念時，不禁想到 150 年後的人們看今日的美國，又會認為哪些決定或制度，是遠遠背離基本人

性價值的呢？我大膽的預測，至少是擁槍權、對於貧窮的事實上歧視，以及外國人的差別待遇。

擁槍權為恐懼而非人權存在

美國人擁槍權是在憲法中明文列舉的，所以要管制槍枝或廢除擁槍權利，都必須環繞憲法第 2 條修正條文的規定討論。第 2 條修正條文之規定雖然提供人民擁有槍械權利的憲法基礎，但並非沒有解釋限縮其權利範圍的空間。當一個條文有兩種解釋可能，聯邦最高法院大法官卻採取其中一種對擁槍權較為寬鬆有利的解釋，其中原因，發人深省。

除了美國拓荒歷史與擁槍之間的關聯，美國的人們隨時是帶著恐懼的，而對於這種恐懼或不安全感的對抗方式，美國人選擇了用持槍以資對抗。然而，層出不窮濫用槍械造成無辜死傷的事件在美國經年累月的上演，這只是告訴全球，讓人民用槍械對抗槍械，只會帶來更多的恐懼。

貧富差距與平等權之關係

自 1969 年 Warren Court 時期之後，法院逐漸在多個案例中直言以貧富作為事實上差別待遇，並非可疑的區分標準 (suspect class)，而美國憲法並不要求國家對於貧弱負有積極扶助的義務。無論是在紐約或是波士頓的街道上，都能看到許多遊民行乞。許多人認為遊民其實並非無能力自給自足，而是認為當遊民較容易生活，懶得工作。對於貧窮，美國主流看法似乎認為這是努力不

足所發生，而無所謂不公平與不正義。

　　憲法的確不應該做到齊頭式平等，但是當貧富逐漸形成另一種階級，並且阻礙階級流動時，我們是否應該適當的要求與容許國家做些什麼，來推動貧富的流動，盡量減少社會階級的存在？能夠直接地說出貧富並非可疑的區分，是否過於赤裸地暴露對於弱勢的漠視？

外國人即外來人？

　　在最高法院的案例中，向來認為以國籍作為差別待遇的區分標準，應以嚴格標準審查其違憲性，但在移民或歸化相關事務領域上，司法則會尊重立法之決定，並且美國不保護「非法」的外國人。外國人和窮人一樣，在某些資源或資訊上屬於弱勢，我懷疑實際上歧視國籍的案例能夠進入法院獲得解決的有多少？以念法律系的外國學生為例，無論是法律能力或經濟能力都不一定能就其自身相關國籍歧視案件至法院處理，遑論一般的外國人？而合法或非法終究是國家說了算，一旦允許外國人某部分事實上差別待遇的存在，等同宣告外國人在該等事項中不是憲法保障的人，這會是 150 年後的人們可以當然接受的事情嗎？

　　Fallon 在上到國籍的差別待遇時，只以短短的 10 分鐘帶過，並且指示考試時不會考到這部分。同樣都是人們後天無法改變的先天條件，為何在上課內容的篩選上，國籍差別待遇問題不像男女或種族一樣受到重視？紐約州律師考試對於外國學生報名費要求為 750 美元，遠高於國內學生的 250 美元，在報名資格上，更

是逐年增加外國學生應考條件，這些種種的差別待遇，是否會被認為違憲？在美國今日，答案可能很難是肯定，但 150 年後呢？

反觀台灣，150 年後在這 3 個問題上又會對於今日的台灣有什麼評價呢？台灣沒有合法持有槍械的問題，這一點我們可以引以為榮。又我國憲法帶有部分社會主義色彩，如果今天有以貧富作為差別待遇的案子聲請憲法解釋，很難想像大法官會直言貧富並非會引起法院關注的區別標準。

而國籍呢？台灣人常引以自豪的美名是對外國人友善，這點與美國相較似乎好一些。但是台灣人的友善是否只及於某些國家來的人？我們對韓國人、外籍新娘，甚至屢次與我們發生衝突的菲律賓人等，也還能一樣友善嗎？台灣對於外國人友善的條件，什麼時候能與國籍仇恨、國籍優越，及國籍自卑心理脫鉤，就能真正享受「友善」之名。

台灣在態度上縱使對外國人較他國態度友善，但實際上政府措施對外國人有一視同仁嗎？外國人連我國律師考試都不能參加，遑論報名資格有無不同。今天若有主張律師考試應開放予對岸律師或是外國律師，我國律師會同意嗎？

希望這些問題不需要等待 150 年就能獲得改善，並且找到進步的方向。

春天陽光下的哈佛庭園與 John Harvard 雕像

關於在美求職這條路

既然國籍無法控制，那我們能改變的就是工作經歷。能夠完成 3 年的工作經驗，至少讓自己在市場上具有基本的競爭條件；此外，也應該更積極爭取國際機構的工作經驗。

哈佛法學院是個實體資源豐富的地方，從許多細節可以看出：圖書館有咖啡機、免費咖啡包與巧克力包、法學院主要建築內到處都有免費使用之最新機型蘋果電腦、贈送學生每人 100 美元的影印卡、女廁並附有女性生理用品、晚上 7 點後有專車可以隨傳隨到載學生回到宿舍等。但對比每年高達 50,000 多美元的學費，這些也只能算是法學院少額的回饋。

今年總計投遞了將近 30 封的履歷，大部分結果都是不了了之，現在求職似乎開始流行以不回覆作為拒絕申請，收到明確拒絕的回覆屬於少數，稱得上是對申請者較為重視的雇主。

LL.M. 學生的求職管道其實很有限，一方面學校主要求職資源都投資在每年約 600 名的 J.D. 學生上，另一方面大部分雇主在資格上先天即已排除 LL.M. 學生，所以學校管道給予的工作

機會很少。雖然紐約工作博覽會是外國學生求職的重要管道，但是來參加的雇主們有更多成分是來宣傳，有心招才者不多。透過個人的管道幫忙遞交履歷是比較主流且提升成功率的做法。

LL.M. 學生於美國求職的考量標準

以上這些管道說明一件事情，LL.M. 學生在美國市場中的競爭者是其他 LL.M. 學生，必須要共同搶食美國這塊日漸萎縮的餅。在競爭中要脫穎而出，不外乎重視幾項條件：

國　籍

國籍象徵了雇主可以透過申請者開發的市場地點，也決定申請者的市場價值。一個國家的國際經濟實力決定了該國學生在市場中的競爭力。大陸當然是目前很重要的市場，相對來說求職上就會較有競爭力；此外，南美洲與非洲有很多新興工程，對於美國來說也是想要積極拓展的市場，因此，能說西班牙語的求職者就會有特殊優勢。幾年前大陸尚未普遍開放國際投資與許可海外留學時，台灣求職者還有擔當東西中介與能說中文的優勢，在大陸經濟蓬勃起飛後，原本的優勢也不復存在。

當然，少數的一些例外情形，比如長期有與台灣客戶或事務所合作的雇主，可能就會偏好台灣來的求職者。

國籍另外向雇主說明了英語能力，非英語系國家出身的求職者，無論英文再怎麼好，畢竟非母語，在某些屬於本地性質的工作上，如法官助理等，就會較為吃虧。

工作經歷

雇主除了重視外國學生所代表的潛在市場，由於經濟實在不景氣，都會希望錄取已經受過基本職業訓練的人才，能節省培訓成本與時間，工作經歷自然成為重要的篩選標準。

以現在的景氣情況來說，最好具備在國際型事務所 3 年以上的工作經驗，才能算是在市場具有基本的競爭能力。若是有特殊的工作履歷，比如在國際組織或國際法院實習等，也具備很好的條件。台灣學生能夠到國際組織或國際法院工作的機會與他國相較，本來就比較不容易，並且具有國際職業性質的事務所也並非多數，這方面就會較為吃虧。

推薦者

雇主信箱中可能有上百封同樣具備多年工作經驗，並且都從名校畢業，又都是經濟強國出身的求職信，很難說雇主是否願意花時間去一一挑選。此時如有值得信賴的推薦來源，雇主至少願意花一點時間看履歷。

從進法學院開始，學校即教育學生要動用所有關係，或積極建立關係來推薦工作，只有人脈與關係才能有效增加雇主看一眼求職者履歷的機會，多那一眼，可能就是找到工作的關鍵。

在推薦者方面，由於 LL.M. 學生只有待在法學院短短的 1 年，很難真正與教授建立起深厚的關係，大部分還是得靠從前累積的人脈。國際經濟連結強的國家如大陸、新加坡或日本等，其

學校總圖書館

雇主在美國能夠推薦的範圍也較廣；台灣近幾年與美國真正合作的機會似乎不如以往，這方面人脈能夠拓展的範圍也會較為有限。

畢業學校

最後是在美國畢業的學校，學校名氣多少會影響求職的機會。

將以上各種條件加成，大概就是求職者在市場中的位置，各項條件越不好，在求職上面臨的挑戰就越大。出國這一年，在法學院中固然學到許多實質知識，但讓我學到更多東西的是身邊的同學們。

優秀的同學不知凡幾，各個身懷絕技與特殊背景。一位印度來的同學，自己開設事務所將近 10 年，頭銜為創所合夥人；有位大陸同學，是全國數學資優冠軍，並且是田徑健將；多位同學在國際組織及國際法院中有工作經驗。看看這些同學，才發現原來還有這麼多可以增加履歷的管道與方式，反省過去自己所浪費的時間，期待未來有更多的發展與進步。

認清市場狀況與評估海外求職必要性

對於未來想在美國或海外找工作的法律求職者的建議，首先必須想清楚，為什麼要在海外工作？以及預計工作多久？計畫長期待在海外工作，需要的市場競爭力就更大，遇到的挑戰也越多；而短期的工作機會，在職稱上如實習生、訪問律師或訓練生等，工作待遇可能不會盡如人意，如果只是為了了解國際職場生態，或許是可以接受的選項。

出國攻讀 LL.M. 學位前，就必須有心理準備，要以 LL.M. 學位在目前的美國市場中找到工作，是非常困難的事情。可以稍微思考是否一定需要在美國求職，美國經濟狀況這幾年持續低迷，而市場發展的方向似乎開始有明顯的地域概念，由於美國許多大所都朝向國際事務所的經營方式，多在亞洲設有分所，美國主事務所漸漸較少直接處理亞洲事務，故在求職上，或許也可考慮轉向大陸或香港的國際型事務所。

最後是自身市場競爭條件的增加，既然國籍無法控制，那我們能改變的就是工作經歷。能夠完成 3 年的工作經驗，至少讓自己在市場上具有基本的競爭條件；此外，也應該更積極爭取國際機構的工作經驗。

在同學身上，除了看到顯赫的條件，更看到許多同學的「積極」。積極的建立人脈與利用人脈，不斷嘗試、不怕失敗，即使被拒絕多次仍不放棄。希望在經過這一年的歷練後，自己能比從前更積極、更能應付挫折。

哈佛畢業並不必然保證取得工作

取法哈佛：
「如果不是你，還有誰呢？」

　　經過了這一年，我認為要做得更好，法律人需要具備創造力以及對現狀的反思能力，沒有任何事、任何現狀，是理所當然的。法律人亦需要有勇氣跨出舒適圈，嘗試各種可能性，還需要有發自內心「想做這件事」的使命感，並帶著這份使命感，投入政策形成與落實，參與社會改革。就像 Jody Freeman 曾在課堂上說過的，「如果不是你，還有誰呢？」

　　畢業前夕，我才驚覺這一整年，我竟然未曾跟鼎鼎大名的 John Harvard 合照過！趕緊趁友人從紐澤西造訪波城時照相留念。這居然是我和 John 唯一的合照。日常生活即將在某一個時刻之後不再是日常生活，時常經過的 John，再過不久只能成為回憶的一部分，5 月大概就是被這樣的心情包圍──期末考依舊忙碌念書複習，畢業後搬到華府有很多雜事待處理，然而心情上，又覺得差不多準備好離開了。

　　檢視過去一年在哈佛的學習歷程，大概可以歸納成兩個脈絡。第一個脈絡是我所修習的課程與老師的教學風格，大抵上是走務實路線，以理論為基礎，但更重視知識的運用和策略思考；

這剛好與我對法律專業的期待相契合。哈佛法學院其實還是有非常多學院派風格的老師，教學以理論訓練為主，但依著自己的偏好和選擇，我剛好沒有遇到這樣風格的老師。

仔細一想，雖然最初是抱著冒險者的心情安排課表，且沒有修上任何一堂本來較為熟悉的學科，未來一年看似存在著不確定性，搞不好會「踩雷」，我還是在琳瑯滿目的課程中，找到了適合自己、自己也喜歡的課程和學習方式。

為何沒有踩到雷？我想箇中原因是，在哈佛的這一年裡，我盡力保持彈性擁抱不同的選擇，做每個決定時都遵從「自己想要、自己喜歡」此一原則。儘管知道或許會很挑戰，可能會超出自己的能力，我仍舊說服自己誠實面對自己的內心，放膽選擇自己真正想做的事情。抱持著這樣的信念，就不會踩雷。學思之旅，大概就是需要一些這樣的勇氣吧？

同樣的道理其實適用於職涯的選擇。踏入社會開始工作之後，我們常常因各種現實而逐漸淡忘「做對的、自己喜歡的事情」，才是我們最一開始選擇從事法律工作的初衷；現實甚至會讓你感嘆「做對的、自己喜歡的事情」實在太天真了，不如隨波逐流就好。我在哈佛的經歷完全顛覆了以上說法，讓我再次確信，只要抱持信念，「做對的、自己喜歡的事情」並不是天真。甚至，我應當要重新檢視選擇法律工作的初衷，隨時調整自己的狀態，或者在工作之外勻出一些時間，去做覺得有所貢獻、喜歡、在付出的過程中感到快樂的事情。

　　第二個脈絡是我有很多機會遊走在法律和政策之間，從不同的角度思考怎麼解決難題，以及審視政策的制定和落實，並師從於致力這麼做的人。這是我一直以來都非常想做，卻始終不得其門而入的事情；幸運的是，我在哈佛這一年找到了這扇門。

　　打開這扇門後，我體會到法律、政策、治理、政府制度等，並不是截然區分的領域，在知識上它們或許分屬不同的科系或學門，但在實踐上它們並非涇渭分明。法律的功能是多元、豐富的，法律人跨出以法條、司法圈為主的世界，善用自己的專業，與其他不同領域的夥伴合作，發揮形塑政策的功能，是可能、而且是值得期待的。

　　在這個脈絡裡，最重要的，是我無時不刻地被促使去突破自己的極限，思考「如何才可以做得更好」，這可以說是哈佛法學教育的精髓。

　　哈佛法學院前院長、資深憲法教授 Martha Minow 曾在一個訪問中說：「你無法懷抱一切都很好的想法從這裡畢業，因為我們花了許多時間鼓勵每個人思考要如何才能更好」（"You cannot really graduate thinking that everything is fine, because we spend a lot of time encouraging everyone to think how it could be better."）。在哈佛這一年，我無數次地被推著回答沒有正確答案的難題，被要求在兩難的情境中依舊建立邏輯一貫的思考體系，在辯駁和被駁倒中無數次反覆，「不夠好」的感覺陰魂不散。但我也確實因為這個「不夠好」的感覺，而對我所關注的議題進行了更深、更廣、更全面的思考；不知不覺地，也從發現問題，到勇於提出自

己的體系，再用自己的敘事方法，逐步解決問題。

如何才可以做得更好？

經過了這一年，我認為要做得更好，法律人需要具備創造力以及對現狀的反思能力，沒有任何事、任何現狀，是理所當然的。法律人亦需要有勇氣跨出舒適圈，嘗試各種可能性，還需要有發自內心「想做這件事」的使命感，並帶著這份使命感，投入政策形成與落實，參與社會改革。就像 Jody Freeman 曾在課堂上說過的，「如果不是你，還有誰呢？」

未來，我們還會遇到許多要解決的困難任務，「如何才可以做得更好」將會是我們一生的課題。在哈佛這一年關於「不夠好」的所有情境，都是沒有辦法再更真實的人生預演。

經常在查理士河畔散步，消化「不夠好」的感覺

與 John 的唯一合照

畢業：
矢志為改變世界盡一份心力

　　許多畢業生都會被家人或社會期待成為頂尖或卓越的人物，從事社會所定義有用或高階的職業，但我們其實可以不需要侷限於這樣的期待。我們所應該期許自己的，是能夠成為改變世界的人，為這世界盡一份心力。

　　優良教師 Richard Fallon 即使在學期結束後，還是能給學生驚喜，他寫了一份詳細的改題說明，讓考生了解每一題的答題重點，與其評分的標準和心證，並隨附其認為每一題中達到高分標準的學生答案給大家作為參考。學期已經結束，學校並未要求老師要公布評分標準與答案，Fallon 此舉完全出自其對於教學的認真與堅持，老師以身作則，再次教導學生何謂專業。

　　收到 Fallon 的評分說明與所有科目的成績，代表畢業在即。從 5 月 28 日傍晚開始，首先是法學院研究所辦公室舉辦的小型歡迎會，歡迎畢業生家長。5 月 29 日下午則是各學院舉辦的頒獎典禮 (class day)，頒發各種獎項，並由各學院邀請賓客致詞。5 月 30 日則是全校性與各學院的畢業典禮，當日總共參加三場典禮：全校性畢業典禮、法學院畢業典禮，以及下午的校長與來賓致詞。

學校與法學院的兩場畢業典禮

　　全校的畢業典禮在哈佛庭園 (Harvard Yard) 舉行，典禮表定於 9:45 開始（行程上要畢業生在早上 7:15 於法學院集合步行前往哈佛庭園），從法學院步行至哈佛庭園只需要短短 5 分鐘的路程，為何需要將近 2 小時前集合畢業生？

　　典禮當天，答案揭曉，各學院都要在同時間內進入場地，為能妥善規劃，與配合警察安全檢查等事宜，每一學院都有指定進場入口及動線，光是移動到入口就花了 1 小時，入場後再等 1 小時，等其他學院畢業生全部坐定位，典禮方於 10 點開始。

　　大學生穿著黑色長袍，披白色披巾；研究生黑色長袍披楓葉紅色披巾，胸前因不同學院繡有不同顏色標章（如法學院紫色，商學院金色），另有碩士帽；博士生則是整套紅色披掛著身，並戴博士帽。各學院畢業生手上並拿著不同的象徵物進場：法學院的法槌、商學院的旗子、牙醫學院的牙刷、公衛學院的掃把、公共行政管理學院（甘迺迪學院）的地球儀等。

　　全校性畢業典禮的內容，主要是由各學院院長代表全院恭請校長頒發畢業頭銜儀式，以及頒發榮譽博士。在各學院院長上台前，先由 3 名學生代表分別致詞：第 1 位代表以拉丁文致詞，此為哈佛傳統，畢業典禮必須有拉丁文致詞，畢業證書上也全以拉丁文記載。第 2 位大學生代表上台以一篇時鐘為主題的散文致詞獻給全校畢業生。第 3 位則是甘迺迪學院 (Kennedy School) 的碩士學生代表英文致詞。

　　第二場緊接在後的是法學院的畢業典禮。這一場典禮的主要內容，就是由院長 Martha Minow 將畢業證書親自頒發給所有法學院畢業生。畢業生中，S.J.D. 生約 20 人，LL.M. 生約 180 人，J.D. 生約 550 人，院長必須親自將證書頒發給 750 個畢業生，真是辛苦她。

校長與歐普拉的致詞

　　下午是校友會主導的典禮，主要內容除了向一些老校友致意之外，校長與重要貴賓致詞是重頭戲。學校每年會邀請一名重要貴賓致詞，這些致詞者多在政府或民間重要崗位擔任要職。往年較有名致詞者如 2007 年比爾蓋茲、2008 年 J.K. 羅琳，以及 2011 年的利比亞總統等。今年邀請到的，則是 2008 年曾於史丹佛大學 (Stanford) 畢業典禮上致詞過的歐普拉 (Oprah Winfrey)。

　　校長的致詞四平八穩，從學校今學年度的 3 次休校講起。據校長所言，自 1978 年後，學校即未曾因任何事件停課，這一學年卻發生 3 次：一次是去年年底的 Sandy 颶風、一次是年初的暴風雪，最近一次是波士頓爆炸案。校長的致詞內容，主要是講述學校在這 3 起事件中的角色與作用，並且強調預防危機的重要性。

　　歐普拉其人應該不必多做介紹，其歐普拉秀舉世有名，創下多年美國收視紀錄，個人並多次被美國人票選為最偉大人物前 10 名，近年來逐漸淡出螢光幕，走向公益。歐普拉不愧曾為脫

口秀主持人，演講風格詼諧，引人目光，舞台魅力十足。

　　其致詞提到，許多人都會一直想要追求卓越，不斷的向上攀升超越自己，但是無論爬升到多高的位置，任何人總有衰落的一天，當你受到挫折的時候，不要認為那是失敗。她認為要從挫折中走出的方法，是找尋身為人的目的與情感，當有明確的目標時，就會知道該往哪裡去。

　　她另外舉了一個令人印象深刻的例子：無論是誰上了歐普拉秀，包括歐巴馬、柯林頓或碧昂絲等，在導演錄好喊卡的那一刻，都會問她：我剛那樣表現 ok 嗎？說明每一個人都會在乎自己對於公眾的表現、給予公眾的印象，能否將意見傳達給公眾？因而鼓勵所有畢業生，應該要積極與不同意見者溝通，進行對話，發揮影響力。

哈佛致詞代表的致詞發人深省

　　聽了一整天校長、院長、貴賓及學生代表致詞，最讓我印象深刻的是早上甘迺迪學院的英文致詞代表。這位名不見經傳的仁兄，自哈佛大學畢業後從事警察工作，後來又申請到哈佛甘迺迪學院研究所，畢業後將繼續於紐約警察局服職。

　　這位背景特殊的致詞代表，用其志向替全部畢業生上了最好的一課。其言道，許多畢業生都會被家人或社會期待成為頂尖或卓越的人物，從事社會所定義有用或高階的職業，但我們其實可以不需要侷限於這樣的期待。我們所應該期許自己的，是能夠成為改變世界的人，為這世界盡一份心力。誰能改變世界？只要有

心，社會中的任何職業或人物都能對世界發揮影響力，不論多麼微不足道，卻都可能是不可或缺的心力。

　　從進入學校開始，學校的環境、老師或同學，都讓我思考自己能對這世界做些什麼，應該做些什麼。從畢業的這一天起，矢志投入心力，改變世界。

法學院畢業生手執法槌

抱著女兒上台從院長手中接過畢業證書

最後校園巡禮

　　長達一年的馬拉松終於來到終點，當下真覺得這裡是理想的沃土，將我這一株初來乍到忐忑不安的小樹苗，滋養成一棵悉心擁抱「去做喜歡、想做、覺得對的事」的蓊鬱大樹。這一年的日子酸甜苦辣，或收穫，或遺憾，都沒有隨著時間經過而消失，而是在我的生命裡鍍上永恆的經驗。

　　畢業並不是只有畢業週的活動和最後一天的儀式與典禮，畢業更像是一段反省與告別的過程，很個人，揉雜很多情緒，有開心，有惆悵，還有一些遺憾——總覺得還有很多想做的事情沒有做，很多有趣的事情沒有機會嘗試。有點可惜的是，畢業前後雜事纏身，加上迎接家人來參加畢業典禮，過得相當匆促，內心其實百般希望可以再慢一點，再緩一點。

　　Lazarus 請大家在常熟吃飯那天，他對在場的 J.D. 三年級和 LL.M. 說，依他個人的校友經驗，畢業前一天最推薦做的事情就是進行最後一次校園巡禮，趁校園被畢業典禮的熱鬧淹沒前，再去感受一次哈佛校園的活力，重新回顧在這裡學習和生活的點點滴滴，然後收拾好心情準備前往人生的下一站。我覺得老師的建

畢業前夕的 WCC 一樓夜晚

畢業前夕的 Harvard Yard

議很棒，便也跟著這麼做了。

　　畢業前一天的校園，為了畢業典禮而布置的帳篷已經架起，方便訪客查找地點的地圖也已經備置妥當，吵吵鬧鬧地其實已經和平時不同了，只剩下 Langdell，水晶燈點起來後依舊莊嚴雄偉，絲毫不受畢業的氣氛干擾。這一天傍晚和家人吃完飯後，我一個人以最大半徑繞了校園一圈，最後在牛津街 (Oxford St.) 和柯克蘭街 (Kirkland St.) 上逛著。長達一年的馬拉松終於來到終點，當下真覺得這裡是理想的沃土，將我這一株初來乍到忐忑不安的小樹苗，滋養成一棵悉心擁抱「去做喜歡、想做、覺得對的事」的蔥鬱大樹。這一年的日子酸甜苦辣，或收穫，或遺憾，都沒有隨著時間經過而消失，而是在我的生命裡鍍上永恆的經驗。或許，哈佛與我的緣分僅止於這一年四季，但我深知，我將會帶著它給予我的祝福和曾給我的試煉，繼續前進。

　　2019 年法學院畢業班的祝福，來自於法學院小畢典 (Class

畢業小禮

畢業 "commencement" 亦有啟程的意思

Day) 的畢業致詞人 Roberta Kaplan。Kaplan 是 United States v. Windsor 的辯護人，這個案子是美國同性婚姻的重量級案件，也是 Obergefell 案能夠做成的論述根骨。Kaplan 則是美國當代著名的民權律師，活躍於法界。在 Class Day 上，她提醒台下的畢業生：律師的一生，就是承擔責任的一生，律師不僅為客戶負責，律師對於社會，更有不可迴避的公共責任。呼應公共責任的號召，Kaplan 給予畢業生們的建議是「要有膽識」(be brave)，勇於挑戰界線。從自身經驗出發，Kaplan 總結道：律師一輩子都走在鋼索上，充滿風險和不安，但我們不應受限於現實中的風險，我們永遠要無懼於走在這條危險不安的路上。Kaplan 所說的其實有點遙遠，但看著她站在台前鏗鏘有力的發言，想到她自己就是一個典範，又覺得這一切都是可能的，只要我們願意這麼做，並持之以恆地承擔這份承諾。

2019 年哈佛全校畢業生的祝福，則是來自於德國總理梅克爾。是的，梅克爾是 2019 年哈佛畢業典禮的致詞人，她親臨劍橋進行畢業演說，娓娓向這一年即將畢業的哈佛畢業生們，道出她的期許。

梅克爾告訴哈佛畢業生們：「任何事都有可能！」一位時代勇者就站在自己面前，說道：「推倒無知和狹隘的牆，因為沒有什麼必須保持原樣」("Tear down walls of ignorance and narrow mindedness, for nothing has to stay how it is")，我們如何不勇於承擔？

2019 Class Day

按外交慣例，梅克爾全程使用德語演講，現場則配有即時口譯

尋找自我的華府實習

《 *2019.07* 》

在這個百花齊放、百家爭鳴的政經震央帶，我發現如果我們希望改變什麼，希望世界長成我們希望的樣子，除了自己的信念之外，我們更需要擁有並堅持自己的處世、敘事角度、風格。

華府實習生活 ❹

到 CBD 實習，算是我自己對「做想做、覺得重要的事情」進行的一個小小的試驗。

美國的環境 NGO 市場蓬勃，公民團體非常活躍，其中一個原因是在美國法律體系下，NGO 有很多機會可以提起訴訟，或是在個案中提出法庭之友意見書表達立場。在聯邦或州機關制定規則或執行政策的行政程序中，NGO 也有很多表示意見的機會，他們甚至可以透過參與立法或聽證程序的方式影響或督促立法者。在這些訴訟及政策層次的事務之外，有些環境 NGO 專注於在地、社區的倡議活動，他們在前線、上街頭、安排公眾演

---

❹ 本篇之相關內容作者亦於 2019 年 11 月刊登於作者與若干好友一起在換日線開設的留學生活專欄〈Project Commencement 啟程計畫〉，https://crossing.cw.com.tw/article/12503。

講，希望可以將環境或氣候相關的知識及議題帶給一般市民。有些環境 NGO 則專注於靜態的資料蒐集或由科學家或社會科學學者投入分析、研究工作。

　　在此之前我未曾有在 NGO 工作的經驗，因此在 CBD 實習對我來說是很新奇的工作經歷。不同於律師事務所，NGO 沒有「客戶」，所以 CBD 在做的事情都是自發性的專案或訴訟案件，大部分事情都要靠自己以及團隊來規劃進度，人與人之間的互動在日常工作中占有很大的分量。也因為大部分的事情都是自己主導的案子，對自己想做什麼有清晰、明確的規劃，建立自律、有效率的工作節奏，都是順利推進工作的重點。

　　以上的工作原則也適用於實習生，我也需要對自己想做些什麼有明確的規劃，包含想做的議題、案件類型、以及執行步驟。我的指導律師們會帶著我參與他們正在進行的訴訟案件、

美國重量級媒體《華盛頓郵報》辦公室在我辦公室的隔壁

因即將在這工作而振奮不已

做 moot court（言詞辯論前的準備）、找我加入他們各種電話會議、或派我去機關開會或去國會聽證，我也幫忙蒐集資料、查詢判例或草擬文件。儘管這些都是我喜歡做的事情，但在指派任務之前，他們還是會問我：這是否符合你自己的計畫？這對你想研究或了解的事情有沒有幫助？事情完成之後，我的指導律師們也會與我討論我的心得、想法或是對彼此之間的合作有無建議。

　　除此之外，他們也花許多時間與我討論我的個人研究。是的，他們希望我也花一些時間利用他們的資源和在華府的機會做自己的研究，再把研究成果與他們分享。因此，我在華府實習期間，我既做了 CBD 的事情，我也利用這段時間做了一些自己的研究，讀了我有興趣的東西，這些剛好都是我在哈佛沒有時間或沒有機會了解的。

　　雖然是一個高度仰賴自律的地方，CBD 的工作環境卻非常彈性，工作時間可自由安排，實習生也可以在家工作 (work from home)，如果覺得在室內工作曬不到太陽，還可以去頂樓的天台辦公室。辦公室內氣氛很好，冰箱裡總是有兩三打啤酒，每個禮拜三下午是辦公室的「快樂時間」(happy hour)，4、5 點間大家就會主動放下自己的工作，端著啤酒開兩包薯片，在辦公室裡的小吧檯和餐桌區聊天，從個人生活到近期美國民主黨 2020 年總統選舉的黨內初選，從 Netflix 紀錄片到辦公室附近新開的素食餐車，什麼話題都能聊。這不是強制性的活動，所以如果你生性害羞或是當天心情不好、在忙，待在自己辦公室也沒關係。

　　身為一個外國人，和同事相處的時候我並不是每個話題都

有話頭可以加入，但這並不影響我融入他們。每個禮拜辦公室 happy hour 或是和同事一起午餐，都讓我更了解這群人，更了解他們為何選擇做 NGO，也分享了他們生活與工作的快樂和苦惱。CBD 華府辦公室的人們各自分屬不同的計畫，每個人的位置及工作性質也不相同，但無論是什麼樣的議題，CBD 的人們彼此總是互相支持，互相應援。這裡讓人很輕易地就融入群體，成為他們的一分子；你會很強烈的感知到，你有一件認為重要、認同或不認同的事情，這個觀點形成的本身就已經非常重要，而且，會有人站在你身邊，與你一起奮鬥，你不孤單。

在 CBD 實習期間最慎重的一次任務，是和同事一起開車南下到北卡羅來納州 Ashville 開會。這個會是聚焦於北卡能源議題的 NGO 聯盟 (coalition) 的年度會議，大部分加入這個聯盟的 NGO 都是北卡當地的社群或組織 (frontline groups)，CBD 則是這個聯盟當中唯一一個全國性 NGO。這個聯盟的宗旨是打破杜克電力公司 (Duke Energy) 在北卡電力市場的壟斷、推廣再生能源（讓更多再生能源以公平合理的費率併入電網）、以及促進能源民主、氣候正義。參加這個會議的人，有人是大型 NGO 的區域支部 (regional chapter)，有人是專注於北卡能源議題的當地 NGO，也有代表特定少數群體、社群的在地組織，他們絕大多數都不是法律人。

在為期兩天的會議裡，大家利用許多會議小規則來破除不同立場、不同利益的群體可能產生的對立和互不認同，例如大家一起唱自編歌詞的歌、用比手指頭的方式表達對每項議題的同意程

和同事們一起支持其他環境團體
抗議聯邦政府的免費冰淇淋活動

訴求明確的草根倡議

不時支援街頭倡議

度、或是在小組討論期間加上固定時間，輪轉交換不同夥伴以蒐集不同的討論意見、約定不使用術語和簡稱堆砌論述等等，會議中還有與會成員輪流上台，不時以小活動來凝聚 "community" 共識，並重申大家聚在一起成立聯盟的目標。對於參與這個會議的每個人過去一年所做的努力，彼此也都給予高度的肯定，大家總是一起慶祝每個人做的每件事。

　　為了融入大家，我選擇把我的想法聚焦在如何喚醒年輕人對能源民主議題的感知 (awareness) 以及如何促進年輕世代投入這個聯盟想要倡議的事務，這剛好正是這 1、2 年氣候變遷議題在國際上最熱門的主題：youth movement。我這樣一個來自千里之外與北卡和杜克電力沒什麼關聯的人，他們也還是熱烈歡迎我加入他們的討論，我對自己的想法被寫在大海報紙上，旁邊被加上兩個表示重要的星星符號，有著無法言喻的感動，想想都會鼻酸。閒聊的時候聽到我來自台灣，他們除了給我擁抱，還鼓勵我回到「我的社群」(my community)，號召我的人，凝聚屬於我的社群的共識。

　　兩天會議裡最令人印象深刻的，是會議剛開始的一個開場小活動。主持開場小活動的是一個身姿豐滿、活力也滿滿的阿姊，為了讓大家破冰，她請在場的每個人都拿出自己的鑰匙串，然後她問：擁有能夠進入屬於自己的房子的鑰匙的人舉手？三三兩兩的人舉手後，她接著問：擁有屬於自己的車子的鑰匙的人舉手？又有幾個人舉手後，她最後問：鑰匙串上，是否有屬於你的財產？三個問題開場之後，阿姊請大家介紹自己鑰匙圈及鑰匙背後的故事。

我也貢獻了一小部分的能源民主討論

草根倡議是我想了解非營利機構運作的重要原因

我從來沒有意識到鑰匙確實代表了一個人背後很多的故事，例如有人家裡是從不上鎖的（這是他們某種關於「信任」的信念）；我也很意外鑰匙的故事能夠連結起這麼多不一樣的人，例如有人一生都未曾擁有過屬於自己的房子，總是在搬家，有人卻有房也有車，從來不曾為租期到了不知道下個落腳處在哪而憂愁，但是大家現在都一起坐在這裡，無論階級、無論種族、無論背景。這個開場小活動之後，大家更能夠放下彼此的不同，接著產生認同感與舒適感：你知道在這個會議室裡表達意見，訴說自己的反對，都是可以被理解的，共感油然而生。

北卡之行的重頭戲是會議第一天晚上，聯盟的成員主辦了一場凝聚意識的活動 (uprising)，邀請 Ashville 的民眾免費參加，有原住民來唱歌，也有人把自己打扮成太陽和風，然後分發「雨滴」的板子讓觀眾一起加入他們的小戲劇，感受大自然的饋贈。每個 NGO 紛紛上台倡議他們的訴求與理念，大家一起嘶吼，受到氣候災害、杜克壟斷影響的社群也爭取上台分享他們各自的故事，讓大家更了解氣候變遷與能源不民主是如何侵蝕大家的日常生活。這是我第一次體會走進前線的感覺（跟針對特定事件的運動不一樣），第一次把自己放在在地群體之中，與他們一起歡呼、一起流淚。我在 uprising 會場的當下，發自內心的同意，在法律之外，我們能做的，還有太多太多。

這從來就不是我所熟悉的世界，但這個全新的世界，讓我有強烈的歸屬感，我也喜歡這樣的自己，像找到隱藏的另一半的我。

從 6 點到場排隊終於領到號碼牌，稍後聆聽最高法院宣判

理想生活的選擇

隱藏的另一半的我不止在北卡出現，華府風起雲湧的政治、活力滿滿的社會運動、國際組織和智庫的人士來來去去，也讓這一半的我，在華府期間始終維持著沸騰的溫度。無論是在街頭、在國會、還是在法院，每個人都在集結、奔走、發聲，來自四面八方的力量不停歇地塑造美國社會，也同時在改變美國社會。

比起在學校表達想法還是會不自覺受到嚴謹的法學訓練的束縛，在華府，無論是我在 CBD 實習還是單純融入首都的日常，法律作為一項專業，反而只是一項很基本的技能／工具，你的聲量不取決於你身上是什麼樣的專業標籤，一個人所能體現的價值，早已超越任何專業的束縛，而是擴散到公共政策、到凝聚眾人、最後形成一種集體價值觀。那其實是我們每一個個體，對理想生活的選擇。

本來只是對想做的事情進行一個小試驗，沒想到這段短暫的經歷，除了試驗大大的成功之外，我也收穫比預期多了好多的經驗果實。想做什麼就去做、想為什麼發聲就去發聲——在 CBD 實習以及在華府生活的 3 個月像是人生的轉捩點：在能自由做自己的工作環境裡做自己想做的事情非常快樂，也找到與我理念相合、目標相同、可以一起認真也一起玩耍的夥伴。最重要的是，在這個百花齊放、百家爭鳴的政經震央帶，我發現如果我們希望改變什麼，希望世界長成我們希望的樣子，除了自己的信念之外，我們更需要擁有並堅持自己的處世、敘事角度、風格。

從林肯紀念堂遠眺華盛頓紀念碑

風起雲湧的華府，圖為 2019 年國慶日華盛頓特區上街的反川普團體

　　我理解到我得有一些彈性來因應瞬息萬變的世界，當可以透過改善自己讓事情做得更好的時候，我應當自省，但這些都不影響「自我」之於改變可以發揮的能量。究竟要用什麼方式、與哪些人一起做想做的事情，想要在哪裡實踐對理想生活的選擇，都與個人的處世和敘事風格有關。年輕世代需要對此有所堅持，是因為這不止在選擇我們的立場與價值觀，也在選擇我們表現的方式。這是個深遠、強大的能量，是因為我們所堅持的處世與敘事風格，最終將有可能令我們從被動地由時代賦予我們一個位置，走向主動地定義我們自己的時代。

　　華府這 3 個月過得樂不思蜀，在劍橋時覺得沒能嘗試更多的遺憾，華府都一一治癒了，而我也非常想念台灣。無論是在哈佛念書時還是來到華府工作，在我想像力所能含括的範圍裡，關於理想生活的選擇，背景似乎都離不開我的家鄉，想立即、馬上回家，將這一年收穫的知識、勇氣、和信念，都回饋給故鄉。

暑假期間經常奔走於國會山莊參加參眾兩院的聽證

關於申請學校這件事

　　還在學的朋友，若日後有申請美國法學院的打算，請抓緊還可以加強成績與增加履歷的機會，多方嘗試各種不同的活動或工作實習機會；正在準備申請的朋友，請提早開始準備托福考試，並且深思熟慮能貫穿全部個人資料的主軸，以完成一套有系統的履歷與自傳。

學位概覽

　　哈佛法學院 (Harvard Law School) 與美國多數法學院都有幾種不同的學位：法學碩士 (Master of Laws, LL.M.)、法學博士 (Juris Doctor, J.D.) 與法律博士 (Doctor of Judicial Science, S.J.D.)。三種學位之外，尚有兩種可以在哈佛法學院進修研究的身分：訪問學者 (Visiting Scholar) 與研究學生 (Research Student)。晚近有少數如耶魯大學法學院 (Yale Law School)，增設博士 (Doctor of Philosophy, Ph.D.) 的學位，事實上，大部分的社會科學，皆以 Ph.D. 作為博士學位的名稱，少數法學院開始考慮增設此一學位，應是希望能與其他社會科學接軌。

　　LL.M. 一般為期 9 個月，大部分都是已經在自己國家拿過法律學位甚或法律碩士的外國學生，來美國攻讀 LL.M. 後，返回自己的國家繼續從事法律工作。LL.M. 申請的要求條件是托福成績、推薦信、自傳及履歷。

J.D. 為 3 年學程的學位，招生對象多是美國本土學生，但也有少數比例的海外學生。美國大學沒有設立法律學位，乃採取所謂「學士後法律」的學位制度，這也是為何需要 3 年的時間，為完全沒有法律知識的學生培養具備執業的能力。一般認為，J.D. 的申請重點在 LSAT（The Law School Admission Test：一種英文、邏輯與數學的綜合考試）、大學在校成績與自傳。

S.J.D. 則是 LL.M. 中想要繼續從事研究工作的外國學生就讀的博士學位，也有少部分的 J.D. 學生申請。S.J.D. 的申請者必須撰寫 50 頁的長論文、博士論文計畫書、找到指導教授與其他教授的支持、推薦信及履歷，其 LL.M. 成績必須維持在一定的水準上。就哈佛來說，通常 1 年從 30–40 名的申請人之中錄取 10 名左右成為 S.J.D. 學生。

學位的選擇

對於要念 J.D. 或 LL.M.，以及 LL.M. 之後是否應該申請 S.J.D.，因各人計畫而會有不同的選擇。以哈佛為例，S.J.D. 平均拿到學位的年份約為 5 年，若非將來有志從事研究或教學工作，以實務工作角度觀之，於此學位投入之時間成本，可能會被認為過長。

J.D. 需要念 3 年才能拿到學位，課程囊括所有美國基礎法學，若非有長期居留在美國發展之計畫，對於多數已經在台灣受過基本法學教育者而言，學習許多可能將來職業上不會接觸到的美國法律科目，時間及成本過高；對於研究取向的學生而言，由

於 J.D. 的法律教育內容多屬與實務接軌的案例式教學，不一定能滿足學術訓練的需求。

至於 LL.M.，就時間來說雖然最經濟，但難免有沉浸在美國法律學習環境過短時間的遺憾，並且就美國目前之就業環境而言，LL.M. 的機會難免極為受限。

總的來說，要選擇哪一種學位攻讀，除了須考量將來會在何處發展、從事研究或實務工作之外，更需注意每一種學位申請條件與性質的不同，攻讀時間的需求與預算等。本書作者申請的學位是 LL.M.。以下對於申請的介紹，都集中適用於 LL.M.。

申請時程

一般申請時程建議如下：

1. 9 月前將托福考畢，如欲申請美國前 10 名法學院，建議至少需 105 分以上的成績。
2. 9–10 月各學校會陸續發放申請學校的時程與所需資料，必須持續追蹤。
3. 11–12 月為各學校收受申請的期限，但有些學校會至隔年 2 月或更晚都有可能。
4. 3–5 月學校將透過電子郵件個別發布錄取通知，通常不會告知確切的公布時間。
5. 5–6 月會通知備取錄取結果。

從 11 月向學校遞出學校申請開始，一切就不是申請者所能

掌控的了。申請人只能照常上班上課，一直等到 3 月或 4 月的某一天，才會收到最後的審判結果。

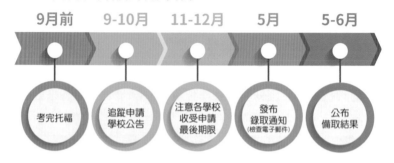

預算評估

　　美國每間法學院的學費不一，根據 2021 年 U.S. News 的統計，美國前十名的法學院學費皆超過 60,000 美元，最貴的哥倫比亞大學學費為 74,995 元；因為不同州的生活水準及物價不同，生活預算也就會有異。一般學費項目除學生學費外，其他包括學雜費用、宿舍費用以及保險費用等。

　　換而言之，如果有計畫出國深造，必須準備約 300–350 萬元台幣的預算額度，而另外必須留心的是，美國各大法學院的學費，仍在逐年攀升中，房價與物價亦是年年漲幅，未來出國深造的成本可預期將持續增加。

規劃申請資料的重點與細節

　　前哈佛法學院院長，也是現任美國聯邦最高法院的大法官 Elena Kagan 女士，於 2008 年曾撰文說明法學院對於錄取學生的

標準，在於重視學生是否具有「領袖」的特質或潛力。亦即，學生必須透過申請的資料向法學院證明其特殊性及未來在自己國家中能具有的影響力。這也在之後與一些 LL.M. 辦公室職員或老師們私下的聊天中得到印證，他們不經意的透露，優秀的非訟領域律師比比皆是，而其他具有特殊經歷或理想的學生，才是學校認為更值得錄取的，所以哈佛看重的，就是特殊學生的潛力。

　　大方向主軸如此，精心設計各種細項的申請資料，也非常重要。

　　我們可以將申請所需資料分成硬指標與軟指標，硬指標指學校之評量沒有涉及主觀裁量的空間，托福成績與大學名次即屬此類；軟指標則指須透過主觀的評價，例如：推薦信、履歷及自傳等。

硬指標不理想可能影響申請結果

　　硬指標可以幫助學校快速篩選出一定比例的申請者，所以大學名次與托福成績應屬於第一印象的指標，非常重要。

　　由於國內工作職場上並不特別重視大學成績，學生進了大學後，通常沒有努力成績或名次的誘因，對於有志將來出國的學生，應於進入大學起，持續注意名次的維持與成長。而無論是在學即將畢業，或是已經邁入職場的申請者，對於大學成績既已無力改變，所能控制的硬指標也只剩托福成績。

　　托福成績作為許多學校的申請門檻，如果未能達到學校規定的托福成績，根本不具申請資格。大多數申請者由於太晚決定要申請學校，以至於準備的時間不夠充足，無法取得理想的托福成

績，其實只要提前花時間準備，分數便可以有效的進步，申請學校的選擇也會因此增加。

大學成績和托福成績不理想，並非必然影響申請結果，只是要獲得錄取的難度勢必增加。如果無法提升硬指標，那就必須透過充實軟指標來一搏學校的青睞。也是有為數不少的例子，雖然托福成績未達學校要求，但學校因為看中申請者的軟指標代表性，而仍予錄取，附帶條件是要求申請者於開學前先赴美就讀語言學校加強英文。

軟指標之間應存在主軸關聯性

無論是履歷、推薦信或是自傳，目的都是為了能呈現個人的特質，很多人都會同意申請學校其實是在說一個自己的故事。不是每個人的故事本質都是精彩的，但每個人都可以透過故事來呈現自己的特質與理想。履歷方面，最好能交代自己過去做的每樣事情，都是循著未來職業事先妥善規劃的；推薦信的撰擬者，並非僅在找名聲顯赫者背書，而係應與自己某部分過往相關，如此方能藉由推薦信內容讓閱讀者能更了解自己過去某一段經歷與特質。最後，自傳是串起所有資料的關鍵，一定要有明顯的個人特質與未來規劃，連接過去、現在與未來。

推薦信

推薦信最重要的應係由與申請者某段經歷具有強烈關聯之人所撰寫，而能從其推薦信中了解申請者之人格特質與該段經歷的

細節。至於推薦者是否具有崇高之社會地位，是否剛好為申請學校之校友，這些都具有附帶加分作用。

履歷與成績單

　　履歷應盡其所能限於兩頁以內，先交代學歷與成績，再來是工作經驗，最後才是其他活動經驗。學歷中如有論文或特別獎項，應予註明。每段工作經歷之期間應交代清楚，工作職稱與內容亦應註記說明。至於活動經歷，應優先挑選與個人領導特質或法律性質相關之活動經歷。

　　若是於美國學校畢業，GPA（grade point average，也就是平均成績）較有參考價值，由非美國學校畢業之 GPA，由於在成績轉換上會失去比較基準，相較之下名次的參考價值會較高。一般來說，班上名次平均應該要有前 5% 左右，才算是滿足此項標準。若未能達到前 5%，只要不要落到前 10% 的範圍外，都還算是可以接受。

學術興趣及個人自傳

　　學術興趣之介紹主要是耶魯與哈佛兩校特別要求，此部分應以未來論文細部摘要視之，應稍作研究與研擬大綱後再下筆，最好能與自己過去之研究領域相關。

　　個人自傳部分，應有明確之主軸貫穿並流暢的提及履歷中各種經歷。主軸通常可為生涯規劃、學術或執業理想，或是個人某一特質。個人自傳應盡量避免流水帳式交代經歷，而與履歷重

複。於自傳中可稍微表達出對於申請學校之認識與期許，如點出特定教授觀點或學校特定機構對於自己法學觀點或志趣的影響等。

簡言之，整份申請資料的目標，並非突顯自己有多優秀，認識多厲害的推薦者，而應在於向學校展現自己的特殊性。我們理當假設每位申請者都大有來頭，在這種人人都優秀的情形下，只有特殊性能讓自己從眾多的申請者中突顯出來。特殊性可以多方面表現在個人特質、未來規劃與理想、過去的經歷等等。

每間學校有各自偏好的學生類型，例如哈佛注重學生特殊性與領導潛力，2020 年《天下雜誌》曾報導哈佛公開的選材標準，其中「人格特質」為最重要的評分項目之一 ❶。我們從小到大在台灣習慣了以考試作為篩選機制，對於申請美國學校容易感到不適應，或抓不到申請重點。事實上，從申請美國學校開始，乃至於日後畢業找工作，都必須開始練習如何用簡單明瞭的架構與篇幅，將自己經歷中能吸引閱讀者目光的部分勾勒出來。

所以，還在學的朋友，若日後有申請美國法學院的打算，請抓緊還可以加強成績與增加履歷的機會，多方嘗試各種不同的活動或工作實習機會；正在準備申請的朋友，請提早開始準備托福考試，並且深思熟慮能貫穿全部個人資料的主軸，以完成一套能突顯個人特質之系統履歷與自傳。

哈佛法學院石碑

租事順利：從挑屋、簽約到和平分手，房東與房客都要懂的租屋金律

蔡志雄　著

房客租屋要注意

- 租屋的時機怎麼看？租屋預算該抓多少？水電瓦斯怎麼算？
- 好房子怎麼判斷？看屋也要注意良辰吉時？
- 惡房東怎麼防？3個小提問讓你輕鬆找到好房東！

房東出租要知道

- 租約範本新上路，該適用哪種租約？
- 租約公證要怎麼辦理？該準備哪些東西？
- 出租後房東還可以出入房屋？可否阻止房客報戶籍？
- 房客欠租怎麼辦？惜命條款可行嗎？如何預防變成不定期租賃？

　　房客想找到價廉物美的好物件，房東也想找到守約愛屋的有緣人，相逢即是有緣，好聚好散的方法，讓包租公律師通通告訴你！

吉吉，護法現身！律師教你生活法律 85 招

王泓鑫、張明宏　著

　　本書以真實的生活時事案例及常見之生活法律議題為素材，探討這些生活時事案例背後的法律問題。每則案例下，問題與解析之內容，除詳細引用相關法律條文外，並大量援用司法院、各級法院及相關單位之實務見解，以讓讀者能清楚了解目前法院對於相關法律的解讀為何，而非僅探究法律學理，使讀者能藉由探討這些生活時事案例涉及之法律議題，增長法律知識。

案例憲法Ⅰ：導論　　　　李念祖、李劍非　編著

　　案例憲法，是憲法教科書的另一種型態嘗試。如何實踐憲法所欲提供的人權保障，則是統一貫串本書的中心思想。法律是實用之學，憲法亦不能例外。與其他法律學門相比，憲法學更殷切地需要尋找落實人權保障抽象規範的有效方法，憲法解釋則是驗證憲法實用價值的最佳紀錄與佐證。一個一個詮釋憲法精義的案件，累積集合起來的憲法圖像，就是真正具有生命力的憲法。本書透過憲法案例，拼集出司法殿堂中由真人真事交織而成的憲法圖像，對於憲法的生命力從事有系統的巡禮，也檢驗出「人」對憲法的需要，以及憲法對「人」的價值。

國家圖書館出版品預行編目資料

取法哈佛2.0：時空交錯的哈佛法學院學思之旅／李
劍非,黃海寧著.－－二版一刷.－－臺北市：三民,
2021
　　　面；　公分.－－(思法苑)

　ISBN 978-957-14-7258-4　（平裝）
　1. 法學教育 2. 留學教育

580.3　　　　　　　　　　　　　　110012546

思法苑
THINK LAW

取法哈佛 2.0：時空交錯的哈佛法學院學思之旅

作　　者	李劍非　黃海寧
責任編輯	黃乙玹
美術編輯	林佳玉

發 行 人	劉振強
出 版 者	三民書局股份有限公司
地　　址	臺北市復興北路 386 號 (復北門市)
	臺北市重慶南路一段 61 號 (重南門市)
電　　話	(02)25006600
網　　址	三民網路書店 https://www.sanmin.com.tw

出版日期	初版一刷 2014 年 4 月
	二版一刷 2021 年 9 月
書籍編號	S857830
I S B N	978-957-14-7258-4

三民書局